波斯语教程（二）

（第二版）

李　湘　编著

北京大學出版社
PEKING UNIVERSITY PRESS

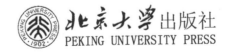

图书在版编目(CIP)数据

波斯语教程.2 / 李湘编著. —2版. —北京：北京大学出版社，2016.9
ISBN 978-7-301-26198-9

Ⅰ.①波… Ⅱ.①李… Ⅲ.①波斯语—高等学校—教材 Ⅳ.①H733

中国版本图书馆CIP数据核字（2016）第023291号

书　　名	波斯语教程（二）
	BOSIYU JIAOCHENG
著作责任者	李　湘　编著
责任编辑	兰　婷
标准书号	ISBN 978-7-301-26198-9
出版发行	北京大学出版社
地　　址	北京市海淀区成府路205号　100871
网　　址	http://www.pup.cn
电子信箱	zbing@pup.pku.edu.cn
电　　话	邮购部 62752015　发行部 62750672　编辑部 62759634
印刷者	北京虎彩文化传播有限公司
经销者	新华书店
	787毫米×1092毫米　16开本　29.75印张　643千字
	2009年11月第1版
	2016年9月第2版　2024年6月第2次印刷(总第4次印刷)
定　　价	79.00元

未经许可，不得以任何方式复制或抄袭本书之部分或全部内容。
版权所有，侵权必究
举报电话：010-62752024　电子信箱：fd@pup.pku.edu.cn
图书如有印装质量问题，请与出版部联系，电话：010-62756370

第二版前言

于2008年出版的《波斯语教程》顺应了我国对外开放，尤其是对外经济、文化交流迅速扩大和发展的需要，因而，不仅被全国有关高等院校或波斯语应时短训班所采用，还受到广大自学波斯语人士的欢迎。

《波斯语教程》（第二版）按照对整体不作改动的原则，除纠正了第一版在录入和打印过程中出现的错误外，还对个别内容进行了局部的修改和补充。

诚恳希望读者对本书的不足之处提出批评和建议。

衷心感谢再版过程中付出辛劳的本书责任编辑兰婷女士和所有工作人员。

北京大学外国语学院　东方语言文学系　李湘
2016年2月

第一版前言

《波斯语教程》是大学本科一、二年级专业波斯语教材，共二册。北京大学 1991 年出版过一本《波斯语基础教程》(李湘主编)。该书经各大学和培训班使用，编者征询了兄弟院校同行的意见，在此基础上，编写了这本教材。

比较 1991 年的基础教程，本书有如下特点：

1．选材内容：本书尽量选用反映现代科学文化成果的新题材和有关对象国社会文化和民族风习的文章，以便使学习者在掌握语言的同时，扩大视野，增长知识，加强对对象国的了解。

2．注重口头表达能力：从一年级第一阶段开始就编写会话课文。二年级增加口语训练内容。同时注意常用词汇的学习和使用练习。

3．设阶段性语法概述：在每个语法阶段开始前，增加对该阶段语法的综合性介绍，以便使学习者对该阶段语法的内容做到心中有数。更好地理解学习过程中遇到的语法现象。

4．增加反映对象国人文景观的图片和配合学习内容的图画，以提高学习兴趣和对对象国情况的直观了解。

恳切希望读者对本书的不足之处提出批评和建议。

本书编写过程中，得到伊朗朋友伊尔汗姆·米尔扎尼扬 (Elham Mirzania)女士的热情帮助。在此谨表衷心感谢。

北京大学外国语学院　东方语言文学系　李湘

فهرست

目　录

第一课　درس اوّل

会话　در را قفل کرده اید ؟ …… 1

课文　مثل این که مریض شده ام …… 2

语法　现在完成时态（一）…… 5

诗歌　خواب …… 11

阅读　بیماری کاوه …… 13

日常口语　چیه؟ کیه؟ کو؟ …… 14

谚语小贴士 …… 14

第二课　درس دوّم

课文　سر گذشت زمینی که ما بر روی آن زندگی می کنیم …… 15

语法　及物动词和不及物动词（二）——动词的对应性 …… 18

诗歌　مادر …… 26

阅读　دریا و حلزون …… 28

日常口语　تو چی می گی؟ …… 29

谚语小贴士 …… 30

第三课　درس سوّم

会话　باید ازمحل خطّ کشی شده درخیابان عبور کرد …… 31

课文　عبور از خیابان …… 32

语法　无人称句 …… 35

诗歌　من می توانم باد باشم …… 41

阅读　پاییز …… 42

日常口语　نمی خوام(به شما) زحمت بدم …… 43

谚语小贴士 …… 44

第四课　درس چهارم

会话　خوش به حالت …… 45

课文　داستان پیدایش آتش …… 46

语法　将来时态 …… 50

1

	阅读	خورد و خوراک سالم	56
	谚语小贴士		57
第五课	درس پنجم		
	诗歌	مهرگان	58
		فصلها	59
	阅读	داستانی از قابوس نامه	61
第六课	درس ششم		
	会话	خیلی سردم است	64
	课文	پزشک دانا	66
	语法	主语嵌入式动词结构	69
	诗歌	توانا بود هر که دانا بود	76
	阅读	داستان آتش	76
	日常口语	عیدت مبارک !	77
	谚语小贴士		77
第七课	درس هفتم		
	会话	مگه کتاب داستان اشکال داره ؟	78
	课文	هفته ی کتاب	79
	诗歌	کتاب خوب	81
	语法	及物动词和不及物动词（三）	
	诗歌	——再及物动词	82
	谚语小贴士		90
语法指南	波斯语动词的语态		91
第八课	درس هشتم		
	会话	تئاتر بزرگ ملّی در سال ۲۰۰۷ ساخته شد	92
	课文	ابو علی سینا دانشمند بزرگ ایران	93
	语法	动词的被动语态（一） ——被动语态的构成和 用法（一）	97
	诗歌	وطن ما	102
	阅读	هوورکرافت	103
	日常口语	دادم تعمیرش کنن	104
	谚语小贴士		104
第九课	درس نهم		
	课文	قهوه خانه های ایرانی	105

	语法	动词的被动语态 （二）——被动语态用法（二）………	108
	阅读	غذای ایرانیان………	114
	日常口语	باورم نمیشه………	115
	谚语小贴士………		115
第十课	درس دهم		
	诗歌	درختکاری………	116
		فروتنی………	118
	阅读	جشن مهرگان………	119
第十一课	درس یازدهم		
	会话	قرار سینما………	122
	课文	سنگ‌پشت و مرغابی ها………	124
	语法	过去完成时态………	127
	阅读	کار نشد ندارد………	135
	谚语小贴士………		135
第十二课	درس دوازدهم		
	课文	سفر به شیراز………	136
	语法	比较状语从句………	141
	阅读	راه برو………	149
	日常口语	پاتو گذاشتی روی پام………	150
	谚语小贴士………		150
第十三课	درس سیزدهم		
	会话	شانس آوردم………	151
	课文	درست دیدن و درست شنیدن………	154
	语法	过去假定时态(一)………	158
	诗歌	عاشقاخیز، کامد بهاران………	166
	谚语小贴士………		168
第十四课	درس چهاردهم		
	会话	چشم شما روشن !………	169
	课文	دهقان فداکار………	171
	语法	过去假定时态(二)………	174
	诗歌	نحوی و کشتیبان………	180
	阅读	دانشمند و قایق ران………	181
	谚语小贴士………		183

第十五课	درس پانزدهم		
	شعر	میازار موری که دانه کش است............	184
		پشه و چنار.............................	185
	阅读	ابن سینا...............................	187
		تهران، پایتخت ایران....................	188
第十六课	درس شانزدهم		
	课文	داستان پرواز...........................	190
	语法	现在完成进行时态......................	194
	诗歌	اشک یتیم..............................	202
	日常口语	امیدوارم سر حرفت بمونی !...............	204
	谚语小贴士...		205
语法指南	波斯语构词法概述.................................		206
第十七课	درس هفدهم		
	会话	شما به چه ورزشی علاقه دارید؟...........	208
	课文	بازیهای المپیک.........................	210
	语法	构词法（一）	
		——派生词和复合词..................	214
	诗歌	ز ورزش میاسای و کوشنده باش............	223
	阅读	موج سواران...........................	225
	谚语小贴士...		226
第十八课	درس هجدهم		
	课文	محیط دوستانهٔ مدرسه....................	227
	语法	构词法（二）	
		——动词派生形容词（一）............	231
	诗歌	بنی آدم اعضای یکدیگرند.................	238
	日常口语	شرمنده ام.............................	239
	谚语小贴士...		239
第十九课	درس نوزدهم		
	课文	خروس و روباه........................	240
	语法	构词法（三）	
		——动词派生形容词（二）............	244
		——动词派生名词....................	245
	诗歌	روباه و زاغ............................	252
	日常口语	پرخوری و حیف خوری...................	253
	谚语小贴士		253

第二十课	درس بیستم		
	诗歌	ایران	254
		رنج و گنج	255
	阅读	افسانهٔ آرش	258
		گنج کشاورز	259
语法指南	波斯语句子的类型		263
第二十一课	درس بیست و یکم		
	课文	اثر گلخانه ای	264
		بحران انرژی	266
	语法	并列复合句	268
	阅读	از پاکت های کاغذی استفاده کنید	277
	谚语小贴士		278
第二十二课	درس بیست و دوم		
	课文	سعدی (۱)	279
		چند سخن از سعدی (۲)	282
	语法	主从复合句（一）	
		——时间状语从句	284
		——地点状语从句	285
	阅读	دو درویش	291
	日常口语	ازت توقع نداشتم	292
	谚语小贴士		292
第二十三课	درس بیست و سوّم		
	课文	نفت	293
	语法	主从复合句(二)	
		——主语从句	298
		——程度状语从句	300
	阅读	مریخ اسرار آمیز	306
	日常口语	دلم شور میزنه	309
	谚语小贴士		309
第二十四课	درس بیست وچهارم		
	课文	ز گهواره تا گور دانش بجوی	310
	语法	主从复合句(三)	
		——宾语从句	314
		——直接引语与间接引语	315
	诗歌	بشنو ای فرزانه فرزند	322

		日常口语	قصه اش درازه 324
		谚语小贴士	 324
第二十五课	درس بیست و پنجم		
		诗歌	باران 325
			کسری و دهقان 329
		阅读	نامه نویسی 331
第二十六课	درس بیست و ششم		
		课文	راه آهن 338
		语法	主从复合句(四)
			——定语从句 342
			——目的状语从句 344
		阅读	قطار مغناطیسی 351
		日常口语	شیشه تو پایت نره ! 352
		谚语小贴士	 352
第二十七课	درس بیست و هفتم		
		课文	عصر فضا 353
		语法	主从复合句(五)
			——表语从句 357
			——原因状语从句 357
		诗歌	علم و هنر 365
		阅读	امام محمّد غزالی 367
		谚语小贴士	 368
第二十八课	درس بیست و هشتم		
		课文	بهترین ارمغان 369
		语法	主从复合句(六)
			——条件状语从句 373
			——方式状语从句 375
		阅读	سیستم راهنمایی قمرهای مصنوعی 381
		日常口语	سر چی؟ 382
		谚语小贴士	 383
第二十九课	درس بیست و نهم		
		课文	دوست بزرگ بچه ها 384
		语法	主从复合句(七)
			——让步状语从句 391
			——结果状语从句 392

	日常口语	درسته، خودشه·················	402
	谚语小贴士	·························	403
第三十课	درس سیم		
	诗歌	چشمه و سنگ·················	404
		نصیحت·················	406
	阅读	چرا سرزمین ما را ایران می نامند؟········	408
		تاریخ ایران·················	410
附录(一)	阿拉伯语构词法	·························	413
附录(二)	书信写法	·························	415
附录(三)	本书谚语	·························	419
总生词表		·························	422

درس اوّل

گفتگو

در را قفل کرده اید؟

۱- فرشته ، چرا اوقاتت تلخ است ؟

- چون کتاب " گلستان" سعدی را گم کرده ام . تمام صبح دنبال آن گشتم

ولی هنوز پیدایش نکرده ام .

- چون موبایلم را در سینما جا گذاشته ام . هنوز پیدایش نکرده ام .

۲- در اتاق را قفل کرده اید ؟

- اِ ، فراموش کردم که قفل کنم .

۳- شنیده ام که منیژه در بیمارستان بستری شده است . شما به عیادت او

رفته اید ؟

- نه ، هنوز نرفته ام . ولی تصمیم دارم که امروز بروم .

واژه ها

قفل	[ghofl]	（名）	锁
~ کردن		（动）	
تلخ	[talkh]	（名）	苦
گم	[gom]	（形）	丢失的、失掉的、失踪的
~ کردن		（动）	丢失、失掉、失踪
دنبال	[donbāl]	（名）	追随；末端、尾部
~ گشتن(گرد)	[gashtan(gard)]	（动）	寻找、寻觅
موبایل	[mobāyl]	（名）	手机
کلید	[keleed]	（名）	钥匙
فراموش	[farāmoosh]	（形、名）	忘记的；忘记
~ کردن		（动）	

医院	（名）	[beemārestān]	بیمارستان
卧床的（病人）	（形、名）	[bastaree]	بستری
	（动）		~ شدن
探亲、探望、看望（病人）	（名）	[eyādat]	عیادت
	（动）		~ کردن
决定、决心	（名）	[tasmeem]	تصمیم
	（动）		~ داشتن/ گرفتن

◆ 现在完成时态

现在完成时态动词构成

现在完成时态动词

متن

منیژه: مادر حالم خیلی بد است. مثل این که مریض شده ام.

مثل این که مریض شده ام

ساعت شش صبح بود که منیژه از خواب بیدار شد. ولی هرچه سعی کرد نتوانست از جای خود بلند شود. سرش بشدّت درد می کرد و چشمهایش باز نمی شد. خیلی تند نفس می کشید و احساس می کرد که هوای اتاق خیلی سرد

است. لحاف را روی سرش کشید و چند دقیقه بعد دوباره به خواب رفت.

مادرش ساعت ۵ / ۷ در اتاق او را باز کرد و او را صدا زد و گفت : " منیژه! بلند شو ، ساعت هفت و نیم است ، مدرسه ات دیر می شود. " منیژه سرش را بلند کرد و گفت: " مادر ، حالم خوب نیست، مثل این که مریض شده ام. [1] مادرش کنار تختخواب او نشست و دست خود را روی پیشانیش گذاشت. پیشانی منیژه خیلی داغ و چشم هایش هم قرمز بود. مادرش گفت : " مثل این که سرمای شدید خورده ای و تب داری! " منیژه گفت: " سر درد هم دارم. حالم خیلی بد است." مادرش گفت: " بهتر است لباست را بپوشی تا تو را پیش دکتر ببرم. منیژه از رختخواب بیرون آمد و بعد از لباس پوشیدن با مادرش به مطبّ دکتر رفت. توی مطبّ کسی نبود و دکتر داشت چیز می نوشت.

دکتر منیژه را معاینه کرد و گفت: " چه خوب شد که زودتر به اینجا آمدید! برایتان یک نسخه می نویسم و فکر می کنم بعد از دو روز خوب می شوید." آن وقت دکتر یک نسخه کوتاه نوشت و به دست مادر منیژه داد. منیژه و مادرش از مطبّ دکتر به یک داروخانه که در همان نزدیکی بود، رفتند و نسخه را به مدیر داروخانه دادند. مدیر داروخانه چند قرص، چند کپسول، یک شیشه شربت و یک آمپول به آنها داد و گفت : " روزی سه تا از قرص ها و

[1] مثل این که 这是连词，引导比较状语从句。除此外还有 مانند این/ آن که... ، هر چه... ، هر قدر... ، همان قدر...، 等。比较状语从句将在第十二课语法中进一步讲解。

کپسول ها را با سه قاشق ازاین شربت بخورید و این آمپول را هم همین الان بزنید. منیژه و مادرش با دواها به مطبّ دکتر برگشتند. دکتر آمپول را در بازوی منیژه زد و گفت: " امروز و فردا باید استراحت کنید و غذایتان باید شیر، آش و سوپ باشد. آبگوشت و ماست تازه و آبمیوه هم خوب است."

ساعت نزدیک ده صبح بود که منیژه و مادرش از مطبّ دکتر خارج شدند و با تاکسی به خانه رفتند.

واژه ها

شدّت	[sheddat]	（名）	加剧、剧烈、厉害
به ~		（副）	强烈地、剧烈地、激烈地
نفس	[nafas]	（名）	呼吸、气息
~ کشیدن		（动）	呼吸
احساس	[ehsas]	（名）	感觉、知觉
~ کردن		（动）	感觉、觉得
لحاف	[lahāf]	（名）	被子、盖布
مریض	[mareez]	（形、名）	生病的；病人
پیشانی	[peeshānee]	（名）	前额、额头
داغ	[dāgh]	（名、形）	烙印；烫的、炽热的
شدید	[shadeed]	（形）	强烈的、剧烈的、严重的
مطبّ	[matabb]	（名）	诊所、诊疗所
معاینه	[mo'āyene]	（名）	检查、诊断
~ کردن		（动）	
نسخه	[noskhe]	（名）	药方、处方；（书籍的）副本、份
داروخانه	[dārookhāne]	（名）	药房、药铺、配药室
نزدیکی	[nazdeekee]	（名）	附近
مدیر	[modeer]	（名）	主管人、管理者、经理
قرص	[ghors]	（名）	药片、药丸；（量）一片
کپسول	[kapsool]	（名）	密封的罐状容器；胶囊；
دوا	[davā]	（名）	药、药剂、药品

上臂、肘	（名）	[bāzoo]	بازو
粥	（名）	[āsh]	آش
（放有蔬菜、豆等做的）肉汤	（名）	[ābgoosht]	آبگوشت
酸牛奶、凝乳	（名）	[māst]	ماست
果汁	（名）	[ābmeeve]	آبمیوه

دستور زبان

现在完成时态（一）
مضارع نقلی (۱)

1. 构成

←

人称词尾 ＋ ه ＋ 过去时动词词根

．人称词尾 ＋ ه ＋ 动词过去时词根	：肯定式
．人称词尾 ＋ ه ＋ 动词过去时词根 ＋ نه	：否定式

1）简单动词 دیدن（过去时词根 دید ）

نديده ايم	ديده ايم	ما	نديده ام	ديده ام	من
نديده ايد	ديده ايد	شما	نديده ای	ديده ای	تو
نديده اند	ديده اند	آنها	نديده است	ديده است	او

2）复合动词 اطّلاع دادن（过去时词根 اطّلاع داد ）

اطّلاع نداده ايم	اطّلاع داده ايم	ما	اطّلاع نداده ام	اطّلاع داده ام	من
اطّلاع نداده ايد	اطّلاع داده ايد	شما	اطّلاع نداده ای	اطّلاع داده ای	تو
اطّلاع نداده اند	اطّلاع داده اند	آنها	اطّلاع نداده است	اطّلاع داده است	او

以 آ [ā]， ای [ee]， اَ [a]， اِ [e]， ا [o]为首的动词的否定式加 نَـ 的规则参见一般过去时态动词变化 。

2. 现在完成时态的用法

1）强调过去某时刻已完成的动作的结果对现在的影响。例如：

چه کسی شیشهٔ پنجره را شکسته است ؟

谁把玻璃窗打碎了？（强调现在玻璃是碎的）

他还没走。（强调他现在还在这里） او هنوز نرفته است .

2）表示过去某时刻开始的动作，其状态一直延续到现在。例如：

آیا می دانید که علی در بیمارستان بستری شده است ؟

你知道阿里住院了吗？

بیش از یك ساعت است که او آرام دراز کشیده است .

他安静地躺在那里已有一个多小时了。

3. 用于这个时态的时间状语

例如 ：

... این روزها , سالهای اخیر , روز های اخیر , اخیراً , تاکنون ,تابحال

等等。只要符合上述用法的时间状语都可使用。

تمرین

۱- جمله های زیر را با تغییردادن زمانهای فعل به ماضی نقلی تبدیل کنید .

۱) دانشجویان سال اوّل در مقابل دروازه غربی دانشگاه جمع شدند.

خانم محمدّی شام خوشمزه و رنگارنگی برای ما تهیّه کرد .

۳) علی هر هفته کتاب جالبی را از کتابخانه امانت می گیرد.

۴) دو ماه قبل من از آن موسّسهٔ توریستی استعفاء دادم .

۵) او از درسهای ریاضی و فیزیک عقب افتاد .

۶) ما چیزهای لازم را نخریدیم.

۷) سال گذشته بازیهای ا لمپیک در پکن با موفقیّت (成功[movaffagheeyyat]) تمام برگزارشد. (举办 [bargozār])

۸) اکسپو (博览会[ekspoo]) در شهر شانگهای برگزار شد .

۲- با مصدرهای داخل پرانتز فعل مناسب بسازید و در جای خالی بنویسید .

۱) او اینجا ____ (نبودن). او به سالن مطالعهٔ دانشکده ______ (رفتن).

۲) موبایل من کجا ست ؟ چه کسی آنرا _______ (بردن) .

۳) کلاس ______ (شروع شدن) .دیرمان ______ (شدن) ؟ تاکنون چند بار دیر ______ (شدن) .

۴) شما کار خود را ____ (انجام دادن) . می توانید به خانه ______ (رفتن) .

۵) چه کسی پنجره ها را _ (باز کردن)؟ اتاق خیلی سرد _____ (شدن) .

۶) اتوبوس ______ (رفتن). باید منتظر اتوبوس بعدی ______ (شدن) .

۷) من صبحانه ______ (خوردن) . گرسنه ______ (نبودن) .

۸) آقای عباسی امروز _____ (نیامدن) . او سخت _____ (بیمار شدن) .

۹) آن کتاب در کدام سال _____ (چاپ شدن) ؟ آیا می دانید چه کسی آن کتاب را_____ (ترجمه کردن)؟

درس اوّل

۱۰) نامهٔ شما را _____ (خواندن) . معلوم است که در زبان فارسی خیلی

_____ (پیشرفت کردن) .

۳- تمرین کلمات

فراموش _____

۱) شماره ی تلفنت را فراموش کرده ام.

۲) فراموش کردم که گذرنامه ام (护照) را همراه خود بیاورم.

۳) فراموش نکنید که به من نامه بنویسید.

۴) فراموش کرده ام که آن خانم را کجا دیدم.

تصمیم _____

۱) به نظرم این تصمیم موقتی است .

۲) هنوز تصمیم نگرفته ام که به کار کنونی ادامه دهم یا کارم را عوض کنم .

۳) آنها تصمیم دارند که این خبر را فوراً به او اطّلاع دهند .

جا گذاشتن _____

۱) وقتی که از قطار پیاده می شوید ، کیف و وسایل خود را جا نگذارید.

۲) یادم نیست که کلید دوچرخه را در سلف جا گذاشتم یا در سالن مطالعه.

۳) فراموش نکنید که وسایل خود را بررسی کنید (检查 [barresee]) تا چیزی جا نگذارید.

دیر شدن / کردن / انجام دادن _____

۱) وای ، مدرسه ام دیر شد.

۲) زود باش ! دیرمان شد.

۳) معذرت می خواهم. دیر رسیدم(آمدم) .

۴) چرا همیشه تکالیفت را دیر انجام می دهی ؟

احساس

۱) من احساس می کنم که او از من ناراضی است.

۲) پس از شنیدن این خبر چه احساسی داشتید؟

۳) من احساس سرماخوردگی می کنم.

چه خوب شدن / بودن که ... !

۱) چه خوب شد که دیشب من این درس را مرور کردم ! امروز یکی از سئوالات امتحان بود!

۲) چه خوب شد که حرفهایم را قبول کردید !

۳) چه خوب است که ما دوباره همدیگر را می بینیم !

۴) چه خوب است که شما زود شفاء یافته اید. ([shefā' ～]康复) !

۴- عبارتهای زیر را به فارسی ترجمه کنید.

锁门，遗忘，闷闷不乐，丢失，寻找…，开药方，（给某人）打针，（某人）打针，药房工作人员，药片，针剂，药水，胶囊，药物，医院，诊所，看病，住院，探望病人，检查病人，头痛，呼吸急促，发烧，重感冒，额头，眼睛，胳膊

۵- با الگوی " مثل این / آن که ... " و " خوب بودن / شدن که ... ! " چند جمله بسازید.

۶- با کلمه ها وعبارت ها ی زیر جمله بندی کنید.

درس اوّل

| فراموش کردن | جا گذاشتن | اوقات کسی تلخ بودن | گم کردن |

دیر شدن / بودن   احساس کردن   تصمیم

۷- متن درس را از زبان اول شخص مفرد بیان کنید.

۸- سؤال و جواب

۱) چرا منیژه صبح نتوانست از تختخواب بلند شود؟

۲) او حالش چطور بود؟

۳) ساعت چند مادرش او را صدا کرد؟ چرا او را بیدار کرد؟

۴) منیژه به مادرش چه گفت؟

۵) مادرش چطور فهمید منیژه مریض شده است؟

۶) مادرش به منیژه چه پیشنهادی کرد؟ او تصمیم گرفت چه کند؟

۷) دکتر پس از معاینه چه گفت؟

۸) دکتر چه نسخه ای برای منیژه نوشت؟

۹) آنها از کجا دارو گرفتند؟ منیژه در کجا آمپول زد؟

۱۰) بغیر از آمپول چه داروهایی گرفتند؟ منیژه هر روز باید چطور آنها را بخورد؟

۱۱) منیژه در آن روزها بهتر است چه غذاهایی بخورد؟

۱۲) منیژه به چه بیماری مبتلاء شده؟ به نظر شما او پس از چند روز می تواند خوب شود؟ چرا؟

۹- جمله های زیر را ترجمه کنید.

1）你的书找到没有？
——还没有找到，我正在找呢，我忘了把它放在哪里了。
2）你怎么闷闷不乐呀？
——我把手机忘在阅览室了，到现在还没找到。
3）到现在为止，你们学了几课书了？
4）这些单词我们刚学过，你怎么忘了？
5）他感觉头痛得厉害，眼睛也睁不开。
6）他的额头很烫，眼睛发红，觉得干渴。
7）玛妮杰喝了粥和牛奶，胃口很好，她正在好转。
8）哦，是感冒，没大关系，休息几天就会好的。我会帮你把功课补上的。
9）八点钟铃声响了，玛妮杰醒了，但她没有起床。她觉得很疲乏，起不来，她用被子蒙住了头。
10）我想跟他多聊聊，但是他好像不大愿意和我说话。

۱۰- متن درس را به صورت نمایش نامه چهار نفری (منیژه ، مادر منیژه ، دکتر و مدیر داروخانه) در بیاورید و در کلاس نمایش دهید.

شعر _____

خواب

باغبانی دیشب

خواب من را دزدید

مثل گل از شاخه

خواب من را او چید

خواب من شیرین بود

خواب زیبایی بود

خواب من ، در باغی

توی صحرایی بود

بودم آنجا در باغ

باغ پر بود از گل

می رسید از هر سو

نغمه های بلبل

از درختی ، در باغ

گل یاسی چیدم

ناگهان خود را من

مثل بلبل دیدم

هر طرف در آن باغ

عطر گل می پیچید

مردی آمد ناگاه

خواب من را دزدید

ناگهان در خوابم

باغ و گل شد چون دود

بوی گلها ، امّا

در اتاقم پر بود.

واژه ها

باغبان	[bāghbān]	(名)	园丁、花匠
شاخه	[shākhe]	(名)	树枝
نغمه	[naghme]	(名)	旋律、歌曲
بلبل	[bolbol]	(名)	夜莺

متن خواندنی

بیماری کاوه

دیروز کاوه به مدرسه نرفت. او غایب بود، چون مریض بود. کاوه با مادرش نزد دکتر رفت. آقای دکتر کاوه را معاینه کرد . او کمی تب داشت، امّا دکتر از حال او راضی بود. پس از معاینه، دکتر دو نوع قرص و یک شربت برای کاوه نوشت. دیشب حال کاوه خوب بود و غذای لذیذی خورد.

امروز حال کاوه خیلی خوب بود. او در خانه نماند. او به مدرسه رفت. امروز کاوه در کلاس درس حاضر شد. درس امروز ظهر انشاء بود . دانش آموران در باره موضوع های مختلف انشاء نوشتند. بعضی از دانش آموزان در بارهٔ موضوع فضاء نوشتند. موضوع انشای کاوه بهداشت و سلامتی بود. او در انشای خود، در بارهٔ بهداشت و بیماری های مختلف توضیح داد.

درس اوّل

گفتگوی محاوره ای

چیه؟ کیه؟ کو؟

۱- ببخشین ، این لیوان مال کیه ؟

- مال من نیس ، مال ایشونه.

- اون مال آقای صدریه.

- پس لیوان من کو ؟ (کجا ست)

۲- تو (توی) اون جعبه چیه ؟

- کتابه

- اونا (آنها) مال کیه ؟

- مال توه . (تو ست)

ضرب المثل   谚语

وقت طلا ست .	一寸光阴一寸金
شکست مادر پیروزی است .	失败是成功之母

درس دوّم

---------- متن

زمین بزرگی که ما بر روی آن زندگی می کنیم، سرگذشتی بسیار طولانی و جالب دارد.

سر گذشت زمینی که ما بر روی آن زندگی می کنیم

هر سنگی ، هر گیاهی ، هر حیوانی و هر انسانی سر گذشتی دارد. زمانی بوجود آمده است، بعد تغییر یا رشد کرده است و حالا به شکلی در آمده است که ما آن را می بینیم.

سنگ صاف کوچکی که در دست می گیرید، زمانی قسمتی از سنگی بزرگ بوده است. سرما و گرما سنگ بزرگ را شکسته اند. باد و باران آن را فروغلتانده اند. سنگ کوچک به سنگ های دیگر خورده، آب از روی آن گذشته و آنقدر آن را به این سمت و آن سمت برده تا تیزی های آن از بین رفته و صاف شده است.

زمین بزرگی هم که ما بر روی آن زندگی می کنیم، سرگذشتی بسیار

درس دوّم

طولانی و جالب دارد. بعضی از دانشمندان می گویند که زمین ما به صورت ذرات گرد و غباری بوده که به دور خورشید می چرخیده است. هر چه بود کرهٔ زمین ما گلوله ی آتشینی بود و در فضا به دور خورشید می چرخید. پیوسته می چرخید و کم کم سرد می شد. روی آن را پوسته ای فرا گرفت ولی داخل آن همچنان گرم و سوزان باقی ماند. این پوسته بارها شکاف خورد تا به مادّه ی سوزان داخل خود راهی برای خارج شدن بدهد. این پوسته در اثر فشار همان مادّهٔ سوزان داخلی چین خورد و نخستین بلندی ها و پستی ها و گودی ها که آنها را کوه و درّه می نامیم ، بوجود آمدند.

کوه ها و درّه ها به همین شکلی که ما امروز آنها را می بینیم ، نبودند. بخار آبی که اطراف زمین بود، ابرهای بزرگی بوجود آورد . ابرها با سرد شدن زمین سرد شدند. باران از ابرها فرو بارید و بر روی کوه ها سرازیر شد. سنگ ها را شکست و برای خود از میان آنها راهی باز کرد و به طرف درّه ها سرازیر شد. نهرها و رودخانه ها را بوجود آورد و شکل کوه ها را تغییر داد.

واژه ها

سرگذشت	[sargozāsht]	(名)	生平、生涯；经历事件、轶事
زمین	[zameen]	(名)	地、陆地、土地、地球
گیاه	[giyāh]	(名)	植物、花草
شکل (اشکال)	[shekl(ashkāl)]	(名)	形式、方式、样式；形象
صاف	[sāf]	(形)	平的、平滑的
گرما	[garmā]	(名)	炎热；热量
شکستن (شکن)	[shekastan(shekan)]	(动)	打碎、打破；打败；破裂

往下、朝下	（副）	[foroo]	فرو
使……滚动	（动）	[ghaltāndan(ghaltān)]	غلتاندن (غلتان)
程度、量、尺寸大小、价值	（名）	[ghadr]	قدر
如此……	（副）	[ānghadr]	آنقدر
方向、方面、边、方位	（名）	[samt]	سمت
尖、尖锐、锋利、快、迅速	（名）	[teezee]	تیزی
尘埃、微粒、细末	（形）	[zarre(zarrāt)]	ذرّه (ذرّات 复)
小球、球形物、团（如线团）、子弹	（名）	[goloole]	گلوله
火焰般的、炽热的、燃烧的	（形）	[ātasheen]	آتشین
太空、宇宙；空处；气氛	（名）	[fazā]	فضا
旋转、转动、绕着……转、自转	（动）	[charkheedan(charkh)]	چرخیدن(چرخ)
不断的（地）、连续的（地）、连接上的（地）	（形、副）	[peyvaste]	پیوسته
外层、表皮、壳；薄膜	（名）	[pooste]	پوسته
还是如此的（地）、就那样的（地）	（形、副）	[hamchenān]	همچنان
燃烧的；灼热的	（形）	[soozān]	سوزان
留下的、剩下的、剩余的	（形、名）	[bāghee]	باقی
留下、剩下	（动）		~ ماندن(~مان)
分裂、分离、裂缝、缺口	（名）	[shekāf]	شکاف
产生裂缝，出现缺口	（动）		~خوردن
让路、让……通过	（动）	[rāh ~]	راه دادن
影响、作用	（名）	[asar(āsār/asrāt)]	اثر(آثار،اثرات 复)
压、压力、挤压	（名）	[feshār]	فشار
物质、材料	（名）	[mādde(mavād)]	مادّه(مواد 复)
褶皱、皱纹	（名）	[cheen]	چین
出现褶皱、起皱纹、(衣)打褶或起褶皱	（动）		~ خوردن
高、高度；高低；高地；长度	（名）	[bolandee]	بلندی
低地；低贱	（名）	[pastee]	پستی
深度；坑洼	（名）	[gowdee]	گودی
山谷、峡谷、豁口	（名）	[darre]	درّه
汽、蒸汽、水蒸气	（名）	[bokhār]	بخار
云、云彩	（名）	[abr]	ابر

倾斜的、成斜坡的；	（形、副）	[sarāzeer]	سرازیر
向下、往下			~ شدن
倾斜、倾泻	（动）		
河流、江河	（名）	[nahr]	نهر

◆ 复习现在完成时态
◆ 及物动词和不及物动词（二）
——动词的对应性

دستور زبان

及物动词和不及物动词（二）

——动词的对应性

فعل متعدّی و فعل لازم(۲)

1. 复合动词的对应形式

在第一册第二十二课中介绍了动词的对应性，动词的对应形式主要出现在复合动词中，除了上册提到的 کردن~ ——— شدن~ 之外，再补充一些，列举如下：

及　　物		不 及 物	
1) دادن ~ ———		~ کردن	
使……变化	تغییر دادن	变化	تغییر کردن
使……参加	شرکت دادن	参加	شرکت کردن
2) دادن ~ ———		~ یافتن	
使……组织	تشکیل دادن	组织	تشکیل شدن / یافتن
使……结束	پایان دادن	结束	پایان یافتن

درس دوّم

		3) آمدن ~ ———— ~ آوردن
در آمدن	出现	در آوردن 使……出现,拿出
به دست آمدن	得到，取得	به دست آوردن 得到，取得

		4) ~ گرفتن ———— ~ دادن
اجازه گرفتن	得到允许	اجازه دادن 允许
پند گرفتن	听劝告、吸取教训	پند دادن 规劝、劝告
قرار گرفتن	安置	قرار دادن 使……安置

		5) ~ خوردن ———— ~ زدن
کتک خوردن	挨打	کتک زدن 打、揍
زمین خوردن	跌倒	زمین زدن 使……跌倒

		6) ~ خوردن ———— ~ دادن
شکست خوردن	打败	شکست دادن 打败
تکان خوردن	晃动、摇动	تکان دادن 使……晃动、使……摇动

		7) ~ افتادن ———— ~ انداختن
به راه افتادن	启动	به راه انداختن 使……启动
به زمین افتادن	跌倒	به زمین انداختن 使……跌倒

		8) ~ رفتن ———— ~ بردن
به کار رفتن	运用于	به کار بردن 使……运用于
از بین رفتن	消灭	از بین بردن 使……消灭

2. 不是所有的动词都具有对应性

有一些不及物动词没有对应的及物形式，这些不及物动词从其词义上就可以分辨出来。例如：

简单动词——

آمدن (来)، رفتن (去)، ماندن (逗留)، ایستادن (站)، نشستن (坐)، دویدن (跑)، پریدن (飞)، غلتیدن (滚动)، خوابیدن (睡)، رسیدن(到) ……

复合动词——

ورزش کردن (运动)، زندگی کردن (生活)، شناکردن (游泳)، کوشش کردن (努力)، درگذشتن (逝世)، قدم زدن (散步) ……

3. 加 آندن 或 آنیدن 使部分动词获得对应性

在上述的不具有对应的及物形式的动词中有一些可以通过在其动词的现在时词根上加 آندن 或 آنیدن 获得对应的及物动词，但这种变换方法只用于简单动词。

举例如下：

فعل لازم	+ آندن / آنیدن		فعل متعدّی	
دویدن	跑	⟵	دواندن / دوانیدن	使……奔跑
غلتیدن	滚动	⟵	غلتاندن / غلتانیدن	使……滚动
خوابیدن	睡觉	⟵	خواباندن / خوابانیدن	使……睡觉
نشستن	坐	⟵	نشاندن / نشانیدن	使……坐下

تمرین

۱- با مصدرهای داخل پرانتز فعل مناسب بسازید و در جای خالی بنویسید

کتاب کبری ([kobra])

روزی مادر کبری به او ____ (گفتن): کبری جان ، برو کتاب داستانت را ____ (آوردن) و برایم ____ (خواندن) . کبری خوشحال ____ (شدن) و به سُراغ（寻找[sorāgh]）کتابش____ (رفتن) . امّا هر چه ______ (گشتن) ، (نتوانستن) آن را ______ (پیدا کردن) . کبری پیش مادر ______ (برگشتن) و ____ (گفتن) کتاب داستانم ____ (نبودن) . کسی آن را ____ (برداشتن) . مادر با تعجّب ____ (پرسیدن): نه ، چه کسی کتاب تو را ____ (برداشتن)؟ جز من و پدرت کسی د یگر در این خانه ____ (نبودن). درست ____ (فکر کردن) . ببین ، آن را کجا____ (گذاشتن). آن را در مدرسه____ (جا گذاشتن)؟ کبری ____ (گفتن): نه ، مادر، دیروز که از مدرسه _____ (برگشتن) ، کتابم توی کیفم____ (بودن).

ناگهان کبری یادش____ (آمدن) که دیروز زیر درخت حیاط _____ (نشستن) و کتابش را____ (خواندن). به حیاط _____ (دویدن) و خوشحال _____(شدن) .امّا وقتی که نزدیک _____ (رفتن) ، خیلی ناراحت _____ (شدن) . چون شب پیش باران _____ (آمدن) و کتابش کثیف _____ (شدن) . او ____(دیدن) جلد زیبای آن دیگر _____ (برق نزدن 闪亮[bargh]) .

۲- فعل های متعدّی و لازم زیر را تشخیص دهید . برای فعل های متعدّی، شکل لازم آنها را بنویسید و برای فعل های لازم، شکل متعدّی بیاورید ، یا با اضافه کردن " آندن یا آنیدن " شکل متعدّی آنها را بنویسید . اگر آنها شکل متعدّی یا لازم را ندارند، جای آن را خالی بگذارید.

بو جود آمدن تغییر دادن نفس کشیدن به صورت... در آمدن

از بین بردن گذشتن آتش گرفتن استراحت کردن

خوردن پریدن مردن حرکت دادن رسیدن

۳- داستان زیر را بخوانید . فعلها را با شکل مناسب متعدّی یا لازم و با صیغهٔ مناسب بنویسید . اگر فعل متعدّی است، در جای مناسب حرف اضافه " را " را هم اضافه کنید.

مُعَمّا (谜语[mo'ammā])

دهقانی یک مرغ (鸡[morgh]) ، یک بره (羔羊[bare]) و یک روباه (狐狸)

[roobāh]) (داشتن) . روزی او (خواستن) آنها بوسیلهٔ قایق (船[ghāyegh]) از رودخانه (عبور کردن/دادن). قایق آنقدر گنجایش(容量[gokjāyesh]) (نداشتن) که تمام حیوانات و دهقان در آن (جای کردن/ شدن) . فقط می توانست یک حیوان و دهقان در آن (گنجیده شدن /کردن) (容纳 [gonjeede]) . دهقان (دانستن) روباه دشمنِ مرغ و بره (بودن) . حیران (困惑[heyrān]) بود که چگونه این حیوانات (عبور کردن /دادن).

آخر فکری به خاطرش(رسیدن/رسانیدن) . سرانجام او تمام حیوانات صحیح و سالم به آن طرف رودخانه (رسیدن /رسانیدن) . آیا می دانید چگونه است؟

۴- تمرین کلمات

تغییر

۱) در پانزده سال اخیر کشور چین تغییرات زیادی کرده است.

۲) به نظر شما بزرگترین و مهمّ ترین تغییر بوجود آمده در دانشگاه چیست؟

۳) به نظر می رسد که او نسبت به ده سال گذشته هیچ تغییری نکرده است.

۴) آنها با کوشش زیاد توانسته اند زندگی فقیرانه خود را تغییر دهند.

آنقدر ..... تا .....[1]

۱) او آنقدر دوید تا از نفس(呼吸[nafas]) افتاد.

۲) او آنقدر خندید تا اشک (眼泪[ashk]) از چشمانش سرازیر شد .

۳) هوا ی امسال آنقدر خشک است که زمین اینجا را شکافته است.

[1] آنقدر ...که / تا... 如此……以致……这是连词，引导结果或程度状语从句。

درس دوّم

۴) هوا آنقدر گرم شد تا اینکه تمام برف کوهها آب شد.

به ..... خوردن ، به کسی یا چیزی بر خوردن

۱) ماشینش به ماشین جلویی خورد.

۲) می گویند که شاید بزودی یکی از سنگ های کوچک آسمانی به کرهٔ زمین بخورد.

۳) از بر خورد دو سنگ چخماق جرقه ای از میان آنها برخاست.

۴) دیروز من در باغ دانشگاه به یکی از همکلاسیهای دبیرستان بر خوردم.

هر چه بود [1]

۱) کوبرتین در جریان از نو تشکیل دادن بازیهای المپیک با مشکلات زیادی روبرو می شد، هرچه بود، او سرانجام توانست به آرزویش تحقق بخشد.

۲) در راه هنگام غروب ما با برف و باد شدیدی روبرو شدیم و ماشین ما به گل نشست، ولی هر چه بود، ما روز دوّم به سلامت به مقصد رسیدیم.

۳) او از بچگی هر دو پای خود را در یک تصادف از دست داد. او در زندگی و آموزش همواره با دشواری های گوناگون به مبارزه می پرداخت. ولی هرچه بود، حالا او تبدیل به یک نقاش معروف شده است.

۵- جمله های زیر را بخوانید و به معنی "گرفتن" در آنها توجه کنید.

۱) من این کتاب داستان را از آقای معلّم گرفتم.

۲) انشاء نویسی وقت ما را زیاد می گیرد.

---

[1] هر چه بود （不管怎样）只用于过去时态，有转折的意思。同样的意思，在现在时态中用 در هر حال, 而不用 هر چه بود。

درس دوّم ۲۴

۳) زمین ما ..... پیوسته می چرخید و کم کم سرد می شد. روی آن را پوسته ای فرا گرفت.

۴) سنگ صاف کوچکی که در دست می گیرید، زمانی قسمتی از سنگ بزرگی بوده است.

۵) کاوه ، برو برایم از بقالی(杂货铺[baghghālee]) مقداری برنج و یک بسته نمک بگیر. میوه و سبزی را پدرت خودش می گیرد.

۶) هوا گرفته است . مثل این که می خواهد باران بیاید.

۶- عبارتهای زیر را به فارسی ترجمه کنید.

漫长的历史（经历）	不管怎么样	呈现……样子	火球
由于	在宇宙中	水蒸气	结壳
如此…… 以致……	拿在手里	逐渐地	打开通道
围绕…… 旋转			

۷- طبق نمونه ، جمله های زیر را با الگوی " به شکلی در آمده است که ما آن را می بینیم" ترجمه کنید.

نمونه :

<u>..... به شکلی در آمده است که حالا .... چیز را دیدن</u>

کرهٔ زمین ما زمانی بوجود آمده است . پس از تغییرات زیاد، به شکلی در آمده است که حالا ما آن را می بینیم.

1) 这房间原来很脏，经过打扫才变成现在你所看到的这样明亮、干净。
2) 这里原来是一片荒地（بایر）, 经过大家的努力，才变成了你们现在见到的这么美丽的公园。
3) 这个农村小学（مدرسهٔ روستایی）在重建（دوباره ساختن）后，变成我们今天见到的这样。

4）这条路重新修建后，变成了我们今天见到的这样一条漂亮的大街。

۸- طبق نمونه ، جمله های زیر را با الگوی " .... به همین شکلی که ما امروز آنها را دیدن ، نبو دن. " ترجمه کنید.

نمونه:

我们的地球原先不是我们现在见到的这样。 کوه ها و درّه ها به همین شکلی که ما امروز آنها را می بینیم، نبودند.

1）毛毛（ مائو مائو ）长大了，过去可不是我们现在见到的这样。
2）穆罕默德先生老多了，原先他可不是我们现在见到的这样。
3）北京近十年来变化很大，过去的北京不是我们今天看到的这样。

۹- با عبارتهای زیر جمله بسازید.

آنقدر.... تا ....　　　هر چه بود ...　　　به ..... خوردن

تغییر کردن　　　تغییر دادن

۱۰- به سؤالهای زیر جواب دهید.

۱) زمین در ابتدا به چه شکلی بود؟

۲) چرا کره زمین که به شکل گلوله آتشینی بود سرد شد؟

۳) پوستهٔ روی زمین چطور بوجود آمد؟

۴) هم اکنون داخل زمین چطور است؟

۵) نخستین کوه ها و درّه ها چطور بوجود آمدند؟

۶) نخستین باران چطور بوجود آمد؟

۷) باران چگونه شکل کوه ها را تغییر می دهد؟

۱۱- جمله های زیر را ترجمه کنید .

1）你决定这个休息日邀你的朋友来这里，是吗？
——不，我还没有决定。
2）自从我那年回家乡（ شهر خود 或 ده خود ）之后，至今我还没有回去过。
3）是谁忘了关电视，电视从早到晚一直开着。
4）阿里今天整天都在上网，其他什么事都不干，连饭都没有吃。
5) 他用双脚滚动一只大球，大家为他的精彩表演鼓掌。
6）他们用自己的双手，改变了家乡的面貌(چهره[chehre])。
7) 地球一直绕着太阳不停地转动，转动到渐渐地冷却下来，由一个火球变成我们现在见到的这样。
8）地球虽然变冷了，但里面依然是灼热的。
9）是谁把杯子打碎了？水从桌子上快流到床上啦！
10）地面的水蒸气不断上升，天上的云越聚越多，在一定的条件和温度下雨水从山上流下来，流入江海湖泊。

شعر

مادر

گویند مرا چو زاد مادر　　پِستان به دَهَن گرفتن آموخت
شبها بَرِ گاهوارهٔ من　　بیدار نشست و خُفتَن آموخت

لبخند نهاد بر لب من / بر غنچهٔ گل شکفتن آموخت

دستم بگرفت و پا به پا برد / تا شیوهٔ راه رفتن آموخت

یک حرف و دو حرف بر زبانم / اَلفاظ نهاد و گفتن آموخت

پس هستیِ من ز هستیِ اوست / تا هستم و هست دارمش دوست

(ایرج میرزا)

واژه ها

生（孩子）	（动）	[zādan]	زادن (زای)
由于、因为	（连）	[choo]	چو = چون
乳房	（名）	[pestān]	پستان
嘴	（名）	[dahan = dahān]	دهن = دهان
摇篮、发源地	（名）	[gahvāre]	گهواره
睡觉	（动）	[khoftan(khāb)]	خفتن (خواب)
微笑	（名）	[labkhand]	لبخند
放、放置	（动）	[nahādan(neh)]	نهادن (نه)
嘴唇	（名）	[lab]	لب
花蕾	（名）	[ghonche]	غنچه
开花	（动）	[shekoftan(shekof)]	شکفتن (شکف)
一步一步的（地）	（形,副）	[pā be pā]	پا به پا
方法、方式	（名）	[sheeve]	شیوه
词语	（名）	[alfāz]	الفاظ
生存、存在、生命	（名）	[hastee]	هستی
生存、生命	（名）	[zeest]	زیست

درس دوّم

تمرین

سؤال و جواب

۱) این شعر را که گفته است؟

۲) چه کسی شبها بچهٔ کوچک را می خواباند؟

۳) صحبت کردن را چه کسی بیشتر به بچّه یاد می دهد؟

۴) مادر چطور راه رفتن را به بچه یاد می دهد؟

۵) در این شعر مقصود از " غنچهٔ گل " چیست؟

۶) ما معمولاً می گوییم : " حرف در دهانم گذاشت." کدام بیت از این شعر همین معنی را دارد؟

متن خواندنی

دریا و حلزون

(۱) دریا

آیا تاکنون دریا را دیده اید ؟

دریا بسیار زیبا و تماشایی است. آسمان صاف و آبی دریا خیلی دیدنی است. صدف های سفید در کنار دریا ، این جا و آن جا پراکنده اند. صدای امواج دریا به گوش می رسد. پرندگان دریا ، ماهی های ریز و درشت را شکار می کنند.

جانورانی مانند نهنگ ، کوسه ، ارّه ماهی و هشت پا مخصوص دریا هستند.

(۲) حلزون

تا حالا حلزون دیده ای ؟ هزاران جور حلزون هست. کدامش را دیده ای؟ همه ی حلزون ها بدنی نرم دارند. بیشتر آن ها ، یک صدف مارپیچ دارند که به پشت شان چسبیده است . هر وقت حلزون احساس ترس می کند، همه ی بدنش را داخل این صدف می برد. حلزون خیلی آرام حرکت می کند و هنگام حرکت ، سر و بدنش از صدف بیرون است.

صبح ها اگر کنار سبزه ها و مزرعه ها قدم بزنی ، تعداد زیادی حلزون می بینی . حلزون وقتی حرکت می کند، اثرش روی زمین یا هر چیز دیگر باقی می ماند. برای همین است که به آسانی ، راه برگشتن را پیدا می کند. آیا می دانی که به حلزون ، " حیوان خانه به دوش " می گویند؟

گفتگوی محاوره ای

تو چی می گی؟

۱- بهمن امشب چیکار می کنی ؟

- امشب کاری ندارم.

- چطوره بریم (برویم) سینما. تو نمی آی ؟

- چرا ***موافقم***. با چی بریم ؟

- با اتوبوس . ***تو چی میگی؟*** (می گویی؟)

- بد نیست . ***منم موافقم***.

۲- صرف فعل " رفتن " و "آمدن " به سبک محاوره ای

رفتن ————

میرم / میری / میره / میریم / میرین / میرن

آمدن ————

میام / میایی / میاد / میاییم / میاین / میان

اومدم / اومدی / اومد / اومدیم / اومدین / اومدن

谚语 ضرب المثل

آب از دستش نمی چکد.	一毛不拔
اندک اندک به هم شود بسیار.	积少成多

درس سوّم

گفتگو

باید از محل خطّ کشی شده در خیابان عبور کرد

۱ـ نباید سر به هوا راه رفت .

۲ـ هرگز نباید در سواره رو که محل حرکت اتومبیل ها ست ، راه رفت . باید همیشه در پیاده رو حرکت کرد .

۳ـ در خیابان باید همیشه از محل خط کشی شده عبور کرد .

ـ هنگام عبور از خیابان باید اوّل سمت چپ و سپس سمت راست را نگاه کرد .

۴ـ هرگز نباید روی ریل های راه آهن بازی کرد .

۵ـ داخل اتومبیل نباید با راننده صحبت کرد . زیرا این کار موجب می شود که حواس راننده پرت شود .

ـ هنگام حرکت قطار و اتومبیل نباید دست و سر خود را از پنجره خارج کرد .

۶ـ در کنار خیابان باید از در سمت راست اتومبیل و به سمت پیاده رو پیاده شد .

ـ در وسط خیابان نباید سوار اتومبیل شد و یا از آن پیاده شد .

واژه ها

سواره رو	[savāre row]	（名）	车道
محل	[mahal]	（名）	地点、地方
پیاده رو	[piyāde row]	（名）	人行道、便道；步行者
خطّ(خطوط复)	[khatt (khotoot)]	（名）	线、线条；笔迹；书法、字体；（公共汽车等）路
~ کشی شده	[~ keshee shode]	（形）	划了线的
هرگز	[hargez]	（副）	从不、曾经，在任何时候（用于疑问句）
ریل	[reil]	（名）	铁轨
راه آهن	[rāh āhan]	（名）	铁路
راننده	[rānande]	（名）	司机
پیاده	[piyāde]	（形）	步行的、徒步的
~ شدن		（动）	下车、下船、下台、下马

◆ 无人称句型

无人称句子结构
无人称句型用法

متن

عبور از خیابان

وقتی که از خانه بیرون می آیید ، و به مغازه می روید و یا برای خرید یا کار دیگری در کوچه و خیابان ویا در جادّه حرکت می کنید ،هیچ می دانید چه خطراتی برای شما وجود دارد ؟ چه اتّفاقات بدی ممکن است برای شما بیفتد ؟ آیا هنگام عبور از خیابان ، راه جلوگیری از تصادف با وسائل نقلیّه را می دانید ؟ اجازه بدهید برای شما تعریف کنم .

روزی مرتضی و حسن در پیاده رو خیابانی راه می رفتند. حسن گفت : " بیا به آن طرف خیابان برویم . من می خواهم از مغازهٔ روبرو یک دفتر بخرم " . مرتضی گفت : " صبر کن ، از این قسمت خیابان نمی توانیم ردّ شویم " حسن پرسید : "چرا" ؟

مرتضی گفت :" در خیابان رفت و آمد اتومبیل ها زیاد است. برای رفتن از یک طرف خیابان به طرف دیگر فقط می توان از جاهای خطّ کشی شده عبور کرد. سر چهارراه هم می شود از خیابان گذشت . البتّه به شرطی که چراغ راهنمایی برای عبور عابرین سبز باشد .

حسن گفت : " به این حرفها گوش مده . چرا بیهوده راهمان را دور کنیم " ؟ مرتضی جواب داد : " این کار پیروی از مقرّرات راهنمایی و احترام به حقوق دیگران است. اگر چه ممکن است راه دور شود و بیشتر وقت بگیرد ، در عوض، انسان سالم و با خیال راحت به مقصد می رسد[1] . چون رانندگان اتومبیلها وقتی به این خط کشی ها می رسند ، آهسته ترحرکت می کنند و مواظب عبور عابرین هستند .

حسن حرفهای مرتضی را قبول کرد. آنها رفتند تا به محل خطّ کشی شده رسیدند. اوّل به سمت چپ نگاه کردند. وقتی یقین کردند که اتومبیل نمی آید ، تا وسط خیابان پیش رفتند ، بعد به سمت راست نگاه کردند ، و آنگاه به طرف پیاده رو رفتند .

---

[1] اگر چه 引导的是让步状语从句，这个状语从句将在第二十九课中进一步学习。

واژه ها

(交通)指示灯	（名）	[cherāghe rāhnemāyee]	چراغ راهنمایی
采购、购买	（名）	[khareed]	خرید
小巷、胡同、小路	（名）	[kooche]	کوچه
大道、公路	（名）	[jādde]	جادّه
危险	（名）	[khatar (khatarāt)]	خطر(خطرات复)
事故、事情、事变、一致、联合	（名）	[ettefāgh(ettefāghāt)]	اتّفاق(اتّفاقات复)
运输工具、运输公司	（名）	[naghliyye]	نقلیّه
表扬、赞扬；描述、描写、说明	（名）	[ta'reef (ta'reefāt)]	تعریف (تعریفات复)
相撞、相遇、冲突；（车、船、飞机等）失事	（名、动）	[tasadof]	تصادف ~ کردن
部分、一份；段落；部门	（名）	[ghesmat]	قسمت
拒绝、反驳;拒绝的、回击的	（名、形、动）	[radd]	ردّ ~ شدن
来往、联系；交往、交通	（名）	[raft o āmad]	رفت و آمد
十字路口	（名）	[chahār rāh]	چهار راه
划了线的	（形）	[khatt keshee shode]	خطّ کشی شده
条件、规定	（名）	[shart (sharāyet)]	شرط(شرایط复)
条件是……、只要……	（连）		به شرطی که ...
行人	（名）	[āber(ābereen)]	عابر(عابرین复)
指路、向导、领导、指导	（名）	[rāhnemāyee]	راهنمایی
无缘无故的(地)、白白的(地)、失去知觉的	（形、副）	[beehoode]	بیهوده
绕圈子、绕远	（动）	[door ~]	دور کردن
遵循、遵守、跟随、学……样子	（名）	[peyravee]	پیروی
决议、决定、规定、条令、条款	（名）	[mogharrarat(mogharrar)]	مقرّرات(مقرّر单)
尊敬、尊重	（名）	[ehterām]	احترام
权利、权力；费用、报酬；正义、真理	（名）	[haghgh(hoghoogh)]	حقّ (حقوق复)
代替、更换、替换；酬劳	（名）	[avaz]	عوض

思想、思考、打算、想象、幻想、空想	（名）	[khiyāl]	خیال (خیالات复)
认为、想象、幻想	（动）		~ کردن
目的地、指定地点	（名）	[maghsad]	مقصد
驾驶、赶出、驱逐	（动）	[rāndan]	راندن(ران)
安静的(地)、缓慢的(地)、轻轻的(地)	（形、副）	[āheste]	آهسته
关心的、照顾的、专心的、留意的	(形)	[movāzeb]	مواظب

اسم های خاصّ

莫尔塔扎	（人名）	[mortazā]	مرتضی
哈桑	（人名）	[hasan]	حسن

دستور زبان

无人称句

جملهٔ بدون نهاد

1. 无人称句的特点

1）无人称句是一种没有主语的句子。

2）无人称句通常只与情态动词连用。

3）无人称句的谓语动词是断尾原形动词（即去掉 ن ）。也就是动词过去时词根的形式。

2. 无人称句常见的情态动词

有：باید توانستن می شود 等等。

3. 无人称句句子结构：

. 谓语动词(原形动词断尾) + 句子其它成分 + 情态动词 (←)

4. 无人称句用法

常用于表达某种定义、概念、客观规律、决议、法律条文或规则，或者表达说话者带有判断性的看法或主张。例如：

这件事可以做。　　　　می توان این کار را کرد .

در ضمن گرم کردن اتاق باید به رطوبت آن نیز توجّه داشت .

在提高室内温度的同时，还应注意湿度。

از اینجا نمی شود گذشت . 这里过不去。

تمرین

۱- جمله های زیر را به زبان چینی ترجمه کنید .

۱) این ضبط صوت خراب (坏的 [kharāb]) است ، نمی توان آنرا تعمیر کرد (修理 [ta'meer]) .

۲) لکّهٔ (污渍 [lakke]) چربی روی لباس را نمی توان با آب خالی پاک کرد .

۳) این شلوار ایراد (缺点 [eerād]) دارد ، آیا می شود آن را عوض کرد ؟

۴) امروز آب استخر (水池 [estakhr]) بسیار کثیف است ، نمی شود شنا کرد .

۵) اینجا کوهستان (山区 [koohestā]) است ، بدین جهت نمی توان از تراکتور (拖拉机 [taraktoor]) استفاده کرد .

۶) راه های اینجا باریک (狭窄的 [bāreek]) است ، نمی توان از کامیون بزرگ استفاده کرد .

۲- مصدر های داخل پرانتز را با صیغهٔ مناسبی در جای خالی قرار دهید .

مینو در تهران با عمّه اش (姑母[amme]) زندگی می کند. خانوادهٔ مینو ساکن（居民[sāken]）همدان(بودن) و چون او به تحصیل در دانشگاه تهران علاقه(داشتن) به تهران (آمدن).

پدر مینو از دو هفته قبل مریض(شدن) و با دختر عمه اش ، نرگس، برای دیدن او به همدان(رفتن). همدان ۳۳۶ کیلومتر با تهران فاصله (داشتن).

همدان از شهرهای تاریخی و زیبا ایران (بودن) و قدمت(历史[godmat]) آن بیشتر از ۲۷۰۰ سال(بودن) و این شهر آثار باستانی و نقاط دیدنیِ زیبا دارد . آرامگاه ابن سینا، دانشمند بزرگ ، و باباطاهر شاعر معروف ایرانی، در همدان (بودن).

مینو و نرگس فردا بعد از ظهر به تهران (بر گردیدن)

۳- جمله های زیر را به فارسی ترجمه کنید.

1）这个字迹潦草，没法看。
2）钱少买不到房子。
3）没一个人知道该干什么。
4）应当听一听孩子们说什么。
5）脏衣服没法穿。
6）吃饭的时候不应该说话。
7）在同一个时间里不能干好两件事。

۴- تمرین کلمات

<u>عوض</u>

۱) آیا شما لباستان را عوض می کنید ؟

۲) لاله و ژاله اتاقشان را عوض کردند .

۳) آیا می خواهید صندلی تان را با صندلی من عوض کنید ؟

۴) ورزش کردن وقت ما را می گیرد ، ولی در عوض ما سالم تر می شویم .

پیاده

۱) وقتی که من داشتم از اتوبوس پیاده می شدم ، موبایلم ([mobāyl]手机) زنگ زد .

۲) آیا سوار و پیاده شدن از دو چرخه را بلدید ؟

۳) بگذارید این چمدانها را از کامیون پیاده کنیم .

۴) برنامهٔ سال گذشتهٔ شما کاملاً پیاده شد ؟

۵) من هر روز پیاده سر کار می روم.

بیهوده

۱) ما نباید وقت مان را بیهوده صرف کنیم ([sarf] 花费) .

۲) شیر آب ([~ sheer-e] 水龙头) را بموقع ببندید تا آب بیهوده تلف نشود. ([talaf]花费)

۳) شما چرا به این کار بیهوده دست زدید ؟

۴) حرف بیهوده نزن !

یقین

۱) یقین دارم که او الان خانه است .

۲) یقین دارم که امروز آقای صدری به مؤسّسه نمی آید .

۳) ما یقین داریم که او هرگز دروغ نمی گوید .

۴) آیا یقین دارید که آنها می توانند سر وقت به مقصد برسند ؟

اگر چه (با آن که)

درس سوّم

۱) اگرچه این خانه زیبا و راحت است، ولی خانهٔ خودم نیست. من خانهٔ کوچک خودم را بیشتر دوست دارم.

۲) اگرچه من بارها به او هشدار[hoshdār](提醒) دادم، ولی او بازهم به آن کار نادرست ادامه می داد.

۳) اگرچه دوچرخه سواری به اندازه ماشین سواری سریع و راحت نیست ، ولی در عوض بدن خود را قوی و ورزیده می کنیم.

هرگز

۱) آیا هرگز به ایران رفته اید ؟

۲) هرگز نباید به دیگران زیان رساند.

۳) من هرگز کمک های شما را فراموش نمی کنم.

۵- ترکیبهای زیر را به فارسی ترجمه کنید .

遵守交通规则	放心大胆地	穿过马路	车行道	车祸
汽车来来往往	到达目的地	汽车司机	十字路口	画线处
发生不幸事故	尊重他人权力	交通指示灯	交通规则	人行道

۶- با کلمات و ترکیبهای زیر جمله بندی کنید.

بیهوده   عبورکردن   مواظب   خیال راحت   هرگز   رفت و آمد

۷- طبق نمونه با الگوی " اگر چه .... ، در عوض ...." و با استفاده از کلمات زیر جمله بسازید .

نمونه:
راه کسی را دور کردن ...
اگر چه (گر چه) راه مان را دور می کنیم ، در عوض ما با خیال راحت به مقصد می رسیم.

۱) ممکن است این لباس پارچه ای (棉布的 [pārche-ee]) چنان زیبا به نظر(نرسیدن) ،...

۲) این اتاق بزرگ (نبودن) ،...

۳) اتوبوس شلوغ(بودن) ،...

۴) پول زیاد (پرداختن) ، ...

۵) وقت زیاد (گرفتن) ، ...

۸- طبق نمونه با الگوی " ... یقین داشتن که .... " و با استفاده از کلمات زیر جمله بسازید .

نمونه :

... که (他会唱歌)
من یقین دارم که او می تواند آواز بخواند .

۱) ... که (他是个有经验的医生)

۲) ... که (他想去美国留学)

۳) ... که (爱因斯坦的相对论是正确的)

۴) ... که (纳迪尔 نادر 不会跟不上数学和物理课)

۵) ... که (玛妮吉打完针，吃完这些药后，很快就会好的)

۹- به سؤالات زیر جواب دهید .

۱) عابرین پیاده باید در کدام قسمت خیابان راه بروند ؟

۲) چرا برای گذشتن از خیابان باید از جاهای خطّ کشی شده عبور کنیم ؟

درس سوّم

۳) چرا نباید روی ریلهای راه آهن بازی کرد ؟

۴) چرا نباید در اتوبوس با راننده صحبت کرد ؟

۵) باید از کدام در اتومبیل پیاده شویم ؟

۶) چراغ راهنمایی در چهار راه ها چه ضرورتی دارد ؟

۷) در موقع گذشتن از خیابان دو طرفه چرا باید اوّل به طرف چپ نگاه کنیم ؟

۸) اگر از مقرّرات راهنمایی پیروی نکنید ، چه اتفاقات بدی ممکن است برای شما بیفتد ؟

۱۰- جمله های زیر را ترجمه کنید .

1) 他发生了什么不幸的事？
2) 这里过不去，让我们从十字路口过马路吧。
3) 这条路通北大西门，何必绕远路呢。
4) 332路车不经过这里，我们得走路去。
5) 你的话都白说了，我可以肯定他不会接受你的意见。
6) 我相信他能在一个小时内用波斯文写出一篇作文来。
7) 莫尔塔扎和哈桑在十字路口看见交通指示灯为车辆亮起绿灯后，他们沿着画线处过了马路。
8) 正当我们打算走进一家商店时，马路中间发生车祸，一辆卡车与一辆小汽车相撞。
9) 我觉得屋子里很冷，头痛得厉害，母亲决定带我去医院看病。
10) 尽管你少工作一个小时，多睡一小时觉，但换来的是第二天充沛的精力（精力充沛的（形）[por enerjhe] پرانرژی）。

شعر :

من می توانم باد باشم

من می توانم ، می توانم

آواز خوانی شاد باشم

درس سوّم

من می توانم

باد باشم

من می توانم ، می توانم

با ابرهای نقره ای رنگ

در آسمان آبیِ زیبا بگردم

بی دست و پا در دور آن دنیا بگردم

من می توانم ، می توانم

هر شب بگردم گِرد خانه

آواز خوانِ باد باشم با ترانه

لالاییِ خواب تو باشم شادمانه

من می توانم، می توانم باد باشم

من می توانم سرخوش و آزاد باشم

واژه ها

| نقره ای | [noghre-ee] | (名) | 银的 |
| لالایی | [lālāyee] | (名) | 催眠曲 |

متن خواندنی

پاییز

ماه مهر است.

خورشید اکنون زودتر غروب می کند و روزها کوتاه می شود.

گاهی در آسمان آبی لکه ّهای ابرسیاه دیده می شود. باد پاییزی ابرها را به

این طرف و آن طرف می برد.

درخت ها کم کم رنگ تازه ای به خود می گیرند: بعضی ها زرد می شوند، بعضی دیگر نارنجی و بعضی قرمز می شوند. تغییر رنگ برگها رسیدن پاییز را خبر می دهد.

میوه های پاییزی رسیده و خوشمزه شده اند. وقت آن رسیده است که باغبانان شاخه های سنگین و پر بار درختان را سبک کنند و جعبه های خود را از میوه های پاییزی پر کنند و به بازار ببرند.

پاییز فصل هلوی پر آب و سیب سرخ خراسان، خربزهٔ شیرین اصفهان، انگور زرین شیراز و انار ساوه است. در پاییز گلهای زیبایی مانند گل داوودی و گل مریم فراوان است.

ماه مهر، ماه اوّل پاییز، هنگام بازشدن دبستان و شروع کار و کوشش است.

گفتگوی محاوره ای

=== نمی خوام (به شما) زحمت بدم ===

۱- سلام آقای نادری ! دارین (دارید) کجا میرین (می روید) ؟

- میرم بانک ؛ می خوام (می خواهم) کمی پول بگیرم.

- بانک ده دَیقه (دقیقه) دیگه (دیگر) می بنده .

- می دونم (می دانم) . باید با تاکسی برم.

- من ماشین دارم . میل دارین با من بیاین ؟

درس سوّم

- نمی خوام زحمت بدم (بدهم).

- **خواهش می‌کنم**، هیچ زحمتی نیس، بفرمایین.

- متشکرّم.

۲- فردا شب وقت دارین؟

- بله. با من کاری دارین؟

- می خوام شما رو دعوت کنم شام.

- **نمی خوام زحمت بدم.**

- **خواهش می‌کنم**، خوشحال می شیم تشریف بیارین (بیاورید).

- چه ساعتی؟

- ساعت هفت؛ اوّل بیاین خونه ما، بعد باهم می ریم رستوران.

- چشم، فردا می بینمتون.

ضرب المثل   谚语

سگ زرد برادر شغال است.   一丘之貉

از این گوش می شنود، از آن گوش در می کند.
这只耳朵进，那只耳朵出。

درس چهارم

گفتگو

خوش به حالت

سارا: ژاله، تو در روزهای تعطیل چه کار خواهی کرد؟

ژاله: ما به خانهٔ مادر بزرگ خواهیم رفت. خانهٔ مادر بزرگم در شیراز است. البتّه ما چند روزی در آنجا خواهیم ماند، زیرا خانه ای که مادربزرگم در آن زندگی می کند، خیلی بزرگ است و ما در آنجا راحت خواهیم بود . تو چطور؟

سارا: خوش به حالت ، ما در تمام تعطیلات همین جا تهران می مانیم . فقط به رودهن[1] می رویم

ژاله: خوب ، آنجا چه کار می کنید؟

سارا: دوست مادرم خانه ای در رودهن دارد ، او ما را به آنجا دعوت کرده است. خانهٔ آنها باغ بزرگی دارد که پر از درخت میوه است.

ژاله: حتماً باغ آنها خیلی زیبا ست . وای ... فصل پاییز است ... طبیعت... گلهای رنگارنگ .... آه ، پرندگان روی شاخه ها آواز می خوانند ...

سارا: ژاله ، مثل این که تو داری یواش یواش شاعر می شوی! اما به هر حال ، باغی که ما در آن خواهیم بود ، زیبا و دیدنی است.

---

[1] رودهن [rudhen] 地区名，位于德黑兰郊区。

درس چهارم

واژه ها

留下、剩下、余下	(动)	[māndan]	ماندن (مان)
邀请、号召、召集	(名)	[da'vat]	دعوت
	(动)		~ کردن
自然、自然界；本性、性情	(名)	[tabee'at]	طبیعت
鸟、飞禽	(名)	[parande]	پرنده
曲调、旋律、歌曲	(名)	[tarāne]	ترانه
树枝	(名)	[shākhe]	شاخه
慢慢的（地）、轻轻的（地）、低声的（地）	(形、副)	[yavāsh]	یواش
似乎……、好像……	(连)	[mesl-e een ke]	مثل این که ....

◆ 将来时态
  将来时态动词构成
  将来时态动词用法

متن

داستان پیدایش آتش

اگر یک روز در همهٔ خانه ها و در تمام شهرها و در تمام کرهٔ زمین دیگر نتوانیم آتش روشن کنیم ، چه می شود ؟ آیا می توانیم نان و غذای خود را بپزیم ؟

آیا وسیله ای برای گرم کردن خود خواهیم داشت ؟

آیا خواهیم توانست چراغی روشن کنیم؟ فراموش نکنیم که بیشتر کارخانه های برق هم با گرمای آتش بکار می افتند .

آیا کارخانه ها کار خواهند کرد ؟

آیا اتومبیل و قطار و هواپیما حرکت خواهند کرد؟

آتش به ما خیلی خدمت می کند .

زمانی بود که انسانها آتش را نمی شناختند. غذای آنها خام و جای آنها سرد بود . از تاریکی و شب بسیار می ترسیدند . همین که خورشید غروب می کرد و هوا تاریک می شد ، همه می خوابیدند. بعد آتش را شناختند.

یک روز انسان اتّفاقاً آتش را کشف کرد . شاید صاعقه درختی را در جنگل آتش زد . تمام جنگل آتش گرفت و انسان شعله ی گرم و پرتو آن را دید و از ترس فرار کرد. روز دیگری شاید برای کشتن حیوانی سنگی به آن پرتاب کردند . سنگ به سنگ دیگری خورد . از برخورد دو سنگ چخماق جرقّه ای جهید و انسان پی برد که به کمک سنگ چخماق می تواند آتش روشن کند[1] . به هر حال ، کشف آتش یکی از مهمّ ترین اتّفاق های زندگی انسان

---

[1] 在这一段落中的多处 شاید 与 احتمالاً (大概、也许、可能 [ehtemālan]) 同义。这里不同以前情态动词用法，句子中的谓语动词不是现在假定时态，而是过去假定时态。

بود.

پس از کشف آتش مردم کم کم به فایده های آن پی بردند. کشف آتش زندگی مردم را تغییر داد. از آتش هم برای روشنایی هم برای گرما و هم برای پختن غذا استفاده کردند. هر چه انسان بیشتر ترقّی کرد، بیشتر توانست از آتش استفاده کند. امروز در کارخانه ها به کمک آتش ماشین ها و اسباب های بسیار می سازند.

آتش همیشه دوست انسان نیست ، گاهی دشمن بسیار خطرناکی هم می شود .

آتش جنگل ها و خانه ها را می سوزاند و از بین می برد . امروز انسان می داند که چگونه از اتش به موقع استفاده کند و به موقع آن را خاموش سازد.

واژه ها

پیدایش	[peydāyesh]	（名）	出现、显现；发现
آتش	[ātash]	（名）	火
~ زدن		（动）	点火、点燃
~ گرفتن		（动）	着火、起火
کره	[kore]	（名）	球、球体
کارخانه	[kārkhāne]	（名）	工厂、作坊
برق	[bargh]	（名）	电、闪电
به کار افتادن(افت)	[~oftādan(oft)]	（动）	启动、开始工作
قطار	[ghatār]	（名）	火车
هواپیما	[havāpeymā]	（名）	飞机
جا	[jā]	（名）	地方、地点、地位、时宜
زمان	[zamān]	（名）	时间、时期、时代
		（语法）	时态
خام	[khām]	（形）	生的、不熟的、未成熟的、未加工的
تاریکی	[tāreekee]	（名）	黑暗、昏暗

黑暗的、昏暗的	（形）	[tāreek]	تاریک
发现	（名）	[kashf]	کشف
发现	（动）		~ کردن
闪电、打雷、霹雳	（名）	[sā'eghe]	صاعقه
火焰、火苗、火舌	（名）	[sho'le]	شعله
光、光线、光辉	（名）	[partow]	پرتو
杀死、杀害	（动）	[koshtan(kosh)]	کشتن (کش)
动物、牲畜、野兽	（名）	[heyvān]	حیوان(حیوانات复)
扔、抛、投、掷、发射	（名）	[partāb]	پرتاب
	（动）		~ کردن
碰、相撞、触	（动）	[khordan]	خوردن (خور)
相碰撞、相遇	（名）	[bar khord]	برخورد
燧石、火石	（名）	[chākhmāgh]	چخماق
火星、火花	（名）	[jaraghghe]	جرقه
跳跃、跳动；躲过	（动）	[jaheedan(jah)]	جهیدن (جه)
领悟、领会、明白、懂	（动）	[pey ~]	پی بردن
利益、好处	（名）	[fāyede(favāyed)]	فایده(فواید复)
光、光亮、闪光、亮度、光明	（名）	[rowshanāyee]	روشنایی
进步、提高	（名）	[taraghghee]	ترقی
	（动）		~ کردن
敌人、仇人	（名）	[doshman]	دشمن
点燃、燃烧	（动）	[soozāndan(soozān)]	سوزاندن(سوزان)
危险的、冒险的	（形）	[khatarnāk]	خطرناک
使……消灭、使……消亡	（动）	[az beyn ~]	از بین بردن
消灭、消亡			~ رفتن
时间、时机、地点	（名）	[mowghe'(mavāghe')]	موقع (مواقع复)
熄灭的、安静的、无声的	（形）	[khāmoosh]	خاموش
熄灭、安静	（动）		~ کردن / ساختن

دستور زبان

将来时态

مستقبل (آينده)

1. 将来时态动词的构成

动词过去时词根 + 连写人称代词词尾+ خواه

1）简单动词

من	خواهم آمد ، نخواهم آمد	ما	خواهيم آمد ، نخواهيم آمد
تو	خواهی آمد ، نخواهی آمد	شما	خواهيد آمد ، نخواهيد آمد
او	خواهد آمد ، نخواهد آمد	آنها	خواهند آمد ، نخواهند آمد

2）复合动词

من	كار خواهم كرد كار نخواهم كرد	ما	كار خواهيم كرد كار نخواهيم كرد
تو	كار خواهی كرد كار نخواهی كرد	شما	كار خواهيد كرد كار نخواهيد كرد
او	كار خواهد كرد كار نخواهد كرد	آنها	كار خواهند كرد كار نخواهند كرد

2. 将来时的用法

1）表示将来发生的动作

مدرسهٔ ما يک هفتهٔ ديگر باز خواهد شد .

我们学校再过一星期就要开学了。

سمينار در ماه اكتبر سال آينده تشكيل خواهد شد.

学术研讨会将在明年10月召开。

مادر شما از خواندن نامهٔ تان حتماً خيلی خوشحال خواهد شد .

你的母亲看到你的信一定会很高兴的。

2）表示说话人的愿望和意向，或用于命令式委婉的口气。

你不会去做这件事的。　　شما اين كار را نخواهيد كرد.

در هر صورت ، من به سفر نخواهم رفت.

درس چهارم

无论如何，我都不去旅行。

ما دیگر از هم جدا ([jodā]) 分开) نخواهیم شد .

我们不再分开了。

3) 表示规划或计划中将要做的事。

امروز برنامهٔ ما به این صورت است : صبح از دیوار بزرگ چین دیدار خواهیم کرد، بعد از ظهر ساعت چهار به هتل بر خواهیم گشت و شب ساعت هفت نمایش رقص و آواز را تماشا خواهیم کرد.

اگر با جدّیّت کار کنید، مسلماً در حدود دو یا سه سال فارسی را فرا خواهید گرفت.

تمرین

۱- جمله های زیر را به جمله مستقبل تبدیل کنید .

۱) دانشجویان سال اول در جشن مهرگان در تالار بزرگ برنامهٔ رقص و آواز را اجراء می کنند .

۲) در باغ کوچک شیرین خانم گلهای رنگارنگ می شکفند .

۳) من این اشتباه را تکرار نکردم .

۴) من آن کتاب را به کتابخانه پس دادم .

۵) معلم فردا در بارهٔ این مسئله به ما توضیح می دهد .

۶) استاد فردا در درس ادبیات شعر حافظ را به ما نمی آموزد. بجای شعر حافظ ، شعر سعدی را یاد می دهد.

۷) به نظر من آنها اجازه نمی دهند که همهٔ این کتابها را امانت بگیرند.

درس چهارم

۲- متن زیر را بخوانید و از مصدرهای داخل پرانتز صیغه های مناسب پیدا کنید و در جای خالی بگذارید.

سه شنبهٔ آینده تعطیل است . خانم حسینی می خواهد با نادر و مریم به میدان آزادی (自由广场[meydān-e āzādee]) _____ (رفتن). او تصمیم دارد که وانگ را برای گردش و ناهار _____ (دعوت کردن) .

صبح خانم حسینی و بچه ها با اتومبیل به خوابگاه دانشگاه _____ (رفتن) و وانگ را با خود به میدان آزادی _____ (بردن) .

میدان آزادی بزرگترین میدان تهران است . در وسط میدان برج آزادی _____ (قرار داشتن). برج آزادی مرکز زیبا و بزرگی _____ (بودن) . برای نشان دادن تمدن، تاریخ، فرهنگ و هنر باستانی و امروز ایران. برج آزادی دارای کتابخانه ، موزه و قسمتهای جالب دیگر می باشد. برج آزادی نشان شهر تهران و کشور ایران _____ (بودن).

خانم حسینی، وانگ و بچه ها بعداز تماشا و گردش برای ناهار به خانه _____ (برگشتن) .

۳- به سئوالات زیر پاسخ دهید :

۱) متضاد کلمه های زیر چیست ؟

پخته   تاریکی   تاریک   سرما   روشن کردن

۲) شکل متعدّی افعال زیر چیست ؟

بکار افتادن   آتش گرفتن   بوجود آمدن   خاموش شدن   از بین رفتن

۴- تمرین کلمات

خام

۱) انسانهای نخستین گوشت خام می خوردند.

۲) او دوست دارد که سبزیجات خام بخورد .

۳) او از یک پسر خام به یک مرد پخته تغییر کرده است .

بموقع

۱) او هر صبح بموقع سر کلاس حاضر می شود. هیچ وقت دیر به کلاس نمی آید.

۲) با و جود آن که هوا بد بود، هواپیما بموقع به زمین نشست.

۳) خدمتکار ([khedmatkār] 服务员) هتل بموقع من را بیدار کرد.

۴) قرار بود که من سر ساعت شش و نیم جلوی در سینما منتظرش باشم. ولی به علّت ترافیک ([terāfeek] 交通堵塞) بموقع نرسیدم.

خاموش

۱) وفتی که از اتاق بیرون می روید، فراموش نکنید که چراغ را خاموش کنید.

۲) وقتی که رعد و برق می زند ، بهتر است تلویزیون را خاموش کنید.

۳) با کمک ارتش([artesh]军队) ، آنها بالاخره موفّق شدند که آتش جنگل را خاموش کنند.

هر چه + صفت برتر .... + صفت برتر

۱) هر چه زود تر بهتر(است).

۲) هر چه بیشتر بخوری، چاق تر(胖的 [chāgh]) می شوی.

۳) هر چه بیشتر تمرین کنید ، ماهر تر می شوید.

همین که ....

۱) همین که معلّم وارد کلاس می شود، همهٔ بچه ها بر می خیزند.

۲) همین که چراغ را روشن کند ، شما همه چیز را خواهید دید.

۳) انسان های نخستین همین که آتش را دیدند ، از ترس فرار کردند.
(逃跑 [farār~]).

خدمت

۱) ما همه خدمتکار خلق (人民[khalgh]) هستیم. باید به خلق خدمت کنیم .

۲) آقای محمّدی ، من در خدمت شما هستم.

۳) از ساعت یک تا ساعت دو و نیم وقت استراحت است . ساعت دو و نیم من به خدمت شما می آیم . فعلاً خداحافظ.

۵- طبق نمونه با الگوی " همین که ... " به سؤالهای زیر جواب دهید.

نمونه :

بهمن کی به جمشید تلفن کرد؟
همین که بهمن به خانه رسید ، به جمشید تلفن کرد.

۱) شما تصمیم گرفتید که برای دیدن مادر بزرگ به شیراز بروید؟

درس چهارم

۲) امروز ژاله کی صبحانه خورد؟

۳) دیروز آقای نادری با مهندس وانگ صحبت کرد؟

۴) شیرین خانم کی به بازار رفت؟

۵) انسانهای نخستین از برابر آتش فرار می کردند؟

۶) دهقان کی کشف کرد که اسبش را دزدیدند؟

۶- با الگوی " هرچه + صفت برتر ... " جمله های زیر را ترجمه کنید.

1）那部动画连续剧(سریال کاتونی[seriyāl-e kātonee])很好看，越看越吸引人。
2）雨越下越大，城里的一些街道都积满了水。
3）他的药越吃越多，身体状况却每况愈下。
4）地球不停地旋转，越旋转越冷却，最后由一个灼热的火球变成了现在这样有山有水的地球。
5）站得越高，看得越远。
6）这件事情我越想越觉得不对头。

۷- ترکیب های زیر را به فارسی ترجمه کنید.

火石，迸出火花，森林着火，扑灭火，危险的敌人，不管怎样，地球，祝你过得愉快，工厂投入生产

۸- عنوانهای بحث در کلاس

۱) اگر روزی در تمام کرهٔ زمین دیگر نتوانیم آتش روشن کنیم ، چه می شود؟

۲) انسانهای نخستین چطور زندگی می کردند ؟ تصور کنید غذا ، لباس و خانه ی آنها چطور بود ؟

۳) انسانهای نخستین چطور آتش را کشف کردند ؟ آنها چطور کم کم آتش زدن را یاد گرفتند ؟

درس چهارم

۹- به سؤال های زیر جواب دهید.

۱) چرا می گوییم کشف آتش یکی از مهّم ترین اتّفاق ها ی زندگی انسان بود ؟

۲) آتش چه فایده ای برای انسان دارد ؟

۳) آیا آتش همیشه دوست انسان است ؟

۴) آتش چه خطر هایی برای انسان دارد؟

۵) اگر ببینید جایی آتش گرفته است چه می کنید ؟

۱۰- جمله های زیر را ترجمه کنید.

1) 在学校前面的一家工厂突然起火，许多人从工厂里逃了出来。
2) 原始人不认识火，一见到火吓得就逃。
3) 在人类生活中最重要的事件之一是发现了火。
4) 原始人逐渐认识了火，火对人类十分有用。
5) 人类从不认识火到利用火是一个重要的进步。火的发现改变了人类的生活。
6) 火给我们的生活带来了许多好处。我们没有火是不能继续生活下去的。
7) 太阳落山了，天色渐渐暗了下来，大家用干树枝点起了火，围坐在一起，有说有笑，唱歌跳舞，今晚过得很愉快。
8) 这部手机（ موبایل [mobāyl] ）太好了！既能用它打电话，又能上网，还能用来看电视、照相。
9) 如今人类不仅能利用火，而且还能利用太阳的光和热。
10) 不管怎样，这件事我对谁都不会讲的。

متن خواندنی

خورد و خوراک سالم

چربی های حیوانی رگهای خونی شما را مسدود می سازد و شما را مریض می کند. گوشت به مقدار زیاد و همه روزه ، نه تنها لازم نیست ، بلکه برای سلامتی شما زیان آور هم هست.

" خوردن یک سیب در روز، انسان را از پزشک دور نگه می دارد . " این ضرب المثل قدیمی کاملاً صحیح است. سبزیجات ، میوه ها و دانه های گیاهی شامل ویتامین ها ، مواد معدنی و الیاف نباتی هستند که برای کار سالم دستگاه های مختلف بدن ما لازم اند و در تأمین سلامت بدن انسان نقش عمده ای ایفاء می کنند.

نمک و قند یا شکر کم بخورید، چون نمک فراوان موجب غلیظ شدن خون و ضعیف شدن قلب می گردد و به آنها زیان می رساند . قند بیش از حدّ نیز ضرر دارد، چون در بدن به چربی تبدیل می شود و در دیواره رگها می ماند و مانع جریان خون می گردد و علاوه بر این دندانهای شما را نیز خراب می کند.

تمرین

١- کلمه ها و عبارتهای زیر را به فارسی ترجمه کنید.

血管, 血管壁, 血液黏稠, 血管堵塞, 心脏衰弱, 动物脂肪, 不利于健康, 维生素, 矿物质, 植物纤维, 身体的各种器官, 保证健康, 起重要作用

٢- ضرب المثل " خوردن یک سیب در روز، انسان را از پزشک دور نگه می دارد." را به چینی ترجمه کنید.

٣- به نظر شما این ضرب المثل صحیح است؟

 ضرب المثل   谚语

توانا بود هر که دانا بود.	知识就是力量
اوّل اندیشه و انگهی گفتار	慎思而后言

درس پنجم

شعر (۱)

مهرگان

باز فَرخُنده مهرگان آمد — جشنِ ایرانِ باستان آمد
از جهان رَخت بست شهریور — مهر با حُسنِ جاودان آمد
رَنجها برد باغبان در باغ — بَهره‌اش گَنجِ بیکران آمد
در پِیِ توشه پیرِ ده امروز — رفت در دشت و شادمان آمد
پا به صحرا نهاد و بَذر افشاند — کامجو رفت و کامران آمد
باز شد تا درِ دبستانها — سخن از علم در میان آمد
به دبستان برای کَسبِ کمال — کودکِ پاکدل، دوان آمد

(محمود صدیقیان آستانه)

درس پنجم

واژه ها

مهرگان	[mehregān]	（名）	秋分、伊朗的中秋节
فرخنده	[farkhonde]	（形）	吉祥的、幸福的、愉快的、高兴的
رخت	[rakht]	（名）	行李、衣服、家具
~ بستن		（动）	打点行李、搬家
حسن	[hosn]	（名）	美好、美丽、良好
جاودان	[jāvedān]	（形、副）	永恒的、永久的、不朽的
		（名）	永远
رَنج	[ranj]	（名）	疾苦、劳苦、痛苦、磨难
بهره	[bahre]	（名）	利益、利润、收成、收获
گَنج	[ganj]	（名）	宝库、宝藏
بیکران	[beekarān]	（形）	无边无际的、无限的
در پی …	[darpey-e…]	（介）	在……后面、跟随
توشه	[tooshe]	（名）	干粮、行装
ده	[deh]	（名）	农村、乡村、村庄
دشت	[dasht]	（名）	平原、田地
شادمان	[shādmān]	（形、副）	高兴的、快乐的、幸福的
بذر	[bazr]	（名）	籽、种子
افشاندن(افشان)	[afshāndan]	（动）	撒落、扩散、浇、洒
کامجو	[kāmjoo]	（形、名）	实现愿望的（人）
کامران	[kāmrān]	（形）	成功的；实现愿望的、幸运的
سخن	[sokhan]	（名）	话、讲话、语句
کسب	[kasb]	（名）	取得、获得、赢得
کودک	[koodak]	（名）	小孩、婴孩、男孩
پاکدل	[pākdel]	（形）	心地纯洁的、好心肠的
دوان	[davān]	（形、副）	跑着的、奔跑的

شعر (۲)

فصلها

فصل پاییز چو آغاز شود   همه جا مدرسه ها باز شود

چون که پاییز به پایان آید   فصل سرمای زمستان آید

گاه برف آید و گاهی باران   تا بَرَد فایدهٔ از آن دهقان
چون زمستان گذرد عید شود   وقت تابیدن خورشید شود
همه جا پُر شود از بوی بهار   بشکفد غنچهٔ گُل در گُلزار
کم کم آید پس از آن تابستان   پُر ز انگور شود تاکستان
فصلها آیتی از لطف خداست   بهر آرامش و آسایش ماست

(شعر از: محمد جوادِ مَحَبَّت)

واژه ها

پایان	[pāyān]	（名）	结束
~یافتن		（动）	结束、完成
دهقان	[dehghān]	（名）	农民、土地占有者
تابیدن(تاب)	[tābeedan]	（动）	照耀
گلزار	[golzār]	（名）	花坛
انگور	[angoor]	（名）	葡萄
آرامش	[ārāmesh]	（名）	安静
آسایش	[āsāyesh]	（名）	安宁、平静

تمرین

سؤال و جواب

۱) آیا رنگ برگ های همهٔ درختان در پاییز زرد می شود؟

۲) برگ درختان در چه فصلی سبز است ؟

۳) حسنِ جاودانِ مهر چیست؟

۴) چرا شاعر می گوید که باغبان در مهر ماه به " گنج بیکران " می رسد؟

۵) شادمانی کشاورز در مهر ماه برای چیست؟

۶) ماه مهر برای شاگردان مدرسه چه اهمّیّتی دارد ؟

۷) چرا می گویند فصل بهار زیبا ست ؟

۸) امروز جشن مهرگان، گذشته از این که جشن باستانی است ، چه اهمّیّت دیگری دارد ؟

۹) در زمستان هوا چطور می شود ؟

۱۰) شهری که در آن زندگی می کنید به داشتن چه میوه ای مشهور است ؟

متن خواندنی

داستانی از قابوس نامه

در یک روز سرد زمستان، دانشمندی به مسجد می رفت تا نماز بخواند. در حیاط مسجد، زیر نور خورشید کمی ایستاد تا گرمش شود. در مقابل او چهار پسربچه نشسته بودند و ناهار می خوردند.

پسر اوّل نان و حلوا می خورد.[1] پسر دوّم و سوّم نان و پنیر می خوردند.

پسر چهارم فقط نان می خورد.

پسر دوم از پسر اول که نان و حلوا می خورد، پرسید: " به من کمی حلوا

---

[1] حلوا   哈尔瓦，是一种甜点心。

می دهی؟ "

پسرک جواب داد : " اگر مثل سگ برای من پارس کنی ، به تو حلوا می دهم. " او هم پارس کرد و کمی حلوا گرفت.

پسر سوم هم گفت: " من هم حلوا می خواهم. به من هم حلوا بده. "

پسرک گفت: " اگر الاغ من بشوی و برایم مثل خر صدا کنی، به تو حلوا می دهم. "

او هم خم شد و مانند الاغ صدا کرد. بنابراین پسرک به او هم حلوا داد.

پسر چهارم که نان می خورد، گفت: " حالا که به این دو نفر حلوا دادی، به من هم کمی حلوا بده. "

پسرک گفت: " اگر گربهٔ من بشوی و برای من میومیو کنی، به تو هم حلوا می دهم. "

پسر چهارم گفت: " نه، من دلم نمی خواهد حیوان کسی بشوم. من همین آدمی هستم که داری می بینی. اگر می توانی، به همین آدم حلوا بده. "

پسرک گفت: " نه، اگر حلوا می خواهی، باید گربه ام بشوی. "

در این هنگام، پسر، مرد دانشمند را دید که به آنها نگاه می کند، از او پرسید: " آقا، به نظر شما بهتر است آدم حلوا بخورد و حیوان یک نفر دیگر بشود یا حلوا نخورد و آدم بماند؟ "

مرد دانشمند گفت: " نمی دانم به تو چه بگویم عزیزم. چون شما بچه ها دارید با هم بازی می کنید. ولی بهتر است بدانی که من سی سال است که حلوا

نخورده ام و می بینی مانند بقیّه مردم هستم. خوشبختانه مردم هنوز به من احترام می گذارند. ولی همسایهٔ ثروتمند من هر روز حلوا می خورد و هیچ کس هم به او احترام نمی گذارد. "

پسر گفت: " پس من هم حلوا نمی خواهم، من همین نان خالی را می خورم و حیوان کسی نمی شوم. وقتی سی سال حلوا نمی خورند، اتّفاقی نمی افتد، پس می توان صد سال هم حلوا نخورد. "

تمرین

به سؤال های زیر جواب دهید.

۱- دانشمند به چه دلیلی به مسجد می رفت؟

۲- چرا دانشمند زیر نور خورشید ایستاد؟

۳- پسرها چه می خوردند؟

۴- پسرک برای این که به دوستانش حلوا بدهد، از آنها چه خواست؟

۵- آیا پسر چهارم پذیرفت که گربهٔ پسرک شود؟

۶- چرا مرد دانشمند نمی توانست جواب کاملی به پسر چهارم بدهد؟

۷- چرا پسر چهارم نپذیرفت حلوا بخورد؟

۸- این داستان به ما چه می آموزد ؟

درس ششم

گفتگو

خیلی سردم است

تق تق تق

مینا : کیه؟

شیرین : مینا خانم ، منم ، شیرین .

م : اومدم . سلام شیرین خانم . بفرماین (بفرمایید) تو .

ش : سلام مینا خانم . حالتون چطوره آه ، چته؟ (چه شده ای ؟) چقدر پوشیدی !

م : به لطفتون، شیرین خانم دارم از سرما می میرم.

ش : راستی اتاقت چقدر سرده مثل یخچاله! چرا ؟

درس ششم

م : آه ، جونم (جانم / عزیزم) . بدبختانه دیشب شوفاژ خانه م (خانه ام) از کار افتاده .

ش : چرا ندادی تعمیرش کنن؟

م : چرا، تلفن زدم که بیایند تعمیرش کنن ، امّا به من گفتند فردا میان ، چون تازگیا (این روزها / اخیرا) سرشون شلوغه. وقت ندارن .

ش : دیشبو (دیشب را) چطور گذروندی(گذراندی) ؟ خیلی سردت بود ؟

م : از سرما اصلاً نمی تونستم (توانستم) بخوابم . مگه نمی بینی تموم لباسامو (لباسهایم را) پوشیدم : کلاه ، پالتو ، حتّی لحاف رو . امّا بازهم از سرما می لرزم.

ش : چرا به من تلفن نزدی؟ اتّفاقاً من یک چراغ نفتی اضافه دارم. الان می رم برات (برای تو) میارم (می آورم).

م : قربون شما دوست خوب و عزیزم! خیلی لطف دارین!

ش : خواهش می کنم . در هر حال من در خدمتتونم .

م : خیلی تشکّر می کنم. راستی ، امشب هوا چند درجه س(است) ؟

ش : پیشبینی وضع هوا گفت که امشب درجه حرارت هوا بازهم پایین می ره.

م : آه ! چه شب سردی میشه !

واژه ها

| سرما | [sarmā] | (名) | 冷、寒冷 |
| مردن (میر) | [mordan(meer)] | (动) | 死 |

冰箱	（名）	[yakhchāl]	يخچال
不幸、不巧	（副）	[badbakhtāne]	بدبختانه
暖气片、供暖设备	（名）	[shofājh]	شوفاژ
失去工作能力	（动）	[az kār ~]	از کار افتادن
修理	（名）	[ta'meer]	تعمیر
修理	（动）		~ کردن
经过、度过	（动）	[gozarāndan]	گذراندن (گذران)
甚至	（连）	[hattā]	حتّی
帽子	（名）	[kolāh]	کلاه
大衣、外衣	（名）	[pālto]	پالتو
石油的、煤油的	（形）	[naftee]	نفتی
度、度数、级、学位、头衔	（名）	[daraje(darajāt)]	درجه(درجات复)
预见、预料、预报	（名）	[peesh beenee]	پیش بینی
预见、预料、预报	（动）		~ کردن
形势、情况、状况	（名）	[vaz ']	وضع(اوضاع复)

◆ 主语所有格嵌入式结构

主语所有格嵌入式句型结构
主语所有格嵌入式句型用法

متن

پزشک دانا[1]

در حدود هزار سال پیش شاهزاده ای ایرانی زندگی می کرد که به بیماری عجیبی مبتلاء شده بود . او خیال می کرد که گاو شده است و از خادمان قصر پدرش می خواست او را بکشند.

[1] 这则故事是选自于一部伊朗名著《چهار مقاله》(《四类英才》，又名《奇文轶事》)，作者是 نظامی عروضی سمرقندی (内扎米·阿鲁兹依·撒马尔罕迪)，此书汉译本于 2005 年 6 月商务印出书馆出版，译者是张鸿年。故事中讲述的医生是伊本·西拿，他的简介将在第八课学到。

پزشکان بسیاری او را معاینه کردند. امّا هیچ کدام از آنان نتوانستند او را معالجه کنند و شاهزاده از خوردن غذا امتناع می کرد و روز به روز ضعیف تر می شد. شاه بخاطر پسرش خیلی غمگین بود.

یک روز به شاه خبر دادند که پزشک جوانی به شهر آمده است که بیماری های سخت را معالجه می کند و اسم او ابن سینا ست. شاه فرمان داد ابن سینا را برای معالجهٔ پسرش به قصر دعوت کنند.

روز بعد ابن سینا به قصر آمد. پزشک جوان ابتدا بادقّت داستان بیماری شاهزاده را گوش کرد . آنگاه مانند قصّابان لباس پوشید و کاردی به دست گرفت و به حیاط قصر رفت . بعد به خادمان دربار گفت : " گاو را بیاورید تا قربانی کنم." خادمان دربار شاهزاده را به نزد او راهنمایی کردند. پزشک جوان در حالیکه مانند قصّابان کارد خود را تیز می کرد، گفت : پاهای این گاو را ببندید . آنگاه خود گردن گاو را گرفت و وانمود کرد که می خواهد آن را بِبُرد. بعد که کمی به گردن و پشت گاو دست کشید ، گفت : " عجب گاو لاغری! این گاو برای کشتن مناسب نیست. باید مدّتی بچرد تا چاق شود . بعد از آن که چاق شد، من می آیم و او را می کشم.

بعد از آن ، شاهزاده دیگر از خوردن غذا خودداری نمی کرد و هر غذایی که به او می دادند، می خورد تا چاق شود . بدین طریق ابن سینا توانست غذاها و دواهایی را که برای بهبود شاهزاده مفید بود، به او بخوراند. حال شاهزاده کم کم روبه بهبودی گذاشت و بعد از یک ماه ، بیماری او معالجه شد.

واژه ها

医生、大夫	（名）	[pezeshk]	پزشک
有学问的（人）、知道的（人）	（形、名）	[dānā]	دانا
太子、王子、亲王	（名）	[shāhzāde]	شاهزاده
遭受……的、患……病的	（形）	[mobtalā]	مبتلا
遭受、患……（疾病）	（动）		~ شدن
牛	（名）	[gāv]	گاو
仆人、雇工、侍从、宦官、太监	（名）	[khādem]	خادم
宫、宫殿、公馆	（名）	[ghasr]	قصر
拒绝、谢绝、不干（某事）	（名）	[emtenā']	امتناع
	（动）		~ کردن
弱的、瘦弱的	（形）	[za'eef]	ضعیف
悲伤的、伤心的、悲哀的	（形）	[ghamgeen]	غمگین
命令、指令	（名）	[farmān]	فرمان
下命令、下指令	（动）		~ دادن
屠夫、卖肉的	（名）	[ghassāb]	قصّاب
小刀、菜刀	（名）	[kārd]	کارد
王宫、宫廷、宫殿	（名）	[darbār]	دربار
脖子、颈部	（名）	[gardan]	گردن
假装、佯装	（名）	[vānemood]	وانمود
	（动）		~ کردن
瘦的、瘦弱的	（形）	[lāghar]	لاغر
胖的	（形）	[chāgh]	چاق
克制、拒绝	（名）	[khod dāree]	خودداری
	（动）		~ کردن
道路、路线、方式、方法	（名）	[tareegh]	طریق
改善、改良、病愈	（名）	[behbood]	بهبود
有益的、有用的、有利的	（形）	[mofeed]	مفید
喂、喂养、强让……吃	（动）	[khorāndan(khorān)]	خوراندن(خوران)

دستور زبان

主语嵌入式动词结构

ساختمان فعلهای لازمه یک شخصه

嵌入式动词结构是波斯语的一种特殊的语言表达形式，主语嵌入式动词结构就是将主语、宾语或其它成分插入复合动词之间。还有一种是宾语嵌入式动词结构，是宾语插入复合动词之间。[1]

本课介绍的是主语嵌入式动词结构。实际上我们在第一册第二十四课中已经见到过这样的结构：

مگر یادت نسیت که ما همه امروز به موزهٔ ملّی می رویم ؟

难道你忘了（不记得）今天我们大家要去国家博物馆吗？

1. 主语所有格嵌入式句型构成

←

第三人称动词+主语的代词所有格连写人称词尾+形容词或名词

例如：

یادمان هست(است)/ نیست	یادم هست (است) / نیست
یادتان هست (است) / نیست	یادت هست (است) / نیست
یادشان هست (است) / نیست	یادش هست(است) / نیست

2. 主语所有格嵌入式句型的句法要点：

1）句子的主语省略，主语以代词所有格形式插入复合动词之间。
2）代词所有格在语法上起实际主语作用。
3）代词所有格采用连写形式。
4）只用于少数动词。

3. 常见的用于主语嵌入式结构的复合动词

[1] 宾语嵌入式结构是将宾语以人称代词所有格连写形式嵌入复合动词，但只适用于部分动词，在口语中用得多一些。例如："تمیزش کردم..." "دادم تعمیرش می کنند."

فعل	اسم / صفت
بودن	۱) به یاد ، سرد ، گرم ، تشنه ، گرسنه ، سخت ، بس
شدن	۲) سرد ، گرم ، تشنه ، گرسنه
گرفتن	۳) خنده ، گریه ، درد ، خواب ، حرص، غصه
آمدن	۴) یاد ، خوش ، بد ، درد ، خواب ، حیف ، زور
بردن	۵) خواب ، مات
زدن	۶) مات ، خشک
رفتن	۷) یاد
خواستن	۸) دل

例如：

1）**تشنه بودن** ——

(من) تشنه + ـَـ م + است ← تشنه ام است .

(تو) تشنه + ـَـ ت + است ← تشنه ات است .

(او) تشنه + ـَـ ش + است ← تشنه اش است

(ما) تشنه + ـَـ مان + است ← تشنه مان است.

(شما) تشنه + ـَـ تان + است ← تشنه تان است.

(آنها) تشنه + ـَـ شان + است ← تشنه شان است.

2）**خواب نگرفت** ——

(من) خواب + ـَـ م + نگرفت ← خوابم نگرفت .

(تو)	خواب	+	ـــَ ت	+	نگرفت	←	خوابت نگرفت .
(او)	خواب	+	ـــَ ش	+	نگرفت	←	خوابش نگرفت .
(ما)	خواب	+	ـــَ مان	+	نگرفت	←	خوابمان نگرفت .
(شما)	خواب	+	ـــَ تان	+	نگرفت	←	خوابتان نگرفت .
(آنها)	خواب	+	ـــَ شان	+	نگرفت	←	خوابشان نگرفت .

تمرین

۱- فعل داخل پرانتز را با یک ضمیر مناسب بکار ببرید .

۱) در بارهٔ تصادف دیروز ، هیچ چیزی (یاد نیامدن).

۲) بچه ها تاکنون دو ساعت بازی کرده اند . فکر نمی کنید که (گرسنه شدن)؟

۳) امروز هوا خیلی سرد است . شما حاضرید که شنا کنید . مگر (سرد نشدن) ؟

۴) او پس از شنیدن این حرف ، (خنده گرفتن).

۵) من موقع رانندگی به هیچ وجه (خواب نگرفتن).

۶) چه کسی پنجرهٔ اتاق را باز کرده است ؟ من کم پوشیده ام و بسیار (سرد شدن).

۷) من از این بازی (خوش نآمدن).

۸) بچه روی یخ لیز خورد و (درد آمدن).

درس ششم

۹) زهرا (دل خواستن) که هر چه زودتر دوستش را ببیند.

۱۰) او از ترس و تعجب (خشک زدن).

۲- تمرین کلمات

خبر ، با خبر ، خبر دادن

۱) به من خبر داده شد که شما بزودی برای بدست آوردن درجهٔ دکترا به ایران خواهید رفت.

۲) پرویز جان ، شما چه خبر؟

۳) تازگی از خانم مریم چه خبر؟

۴) من از این سمینار با خبر نبودم.

بهبود ، بهبودی

۱) حالش پس از دو هفته بهبود پیدا کرده است.

۲) زندگی مردم اینجا پس از ساختن راه آهن بتدریج بهبود پیدا کرده است.

۳) وضعیت محیطِ زیست (生态环境 [moheet-e zeest]) این منطقه کم کم رو به بهبودی می رود.

خودداری کردن / امتناع کردن

۱) شنیده ام که آقای مین از شرکت در آن کار خودداری کرده است.

۲) چرا او از معاینهٔ پزشک امتناع کرد؟

۳) هر کس که به بیماری مبتلا می شود، نباید از معالجه خودداری کند.

اسم / صفت + ضمیر مفعولی + فعل سوّم شخص

۱) یادم نیست که آن خانم را کجا دیده ام.

۲) شما کم پوشیده اید . مگر سردتان نیست؟

۳) از کارهای او گاهی حِرصم ([hers] 生气) می گیرد.

۴) او هنوز مریض است . روزی یک دانهٔ گلابی بسش است.

宾语嵌入式结构

۱) ولم کن ! الان وقت ندارم داستان بگم. خودت آن کتاب را بخوان.

۲) آقا ، این شلوار چُروکیده شده است لطفاً بدهید اتواش([otoo]熨烫) کنند.

۳) این ساعت درست کار نمی کند. بگذارید بدهیم تعمیرش کنند.

در حالی که ...

۱) پزشک در حالی که نسخه می نوشت ، شیوهٔ خوردن دوا را توضیح ([towzeeh] 解释) داد.

۲) آنها در حالی که صحبت می کردند ، چای و شیرینی می خوردند.

۳) آنها در حالی که آواز می خواندند ، می رقصیدند.

۳- صیغه های مناسبی از مصدرهای زیر بسازید.

۱) پرویز، تو شهر شیراز را _____ (دیدن)؟

- من تاکنون به شهر شیراز ______ (نرفتن) ولی______ (شنیدن) که شیراز شهری بسیار زیبا ست . من تصمیم دارم که تابستان امسال به آنجا ______ (رفتن) تا این شهر زیبا را از نزدیک _____ (دیدن).

درس ششم   ۷۴

۲) فرهاد ، بیا ما باهم توپ ([toop] 球) ____ (بازی کردن) .

- بسیار خوب . بیا _____ (رفتن) بیرون .

- چرا _____ (رفتن) بیرون؟ همینجا _____ (بازی کردن)؟

- زیرا مادرم مریض _____ (بودن) و در آن اتاق _____(خوابیدن).

اگر سر و صدا کنیم، مادرم _____(نتوانستن) خوب _____ (استراحت کردن).

۳) قبل از آن که انسان آتش را _____ (کشف کردن) ، گوشت حیوانات را بصورت خام _____ (خوردن).

۴) از وقتی که من به پکن آمدم، سه سال _____ (گذشتن)

۵) وان بین سرانجام کلید خود را زیر تختخوابش _____ (پیدا کردن) .

۴- جمله های زیر را با فعل " امتناع کردن یا خودداری کردن " ترجمه کنید.
1) 你为什么拒绝参加今天晚会的演出呢?
2) 他拒绝别人的帮助,决定自己去完成那项艰巨的工作.
3) 他拒绝饮酒([sharāb] 酒)，因为他怕开车时出车祸。
4) 他拒绝谈个人的经历。

۵- جمله های زیر را با ترجمهٔ عبارت چینی داخل پرانتز به فارسی کامل کنید.

۱) وقتی که خِرس ([khers] 熊) آمد، (他假装死人)

۲) آنچه را که نمی دانیم ، (不要装懂)

۳) او مدّتی پیش از آن پیش آمد اطّلاع داشته است،(但他假装什么都不知道)

۴) او می خواست پول بیشتری بدست آورد ، (假装自己是工程师)

۶- جمله های زیر را با الگوی " 主语嵌入式结构 " ترجمه کنید.

1）最好再过半小时吃饭，因为我们还不饿。
2）她由于缺少睡眠，在课堂上睡着了(خواب رفتن)。
3）哎呀！我忘了带卡了（ [kārt] کارت ）。
4）快点！客人们都饿了。
5）他好久没有见到父亲了，他真想马上回到他身边。

۷- جمله های زیر را با الگوی " دادن+宾语嵌入式结构 " ترجمه کنید.

1）这辆汽车的刹车（ [tormooz] ترمز ）不灵了，下午我送去修一下。
2）你通常是自己擦洗汽车，还是送去擦洗？
3）这件大衣太脏了，自己不容易洗干净，最好送去清洗。
4）电脑坏了，最好拿去修理一下。

۸- با الگوی " در حالی که .... " چند جمله بسازید .

۹- به سؤالهای زیر جواب دهید.

۱) بیماری عجیب شاهزادهٔ ایرانی چه بود؟
۲) چرا شاهزاده روز به روز ضعیفتر می شد؟
۳) شاهزاده چه خیال می کرد؟
۴) اسم پزشک جوان چه بود؟
۵) شاه وقتی خبردار شد پزشک جوانی به شهر آمده است ، چه فرمانی داد؟
۶) پزشک جوان ابتدا چه کرد؟
۷) برای معالجه شاهزاده چه کرد؟
۸) چرا ابن سینا گفت این گاو برای کشتن مناسب نیست؟
۹) چرا پس از معالجهٔ پزشک ، شاهزاده دیگر از خوردن غذا خودداری نمی کرد؟
۱۰) آیا ابن سینا شاهزاده را معالجه کرد؟

۱۰- متن درس را به صورت نمایش نامه در بیاورید و آنرا سر کلاس اجراء کنید.

۱۱- جمله های زیر را ترجمه کنید.

1) 他不仅觉得冷，而且还觉得热。
2) 茜琳太太决定邀朋友一起去散步，共进午餐。
3) 我已经很长时间没有见到他了，听说他得了什么病，现在身体很弱。
4) 你不必担心，那位医生医术高明，我肯定他能治好。
5) 他除了吃医生给的药外，还每天清晨去附近公园做适当的运动，他的身体状况很快有了好转。
6) 医生仔细地对他做了检查之后，命令他卧床休息半个月。
7) 小学的校舍十分危险，在大家的帮助下将校舍翻修一新。
8) 他确信自己已经变成了一头牛，不吃不喝，并拒绝医生的治疗和吃任何药物。
9) 伊本·西拿换上一件屠夫衣服后，一面拿着刀，一面走向病人，假装要杀牛。
10) 他们干完了重活后，觉得又累又饿，想好好地吃一顿，美美地睡上一觉。

شعر

توانا بود هر که دانا بود

ز دانش به اندر جهان هیچ نیست   تنِ مرده و جانِ نادان یکی ست

توانا بود هر که دانا بود   ز دانش دلِ پیر برنا بود

(فردوسی)

متن خواندنی

داستان آتش

یکی از افسانه های ایرانی در بارهٔ پیدایش آتش است . در آن افسانه چنین می خوانیم :

تا زمان پادشاهی هوشنگ ، مردم آتش را نمی شناختند. روزی او با دسته ای به طرف کوه می رفت . در راه مار سیاه و درازی را دید که به سمت آنها می آمد. هوشنگ سنگی برداشت و به سوی مار پرتاب کرد. سنگ به مار نخورد امّا به سنگ دیگری خورد و هر دو شکستند. از میان دو سنگ جرقّه ای برخاست و بوته

درس ششم

های اطراف سنگ ها آتش گرفتند.

وقتی هوشنگ آتش را دید، از این کشف شادمان شد . شب مردم به همان ترتیب سنگ ها را به هم کوبیدند و آتش بزرگی روشن کردند . هوشنگ دستور داد که آن روز را جشن بگیرند. نام آن جشن را جشن سَده[1] گذاشتند. با آن سنگ در تمام عبادتگاه ها آتش روشن کردند.

گفتگوی محاوره ای

عیدت مبارک !

نگار : الو بفرمایین.

شهرزاد : سلام نگار *جون* ! عیدت مبارک!

ن : سلام شهرزاد جان ! عید تو هم مبارک! امیدوارم سال خوب و خوشی داشته باشی.

ش : ممنونم ، *ان شاالله* تو هم سالی پر از موفّقیّت و سلامتی داشته باشی.

ن : متشکّرم.

ضرب المثل 谚语

今日事今日毕	کار امروز را به فردا میفکن .
一年之计在于春	سالی که نکو ست از بهارش پیدا ست .

---

[1] جشن سده [sade] 是古伊朗点火节（伊朗太阳年11月的第10天）

درس هفتم

گفتگو

مگه کتاب داستان اشکال داره؟

بهرام : چه کتابی داری می خونی (خوانی) کاوه؟

کاوه : دارم یک کتاب داستان می خونم.

بهرام : عجب ! مگه (مگر) تو کتاب داستان هم می خونی ؟

کاوه : خب ، این داستان خیلی قشنگه. مگه کتاب داستان اشکالی داره؟

بهرام : به هیچ وجه. امّا تو معمولاً کتابای (کتاب های) علمی می خونی.

کاوه : خب ، تو فقط کتابای علمی منو (من را) دیدی . ولی من به ادبیّات و کتابای داستان هم علاقه دارم. تو چطور ؟ تو هم داستان می خونی؟

بهرام : گاهی اوقات. هفته ی گذشته من داستان 《سو و شون》 اثر سیمین دانشور رو خوندم.

کاوه : جدّاً ؟ اتّفاقاً این کتاب هم 《سو و شون》 است. منم دارم 《سو و شون》 رو می خونم.

بهرام : چه جالب ! ظاهراً (به نظر می رسد) سلیقه های ما خیلی شبیه همدیگه س .

واژه ها

به هیچ وجه	[~ vajh]	（连）	绝对不、无论如何不
اثر(آثار复)	[asar]	（名）	（文学）作品

努力地、竭力地；严肃地、严厉地、认真地	（副）	[jeddan]	جدّاً
显然地、外表上、表面上、大概	（副）	[zāheran]	ظاهراً
相似的、想象的	（形）	[shabeeh]	شبیه

اسم های خاصّ

巴赫拉姆	（人名）	[bahrām]	بهرام
卡维	（人名）	[kāve]	کاوه
苏乌松	（书名）	[soovashoon]	《سو و شون》
希蒙·达内西瓦尔	（人名）	[seemeen-e dāneshvar]	سیمین دانشور

◆ **及物动词和不及物动词（三）**
—— 再及物动词

متن

خانم آموزگار فکری کرد و گفت : سؤال بسیار بجایی است. من فردا به شما خواهم گفت که چگونه می توانیم به کمک هم برای کلاس خودمان کتابخانهٔ کوچکی درست کنیم.

هفته ی کتاب

در اواخرآبان، یک روز صبح که خانم آموزگار به کلاس آمد، ورقهٔ

درس هفتم

زیبایی را بالای تختهٔ سیاه کوبید. بچه ها دیدند که بر روی آن به خطّ درشت نوشته شده است : "هفتهٔ کتاب " .

خانم آموزگار سپس به شاگردان گفت : بچه ها ، از امروز تا یک هفته در سراسر ایران هفتهٔ کتاب است. در این هفته در کتابخانهٔ بزرگ شهر نمایشگاهی از کتابهای گوناگون ترتیب داده اند. من سعی می کنم حتماً شما را به تماشای آن ببرم. شما هم باید در این هفته اقلّاً یک کتاب تازه بخوانید . اگر به صفحه های آخر کتاب فارسی نگاه کنید ، صورتی از کتابهایی که به اسانی می توانید بخوانید را در آنجا می بینید. راستی این را هم بدانید که در این هفته بعضی از کتابفروشی ها کتابهای خود را ارزانتر می فروشند. سعی کنید در این هفته هر چه بیشتر کتاب بخرید .

پروین گفت : خانم آموزگار ، من دلم می خواهد همهٔ این کتابها را داشته باشم، ولی مادرم می گوید خریدن همهٔ آنها پول زیادی می خواهد .

گلی گفت : خواهرم خیلی کتاب می خواند ، ولی همهٔ آنها را نمی خرد و از کتابخانه به امانت می گیرد و پس از آن که خواند ، پس می دهد .

ناگهان آذر گفت : راستی خانم معلّم ، چرا ما کتابخانه نداریم ؟ خانم آموزگار فکری کرد و گفت : سؤال بسیار بجایی است. من فردا به شما خواهم گفت که چگونه می توانیم به کمک هم برای کلاس خودمان کتابخانهٔ کوچکی درست کنیم .

واژه ها

页、片、纸、信、便条	（名）	[varaghe]	ورقه
月末、下旬；近来	（名）	[avākher(ākhar)]	اواخر(آخر)

小学教师、教员	（名）	[amoozegār]	آموزگار
打、敲打、压碎；把（钉子等）打入	（动）	[koobeedan]	کوبیدن/ کوفتن (کوب)
大的、粗糙的、坚硬的	（形）	[dorosht]	درشت
（中、小）学生、学徒、弟子、帮工、店员、伙计	（名）	[shāgerd]	شاگرد
然后、后来	（副）	[sepas]	سپس
展览馆、剧院、戏院	（名）	[nemāyeshgāh]	نمایشگاه
次序	（名）	[tarteeb]	ترتیب
安排、编排、整理	（动）		~ دادن
至少、最低、最小限度	（副）	[aghallan]	اقلّاً
便宜的、廉价的	（形）	[arzān]	ارزان
书店	（名）	[ketābforooshee]	کتابفروشی
心脏；中心；胃；肚子	（名）	[del]	دل
归还、退还	（动）	[pas ~]	پس دادن
适时的、适当的、得体的	（形、副）	[bejā]	بجا
怎样、如何	（代）	[chegoone]	چگونه

شعر

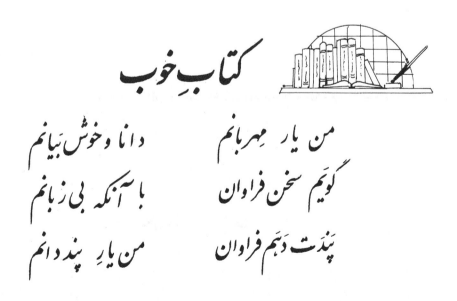

کتابِ خوب

من یار مِهربانم — دانا و خوش بَیانم

گویَم سخن فراوان — با آنکه بی زبانم

پَندَت دَهم فراوان — من یارِ پند دانم

من دوستی هنرمند   با سود و بی زیانم
از من مباش غافل   من یار مهربانم

عباس یمینی شریف

──────────── واژه ها ────────────

朋友、同伴、助手、情人	（名）	[yār]	یار
口才好的	（形）	[khosh bayān]	خوش بیان
多、很多的、丰富的	(形、副)	[farāvān]	فراوان
虽然	（连）	[bā ān ke]	با آن که
哑的、不能说话的	（形）	[bee zabān]	بی زبان
解决困难的（能手）	(形、名)	[moshkel goshā]	مشکل گشا
劝告、教导	（名）	[pand]	پند
	（动）		~ دادن
有才干的、艺术家	(形、名)	[honarmand]	هنرمند
利益、利润、好处、益处、用途	（名）	[sood]	سود
无害的、无亏损的	（形）	[bee zeeyān]	بی زیان
不知晓的、漠不关心的、漫不经心的	（形）	[ghāfel]	غافل

──────────── دستور زبان ────────────

及物动词和不及物动词（三）

——再及物动词

فعل متعدّی و فعل لازم (۳)

— فعل متعدّی مشتقّ

　　在第二课中我们已经了解了及物动词和不及物动词的对应性，除此之外，波斯语中还有一些动词既是及物动词，又是不及物动词。但这样的动词数量很少，现将我们学到的列举几个：

شکستن ———

窗户的玻璃碎了。 شیشهٔ پنجره شکست .

老人很容易地把木棍一一折断。 پیرمرد به آسانی چوب ها را یکی یکی شکست.

ریختن ———

水流到了地上。 آب بر روی زمین ریخت .

علی آب گرم را توی ترموس [termoos] / فلاسک ریخت .

阿里把热水灌进热水瓶。

在波斯语中还有一些及物动词通过词尾的变化，即在这些动词的词尾加上 آندن 或 آنیدن 变成再及物动词。例如：

سوختن （燃烧） ———→ سوزاندن 使……燃烧

肉烧糊了。 گوشت سوخت .

大火把森林烧了。 آتش جنگل را سوزاند.

پوشیدن （穿上） ———→ پوشاندن ، پوشانیدن 使……穿上

لاله در میهمانی دامن قشنگی پوشید.

پرستار لباس کلفتی را به بیماران پوشاند.

خوردن （吃） ———→ خوراندن، خورانیدن 喂

او تند تند غذا می خورد.

مادر دوا را با آب میوه به بچه خوراند.

فهمیدن (明白、懂得) ———→ فهماندن، فهمانیدن 使……明白、使……懂得

ببخشید، من منظورت را نمی فهمم.

من به او فهماندم که چرا نمی خواهم به دیدنش بروم.

تمرین ‏ــــــــــــ

۱ - با هر کدام از کلمات زیر یک جملهٔ متعدّی و یک جمله متعدّی مشتقّ بسازید.

سوختن   غلتیدن   شکستن   فهمیدن   خوردن

۲- متضاد کلمات زیر را بنویسید :

بجا   ارزان   آخر   فروختن   امانت گرفتن

۳- یکی از مصدرهای داخل پرانتز را انتخاب کنید و آن را با صیغهٔ مناسبی در جای خالی بنویسید ، درعین حال حرف اضافه لازم (را / از/ به) را نیز به جمله اضافه کنید.

۱) من مطلب (问题[matlab]) او خوب ـــــــ (فهمیدن، فهماندن)

۲) باید دوا او ـــــــ (خوردن، خوراندن) تا خوب شود.

۳) حالا وقت آن است که ما بچه ها ـــــــ (خوبیدن ، خواباندن).

۴) دختران امروز لباسهای قشنگ ـــــــ (پوشیدن ، پوشاندن) .

۵) تو با اشاره ای (示意[eshāre]) من ـــــــ (فهمیدن ، فهماندن) که کار من صحیح نیست.

۶) این گیلاس(高脚杯[geelās]) سلامتی شما ____ (نوشیدن، نوشاندن)

۷) بیا ، این شلوار به بچه تان ____(پوشیدن ، پوشاندن) .

۸) او خیلی شراب خورده است. نباید بیش از این او ____ (نوشیدن ، نوشاندن).

۹) دیروز سگ بزرگی من خیلی ____ (ترسیدن، ترساندن).

۱۰) مادر هر روز پنج بار شیر بچه ____ (خوردن، خوراندن) .

۱۱) دیشب خانوادهٔ ما هیچ کدام خوب ____ (نخوابیدن، نخوابادند).

۱۲) من هیچ وقت سگ ____ (نترسیدن، نترساندن).

۱۳) من الان می روم برای شما آبگوشت____ (جوشیدن ، جوشاندن).

۶- تمرین کلمات

<u>دل ...... خواستن که ......</u>

۱) دلم می خواهد که هر چه زودتر او را ببینم .

۲) دلش می خواست که در روز تولّد مادرش یک لباس خوب و قشگ با پول خود بخرد و به مادرش بدهد .

۳) دلم می خواست که پس از فارغ التحصیل شدن در یکی از مؤسّسات خارجی کار کنم .

۴) هر گز دلم نمی خواهد شما را ناراحت کنم .

سلیقه

۱) خانم شیرین در پخت و پز بسیار خوش سلیقه / با سلیقه است.

۲) سلیقهٔ این زن و شوهر باهم فرق دارد . ولی آنها باهم صمیمانه (亲切地[sameemāne]) زندگی می کنند.

۳) این نویسنده سلیقهٔ خاصّ خود را دارد ؛ شما به آسانی می توانید نوشته های او را از نویسندگان دیگر تشخیص دهید.

۴) به نظرمن چنین لباسی مطابق با سلیقهٔ ژاله است. شما می توانید این لباس را برایش بخرید.

بجا

۱) حرفهایی که شما در آن موقع زدید بسیار بجا بود .

۲) به نظرمن او خدمت زیادی به ما کرده است ، این هدیّه ای (奖品[hedeeyye]) که به او دادیم ، بسیار بجا بود .

۳) هوای اینجا خیلی سرد است ؛ آوردن لباس اضافه بسیار بجا بود !

۴) زمستان سال گذشته من در مسکو بودم. تعریف هایی(描述[ta'reef]) که از زیبایی این شهر می کنند، بسیار بجا ست !

شبیه

۱) این پسر از لحاظ قیافه (面貌[gheeyāfe]) و رفتار (举动 [raftār]) چقدر شبیه پدرش است !

۲) بعضی ها می گویند خیابان کنار رود هوان پو (黄浦江) شهر شانگهای خیلی

شبیه شهر شیکاگو （芝加哥[chicaco]） است .

۳) سلیقهٔ این دو نویسنده شبیه یکدیگر است .

۵- گفتگوهای زیر را ترجمه کنید و دو متن گفتگو با الگوی " مگر ....اشکالی دارد؟" بنویسید.

۱) بهرام : عجب ! مگر تو کتاب داستان هم می خوانی ؟

کاوه : خوب، این داستان خیلی قشنگ است . مگر کتاب داستان اشکالی دارد؟

بهرام : نه، به هیچ وجه .

۲) ژاله : عجب ! مگر تو چنین لباسی را هم دوست داری؟

پروین : خوب، رنگش قشنگ است. مگر این لباس اشکالی دارد؟

ژاله : نه ، به هیچ وجه .

۶- جمله های زیر را بخوانید و دو متن گفتگو با الگوی "ظاهراً سلیقه ی ما شبیه یکدیگر است." بنویسید.

۱) بهرام : هفته ی گذشته من داستان 《سو و شون》 ، اثر 《 سیمینِ دانشور》 را خواندم.

کاوه : جدّاً ؟ اتّفاقاً من هم دارم کتاب 《سو و شون》 را می خوانم.

بهرام : چه جالب ! ظاهراً سلیقه های ما خیلی شبیه یکدیگر است.

۲) بهمن :من و برادرم دیروز باهم کوه نوردی کردیم. من کوه نوردی را بیشتر از ورزش های دیگر دوست دارم .

پرویز : جدّاً ؟ اتّفاقاً من هم کوه نوردی را خیلی دوست دارم.

بهمن : عجب! ظاهراً سلیقه ی ما خیلی شبیه یکدیگر است.

۳) بهرام : دیروز من یک فیلم پلیسی تماشا کردم. به نظرم فیلم های پلیسی از فیلمهای دیگر جالب تر است.

کاوه : جدّاً ؟ اتّفاقاً من هم فیلم های پلیسی را خیلی دوست دارم .

بهرام : چه عجب ! ظاهراً سلیقه ی ما خیلی شبیه یکدیگر است .

۴) نرگس : هوای دیروز ابری و گرفته بود . من گاهی در چنین هوایی ناخوش می شوم .

لاله : جدّاً ؟ اتّفاقاً دیروز من هم ناراحت بودم.

نرگس : عجب ! ظاهراً احوال مان خیلی شبیه یکدیگر است.

۷- با کلمه های زیر جمله بسازید :

بجا   ارزان   سپس   سعی کردن   هر چه + صفت   برتر... + صفت

برتر   دل ...   خواستن که ...

۸- سؤالهای زیر را جواب دهید :

۱) خانم آموزگار بالای تخته سیاه چه چیزی کوبید ؟ روی آن چه نوشته شده بود ؟

۲) "هفته ی کتاب " در ایران در چه ماهی برگزار می شود ؟

۳) آیا می دانید مردم ایران در "هفته ی کتاب "معمولاً چه کار می کنند ؟ چه

درس هفتم

برنامه هایی ترتیب می دهند ؟

۴) چرا مردم ایران در "هفته ی کتاب " بیشتر کتاب می خرند ؟

۵) چرا آذر می خواهد کتابخانه ی کوچکی برای کلاسشان درست کند ؟

۶) خانم آموزگار به آذر چه جوابی داد ؟

۷) به نظر شما بچه های کلاس چگونه می توانند کتابخانه ی کوچکی درست کنند ؟

۸) بین کتابخانه و کتابفروشی چه فرقی است ؟

۹) شما هر سال چقدر پول برای خرید کتاب صرف می کنید ؟

۱۰) شما هر ترم ([term] 学期) چند کتاب از کتابخانه امانت می گیرید و پس از کلاسهایتان چند کتاب غیر از کتابهای درسی می خوانید؟

۹- جمله های زیر را به فارسی ترجمه کنید

1) 别担心，我们一定努力把你的孩子找回来。
2) 他在医院至少要住上十多天。
3) 他们决心通过互助的办法建立一个小医疗站。
4) 我发现那家书店常在节假日降价售书。
5) 我真想把所有的书都买下来。
6) 书很贵(贵的 [gerān] گران), 买书要花很多钱。
7) 我们应当努力在课堂上或在课外多说波斯语。
8) 不管我和我的姐姐有多忙，我们总是每星期回家一次，看望我年迈的父母。
9) 我真想尽快把这个好消息告诉他。
10) 我们说好我三天内把这本书看完，还给他。所以我要尽快读完这本书。

۱۰- تمرینها برای شعر " کتاب " :

درس هفتم

۱) شعر را حفظ بخوانید.

۲) شعر را به نثر تبدیل کنید .

۳) به سؤالهای زیر جواب دهید:

(۱)   شعر "کتاب" از زبان چه کسی حرف می زند ؟

(۲)   چرا به کتاب "دوست دانا" می گویند ؟

(۳)   خواندن کتاب چه فایده ای دارد ؟

(۴)   شعر را به چینی ترجمه کنید .

(۵)   انشایی به عنوان "کتاب —— دوست بی زبان" بنویسید .

ضرب المثل   谚语

حرف حقیقت تلخ است .   忠言逆耳

پرسیدن عیب نیست، ندانستن و نپرسیدن عیب است.

提问不是缺点，不知不问才是缺点。

语法指南

波斯语动词的语态

动词的语态是动词的一个形式，是用来说明主语与该主语发出的动作之间的关系。

波斯语中有两种语态：主动态（ معلوم ）和被动态（ مجهول ）。

主动态用于主动句，被动态用于被动句。

在主动句中，主语是动作的发出者；在被动句中，主语是动作的承受者。

动词的被动态在不同时间也是以不同时态形式来表达的。

现以动词 دادن 为例，以第一人称单复数变化列表如下：

داده نشدم	داده شدم	ماضی مطلق	过去
داده نشدیم	داده شدیم	一般过去时态	
داده نمی شدم	داده می شدم	ماضی استمراری	
داده نمی شدیم	داده می شدیم	过去进行时态	
داشتم داده نمی شدم	داشتم داده می شدم	ماضی استمراری تمام	
داشتم داده نمی شدیم	داشتیم داده می شدیم	过去正在进行时态	
داده شده نبودم	داده شده بودم	ماضی بعید	
داده شده نبودیم	داده شده بودیم	过去完成时态	
داده نشده باشم	داده شده باشم	ماضی التزامی	
داده نشده باشیم	داده شده باشیم	过去假定时态	
داده نمی شوم	داده می شوم	مضارع اخباری	现在
داده نمی شویم	داده می شویم	现在进行时态	
دارم داده نمی شوم	دارم داده می شوم	مضارع استمراری تمام	
داریم داده نمی شویم	داریم داده می شویم	现在正在进行时态	
داده نشده ام	داده شده ام	مضارع نقلی	
داده نشده ایم	داده شده ایم	现在完成时态	
داده نشوم	داده شوم	مضارع التزامی	
داده نشویم	داده شویم	现在假定时态	
داده نخواهم شد	داده خواهم شد	مستقبل	将来
داده نخواهیم شد	داده خواهیم شد	将来时态	

درس هشتم

گفتگو

تئاتر بزرگ ملّی در سال ۲۰۰۷ ساخته شد[1]

۱- تئاتر بزرگ ملّی در کدام سال ساخته شد؟

- در سال ۲۰۰۷ ساخته شد.

تئاتر بزرگ ملّی در کجای شهر واقع شده است؟

- تئاتر بزرگ ملّی درکنار تالار بزرگ مجلس خلق واقع شده است.

۲- پارسال خواهرت پس از فارغ التحصیل شدن به کجا فرستاده شده است؟

- او به ایران فرستاده شده است تا درجهٔ دکترا بدست بیاورد.

۳- آقا ببخشید، آیا کتاب 《گلستان》 دارید؟

- نخیر، خانم. همهٔ آنها فروخته شده اند.

۴- چرا خودت از کتابخانه کتاب امانت نمی گیری؟

- زیرا من کارمند دانشگاه نیستم. به من اجازه داده نمی شود که ازکتابخانه استفاده کنم.

واژه ها

剧院、戏院	（名）	[te'atr]	تئاتر
做、作、制作	（动）	[sākhtan(sāz)]	ساختن(ساز)
大厅	（名）	[tālār]	تالار

---

[1] 关于تئاتر 的写法。تئاتر —是传统的写法，也是《正字法》((راهنمای نگارش و ویرایش)) 一书肯定的。还有一种写法是 تآتر —见《波汉词典》（北京大学波斯语教研室编）和 ((فرهنگ جیبی فارسی – انگلیسی)) （مؤسّسهٔ انتشارات امیر کبیر）1991 德黑兰。这是一个外来词，常用来表达“剧场”的意思；也可用波斯词汇 تماشاخانه 或 سالن تماشاخانه 。

会议、集会、议会、国会	（名）	[majles]	مجلس
人民、人群	（名）	[khalgh]	خلق
前年	（名）	[pārsāl]	پارسال
毕业生、校友	（名）	[fāregho-ttahseel]	فارغ التحصیل
毕业	（动）		~ شدن
博士学位	（名）	[doktorā]	دکترا
得到、取得、获得	（动）	[bedast~]	بدست آوردن
出售	（动）	[forookhtan(foroosh)]	فروختن (فروش)

◆ 动词的被动态动词 （一）
动词的被动态动词构成
动词的被动态动词用法

متن

ابو علی سینا ، طبیب و دانشمند بزرگ ایران است کتابهای این دانشمند ایرانی به زبانهای گوناگون ترجمه شده است.

ابو علی سینا دانشمند بزرگ ایران

در حدود هزار سال پیش ، در یکی از شهرهای ایران پسری به دنیا آمد . مادرش نام او را حسین گذاشت .

حسین از پنج سالگی شروع به درس خواندن کرد . او با علاقهٔ بسیار درس خواند و به سرعت پیشرفت کرد . کتاب را بیش از هر چیز دوست می داشت و به تدریج برای خود کتابخانهٔ کوچکی درست کرد . هر جا کتاب تازه ای می دید ، می خرید و آن را با دقّت می خواند و در کتابخانه اش نگاه می داشت .

حسین در هیجده سالگی طبیب ماهر و مشهوری شد و به معالجهٔ بیماران پرداخت . در این موقع به او ابو علی سینا می گفتند . هر کس که بیماری سختی داشت ، پیش او می رفت و معالجه می شد . ابو علی سینا جوان بسیار مهربانی بود و بیماران محتاج را به رایگان معالجه می کرد .

در این هنگام ، یکی از پادشاهان ایران سخت بیمار شد. همهٔ پزشکان از درمان او نا امید شدند . سر انجام ابو علی سینا را برای معالجهٔ او دعوت کردند . ابو علی سینا به زودی به علّت بیماری پادشاه پی برد و او را معالجه کرد . در مقابل این خدمت ، به او اجازه داده شد که از کتابخانهٔ بزرگ سلطنتی استفاده کند .

ابو علیِ جوان و دانشمند شب و روز در آنجا به مطالعه می پرداخت .در بارهٔ هر چه می خواند ، فکر می کرد و می خواست به علّت هر چیز پی ببرد .

ابو علی سینا نتیجهٔ تجربه ها و مطالعه های خود را در کتابها ی بسیاری نوشته است .کتابهای این دانشمند ایرانی به زبانهای گوناگون ترجمه شده است .هنوز هم در دانشگاههای بزرگ جهان دانشجویان و دانشمندان آنها را مطالعه می کنند .

یکی از کتابهای معروف ابن سینا " قانون " است که آن را در علم طبّ نوشته است .

ابو علی سینا ، طبیب و دانشمند بزرگ ایران در پنجاه و هشت سالگی درگذشت. آرامگاه او در شهر همدان است .

آرامگاه ابوعلی‌سینا: در مرکز شهر همدان و در قسمت غربی میدان بوعلی

واژه ها

...سالگی	[... sālegee]	(名)	年龄、岁
سرعت	[sor'at]	(名)	速度、速率、快速、急速
درست کردن	[dorost~]	(动)	制作、安排、整理、修正
تدریج	[tadreej]	(名)	渐进性、逐步、逐渐
طبیب	[tabeeb]	(名)	医生、大夫
ماهر	[māher]	(形)	熟练的、能干的、高明的
نگاه‌داشتن/ نگهداشتن	[negāhdāshtan /negahdāshtan]	(动)	握住、抓住、保管、保存、保护

著名的、驰名的	（形）	[mashhoor]	مشهور
治疗、医治	（名）	[mo'āleje]	معالجه(معالجات复)
生病的；病人	（形、名）	[beemār]	بیمار
困难的（地）、艰难的（地）；严厉的（地）、厉害的（地）；硬的	（形、副）	[sakht]	سخت
需要的、有需求的；贫困的、贫困者	（形、名）	[mohtāj]	محتاج(محتاجين复)
免费的；拾到的；徒劳无益的	（形）	[rāyegān]	رایگان
国王、君主	（名）	[pādshāh]	پادشاه
治疗、疗法	（名）	[darmān]	درمان
失望的、绝望的	（形）	[nāomeed]	ناامید
失望、绝望	（动）		~ شدن
结尾、终于、最终	（名、副）	[saranjām]	سرانجام
原因、理由	（名）	[ellat(elal)]	علّت(علل复)
对面的、相对的、相当于……	（形）	[moghābel]	مقابل
帝王的、皇帝的、君主的	（形）	[soltanatee]	سلطنتی
结果、成果	（名）	[nateeje (natāyej)]	نتیجه(نتایج复)
各种各样的、形形色色的	（形）	[goonāgoon]	گوناگون
翻译、说明	（名）	[tarjome]	ترجمه
逝世、去世	（动）	[dar ~]	درگذشتن(گذر)
法律、法规、法则	（名）	[ghānoon]	قانون
医学	（名）	[tebb]	طبّ
陵墓、坟墓	（名）	[ārāmgāh]	آرامگاه

اسم خاصّ

阿布阿里·西拿	(人名)	[aboo alee seenā]	ابو علی سین
哈马丹	(地名)	[hamadān]	همدان

درس هشتم

دستور زبان

动词的被动语态（一）
——被动语态的构成和用法（一）

فعل مجهول (۱)

1. **主动语态和被动语态**
   主动语态和被动语态是指谓语的两种形式，当主语是谓语动作的执行者时，谓语形式为主动语态；当主语是谓语动作的承受者时，谓语形式为被动语态。

   （主动语态）　　　　　　　　　　　　من رادیو پکن را شنیدم.

   （被动语态）　　　　　　صدای رادیو پکن در تهران خوب شنیده می شود.

2. **被动语态的构成**
   1) 被动语态必须由及物动词构成。
   2) 被动动词中的 شدن 有人称、数和时态的变化。
3. **被动语态的用法**
   1) 不知动作的发出者或没有必要指出动作发出者时用被动语态。
   2) 需要强调动作的承受者而不是发出者时使用被动语态。例如：

بیماران معالجه شدند .　　　　　　　　　　　　　病人治好了。

تمام پولم دزدیده شد .　　　　　　　　　　　　　我的钱都被偷了。

آیا این مسئله فردا در جلسه ((会议 [jalase]) صحبت می شود ؟
明天会上是否会涉及这个问题？

دزد دستگیر （逮捕的 [dastgeer]） شد .　　　　　　小偷被抓了。

یکی از شیشه های پنجره شکسته شده است .　　　　窗户的一块玻璃打碎了。

درس هشتم

تمرین

۱- جمله های زیر را مجهول کنید .

۱) تماشاچیان دزد را به زندان بردند.

۲) نوروز هر سال پدر و مادربزرگم به من عیدی می دهند.

۳) او کتابها را در کتابخانهٔ خود نگاه می دارد.

۴) ابو علی سینا بتدریج برای خود کتابخانهٔ کوچکی درست کرد.

۵) دوستان شما از من خواسته اند که به شما کمک کنم.

۶) باید این کار را در حدود یک هفته انجام داد .

۷) یکی از پادشاهان ایران سرانجام ابوعلی سینا را برای معالجهٔ خود دعوت کرد.

۸) دانشکدهٔ زبانهای خارجی آقای گائو را برای ادامه تحصیل به ایران فرستاد.

۹) دختر من هر روز به گلها آب می دهد.

۱۰) او یک بلیط قطار به شانگهای برای آقای لین خریده است.

۱۱) تا بحال تمام کتابهای درسی فارسی را فروخته اند.

۱۲) آنها کتابهای ابو علی سینا را به زبانهای مختلف ترجمه می کردند.

۱۳) ما همه باید از مقرّرات راهنمایی پیروی کنیم.

۱۴) چه کسی چمدان سنگین من را به اتاقم آورده است؟

۱۵) مهمانان تمام میوه ها را خوردند.

درس هشتم

۲- با استفاده از هریک از فعل های زیر، دو جملهٔ (معلوم و مجهول) بسازید.

شستن   نام گذاشتن   ترجمه کردن   شنیدن   دیدن

۳- تمرین کلمات

ماهر _____

۱) پدر کاوه کارگر ماهری است .

۲) خانم شیرین در آشپزی ماهر و با سلیقه است .

۳) آقای هادی سه سال پیش یک رانندهٔ ناشی ([nāshee]   不熟练的) بود ، ولی حالا رانندهٔ ماهری شده است .

نگاه داشتن / نگه داشتن _____

۱) آقا ، لطفاً ماشین را همینجا نگاه دارید .

۲) مادر بزرگم تمام پولش را توی یک جعبهٔ ([ja' be]   盒子) قشنگ نگه می دارد .

۳) خانم مینو بچه سه ساله دخترش را نگه می دارد.

۴) پس از برف ، زمین لیز ([leez]   滑的) بود. کفشم روی زمین لیز می خورد و من نمی توانستم خودم را نگه دارم.

۵) شما باید کتاب و دفتر خود را پاکیزه نگاه دارید .

مقابل _____

۱) خانهٔ ما مقابل خانهٔ شما ست .

درس هشتم

۲) کاوه مقابل من نشسته است .

۳) ژاله در مقابل مهمانان دو شعر از حافظ خواند .

۴) در مقابل خدمت او، همه او را ستایش کردند و به او جایزه دادند.   (奖励)

([jāyeze ~])

بهتر بودن _____

۱) بهتر است که ما بعد از ظهر امروز برای دیدار او به بیمارستان برویم.

۲) بهتر است که شما بموقع انشاء بنویسید و به استاد تحویل دهید.

۳) بهتر است که یک کتابخانهٔ کوچک برای خود درست کنم.

هر (چه / کس / جا / چیز) که .... _____

۱) هر چه که می دانی، به من بگو.

۲) هر جا که می روید ، به من اطّلاع دهید.

۳) هر کسی که بتواند اوّل به آن تپه برسد، یک دوچرخهٔ قشنگ خواهد گرفت.

۴) هر کاری که می کنید، باید بموقع آن را انجام دهید.

سخت _____

۱) شنیدم که او سخت بیمار شده است. آیا شما هم با خبرید؟

۲) آن کار بسیار سخت است؛ در حدود دو سه سال نمی توان آن را انجام داد.

۳) یاد گرفتن زبان چینی برای خارجی ها بسیار سخت است.

۴) او هر روز سخت کار می کند تا بتواند برای معالجهٔ بیماری مادرش پول

درس هشتم

بیشتری بدست بیاورد.

۴- مترادف عبارتهای زیر را بنویسید:

درمان   هنگام   مختلف   پی بردن   پیش کسی رفتن

با کمال میل   مشهور   پرداختن

۵- جمله های زیر را با ترجمهٔ عبارت چینی کامل کنید .

۱) او هر جا که می رود ، _____ (总是带上自己的孩子) .

۲) او هر جا که محتاجی را می دید ، _____ (帮助他们) .

۳) او هر جا که کار می کند، _____ (总是和那里的老百姓同吃同住) .

۴) هر جا که هستم ، _____ .

（可以用这个手机号码 شماره [shomāre] 给我打电话。）

۵) این گروه ([gorooh] 小组) رقص و آواز هر جا که می رود ، _____ ،
(为那里的老百姓表演精彩的节目)

۶- جمله های زیر را با " هر چه ...." ترجمه کنید .

1) 不管你知道什么，都告诉我。
2) 不管你想要什么，我都给你买。
3) 不管你看到什么，都讲给我听。
4) 不管我们怎么感谢你，也是不够的。
5) 不管他怎么努力，都不能完成这项工作。
6) 不管有多少困难，我都要去。

۷- سئوالهای زیر را جواب دهید .

۱) وقتی که ابو علی سینا در گذشت ، چند سال داشت ؟

۲) ابو علی سینا در کدام شهر از دنیا رفت ؟

۳) نام کتاب معروف او چیست ؟

۴) ابو علی سینا در کدام کشور متولد شد ؟

۵) ایا ابو علی سینا فقط یک کتاب نوشته است یا بیشتر ؟

۶) ابو علی سینا درس خواندن را از چه سنی شروع کرد ؟

۷) ابن سینا در چه سنّی پزشک معروفی شد ؟

۸) از کجا می دانیم که ابن سینا مردی مهربان بود ؟

۹) آیا او به درس خواند ن و مطالعه علاقه داشت ؟

۱۰) از کی به او ابو علی سینا می گفتند ؟

۸- جمله های زیر را ترجمه کنید .

1）花坛必须每天浇一次水，否则就会凋谢([pajhmordan]پژمرده شدن)。
2）我肯定这本书早就卖完了。
3）由于下雨，校运动会下星期五再举行。
4）从这里可以听到音乐（ [mooseeghee] موسیقی ），但看不清演出。
5）阿卜·阿里·西拿除了治病外，还将他研究的心得成果写成了书。
6）大家都认为他是一位医术高明的医生。
7）他得了重病，他们决定送他到城里最好的医院治疗。
8）国王得了重病，没有一个医生能治好他的病。
9）我们注意到这里的许多公园都免费为公众开放。
10）面对巨大的困难和危险，他没有失去夺取胜利的希望。

شعر

وطن ما

ما که اطفالِ این دبستانیم　　همه از خاکِ پاکِ ایرانیم

همه باهم برادرِ وطنیم　　مهربان همچو جسم با جانیم

وطنِ ما به جای مادرِ ما ست　　　ما گروهِ وطن پرستانیم

گر رسد دشمنی برای وطن　　　جان و دل ، رایگان بیفشانیم

(ایرج میرزا)

واژه ها

اطفال(طفل 单)	[atfāl(tefl)]	(名)	孩子、小孩、儿童
دبستان	[dabestān]	(名)	小学
جسم	[jesm]	(名)	身体、躯体
وطن پرست	[vatanparast]	(形、名)	爱国的；爱国者

متن خواندنی

هوورکرافت [1]

این بار اگر به شنا رفتید، به مقدار مقاومت توجه کنید. برای ما بسیار آسانتر است که در خشکی حرکت کنیم تا در آب . زیرا آب در برابر شناگران و کشتی ها مقاومت می کند.

مهندسین متوجّه شدند که اگر آنها بتوانند وسیله ای درست کنند که بتواند روی آب حرکت کند و نه این که مثل کشتی آب را بشکافد و جلو برود، خواهند توانست نوعی وسیله ی نقلیه ی سریع بسازند. هوورکرافت بالشی پر از هوا می باشد و همانطور که روی سطح آب حرکت می کند اندکی بالای آب می ماند و می تواند با سرعت زیاد حرکت کند.

---

1 هوورکرافت （英）hovercraft 气垫船

درس هشتم

اکنون هوورکرافت در مسیرهای کوتاه دریایی مانند دریای مانش[1] بین انگلیس و فرانسه کار می کند.

گفتگوی محاوره ای

دادم تعمیرش کنن

۱- مامان ، تلویزیونمون کو ؟

- *دادم تعمیرش کنن.*

- چرا ؟ هنوز که خوب کار می کرد. بعد از ظهر یه مسابقهٔ فوتبال مهمّ داره . چرا امروز دادین تعمیرش کنن؟

- خب ، ساعت سه ی بعد از ظهر دیگه آماده میشه. *به موقع می رسه.*

- نه ، به موقع نمی رسه. ساعت سه دیگه مسابقه تموم شده. (تمام شده است)

ضرب المثل 谚语

强中更有强中手	دست بالای دست بسیار است.
熟能生巧	کار نیکو کردن از پر کردن است.

---

[1] مانش (Manche 英)، 英吉利海峡。

درس نهم

متن

قهوه خانه های ایرانی

مشخص نیست که خوردن قهوه از چه زمانی در ایران شروع شده ، ولی معلوم است که در عصر صفویه نوشیدن قهوه رواج داشته و در بیشتر شهرها قهوه خانه هایی درست شده است.این قهوه خانه ها اغلب محلّ اجتماع طبقات مختلف مردم برای وقت گذرانی، سرگرمی ، انواع بازی ها (مثل نرد [1] و شطرنج)، دیدار دوستان، شنیدن اشعار شاهنامه ، شنیدن موسیقی ، کاریابی و ... بوده است. معماری قهوه خانه ها به طرز خاصی بود. در اطراف قهوه خانه ها سکّوهای مخصوصی وجود داشت که با قالی و فرش تزیین می شدند و قهوه را در آن جا صرف می کردند[2]. بردر و دیوار[3] قهوه خانه نیز تصاویری از شاهنامه و داستان های مربوط به جنگ های

---

1 نرد (تختِ نرد)伊朗古代传下的棋艺，二人对弈，每人执 15 棋子，棋盘上每方 12 格。以骰子决定走棋。

2 صرف می کردند 在这里是 می نوشیدند 的意思，صرف کردن 是比较礼貌的说法，多用于正式场合。نوشیدن 是书面的文学语言，خوردن 是口语说法。

3 در و دیوار 是个短语，意思是 همه جا 或 روی همهٔ دیوارها 。

حضرت علی (ع) [1] نقش می شد.

اغلب پادشاهان صفوی از میهمانان خارجی خود در این قهوه خانه ها پذیرایی می کردند.

یکی از سرگرمی های مردم در قهوه خانه ها ، شنیدن شعرهای شاهنامه و داستان های حماسی دیگر بود. شاهنامه خوانی کار آسانی نیست. عدّه ای از شاهنامه خوان ها، که به آنها نقّال هم می گویند، شاهنامه را با لحن و حرکاتی مخصوص می خوانند.

امروزه، قهوه خانه ها شکل قدیم را ندارند و به جای قهوه ، در آن جا چای می نوشند. هنوز هم در گوشه و کنار شهرها [2]، نمونه هایی از قهوه خانه های سنّتی با آداب و رسوم قدیم یافت می شود. فضای قهوه خانه های سنّتی در ایران، نشان دهنده ی علاقه ای مردم ایران به فرهنگ دینی و ملّی شان است.

◆ 动词的被动语态(二)

——被动语态用法(二)

واژه ها

咖啡馆、茶馆	（名）	[ghahve khāne]	قهوه خانه
流行、流传、盛行的	（名、形）	[ravāj ~]	رواج
流传、传播	（动）		~ یافتن

[1] (ع) 是一种颂词的缩写,置于十叶派已故的伊玛姆名字之后。意为:“向伊玛姆致敬”。(ص) 这个缩写置于先知名字之后，有时也可用(ع), 意为：“向先知致敬”，或“愿真主保佑他”。(س) 这个缩写置于先知的女儿法蒂玛•扎赫拉的名字之后，意为:“愿真主保佑她”。

[2] گوشه و کنار 是个短语，意思是一些地方或到处。

۱۰۷ درس نهم

时代、纪元；时间	（名）	[asr]	عصر
多半的、大多数的	（形）	[aghlab]	اغلب
大部分；经常	（副）		
集聚、集合；社会	（名）	[ejtemā']	اجتماع
层、阶层、等级、阶级	（名）	[tabaghāt(tabaghe)]	طبقات(طبقه单)
消磨时间、消遣的事情	（名）	[vaght gozarānee]	وقت گذرانی
消遣、娱乐	（名）	[sargarmee]	سرگرمی
十五子棋	（名）	[nard]	نرد
棋、（国际）象棋	（名）	[shatranj]	شطرنج
音乐	（名）	[mooseeghee]	موسیقی
求职、找工作	（名）	[kāryābee]	کاریابی
建筑艺术；建筑的	（名、形）	[me'māree]	معماری
方式、方法、样式、形式体裁	（名）	[tarz]	طرز
石凳、石座	（名）	[sakkoo]	سکو
毯、地毯	（名）	[ghālee]	قالی
地毯、垫子	（名）	[farsh]	فرش
装饰、修饰、点缀、打扮	（名）	[tazyeen]	تزیین
	（动）		~ کردن
开销、支出、消耗、吃、用掉	（名）	[sarf]	صرف
开销、支出、消耗、吃、用	（动）		~ کردن
有联系的、有关系的	（形）	[marboot]	مربوط
战争	（名）	[jang]	جنگ
画、绘画	（名）	[naghsh]	نقش
接见、接待	（名）	[pozeerāyee]	پذیرایی
	（动）		~ کردن
英雄的、史诗般的	（形）	[hamāsee]	حماسی
说书人、讲故事人	（名）	[naghghāl]	نقال
语调、腔调、曲调	（名）	[lahn(alhān)]	لحن(الحان复)
现在、如今现在的、如今的、目前的	（副、形）	[emrooze]	امروزه
角、角落	（名）	[gooshe]	گوشه
典型、榜样、样品、范例	（名）	[nemoone]	نمونه
传统的	（形）	[sonnatee]	سنّتی
礼仪、礼貌、风俗、习惯、传统	（名）	[ādab(adab)]	آداب(ادب单)
风俗、习惯、常规、仪	（名）	[rosoom(rasm)]	رسوم(رسم单)

式、礼仪			
发现、认识、懂得、找到、得到	（动）	[yāftan(yāb)]	یافتن(یاب)
空处、太空、空间、宇宙、气氛	（名）	[fazā]	فضا
标志、象征	（名）	[neshān dahande]	نشان دهنده
宗教的、信教的	（形）	[deenee]	دینی

اسم های خاصّ

萨法维王朝名（1502—1736 年）	[safaveeye]	صفویه
先知的助手伊斯兰帝国第一任哈里法	[hazrat e alee]	حضرت علی(ع)

دستور زبان

动词的被动语态（二）

——被动语态用法（二）

فعل مجهول (۲)

1. 表明动作出发者的介词短语

在被动语态的句子中需要指明或强调动作发出者时，可用以下的介词短语来表达：

"动作发出者 + از طرف 或者 توسط به وسیله"。

به وسیله (多用于使用某种工具)，توسط (多用于人，例如通过某人或或者为了强调动作发出者时用)，از طرف (意思是"由……""被……"，用法应视情况而定)。

例如：

آن دزد توسط یک خانم سالخورده (年纪大的 [sālkhorde]) دستگیر شد.

نفت اینجا بوسیلهٔ کشتیها به کشورهای دیگر حمل می شود.

دعوت نامهٔ مرکز فرهنگ چین و ایران از طرف پستخانه به من فرستاده شد

2. 主动语态和被动语态的转换

1）主动态句中的宾语转化为被动态句中的主语。

2）主动态句中的谓语动词转化为被动态。
例如：
以动词 خواندن 为例：

	谓语动词	宾　语	主　语
主动态	خواند	داستان را	معلّم
被动态	خوانده شد		داستان

3）直接宾语和间接宾语的转换
　　当主动态句中有两个宾语时，通常是直接宾语转换为被动态句中的主语，同时保留间接宾语。

	谓语动词	间接宾语	直接宾语	主　语
主动态	داد	به من	بلیط فیلم را	پرویز
被动态	داد ه شد	به من		بلیط فیلم

	谓语动词	宾语补语	宾　语	主　语
主动态	نامید	حسین	او را	مادرش
被动态	نامیده شد	حسین		او

تمرین

۱- فعلهای مجهول در متن درس را پیدا کنید.

۲- جمله های زیر را به جملهٔ مجهول تبدیل کنید و " به وسیله " یا " از طرف " یا " توسط " را نیز در جای لازم بکار ببرید.

۱) منیژه نسخه را به داروخانه داد.

۲) دیروز او سه قاشق شربت و سه عدد قرص خورد.

۳) یکی از دوستان خانم شیرین شوفاژ را برایش تعمیر کرده است.

۴) من این کتاب را پس فردا به کتابخانه پس خواهم داد.

۵) معلّم اجازه نمی دهد که بچه ها در سواره رو راه بروند.

۶) آنها به آقای صدری خبر دادند که امشب به تهران خواهند رسید.

۳- جمله های چینی را به فارسی ترجمه کنید.

1）那抽屉（کشو[keshoo]）始终是锁着的，谁也不知道里面放了些什么？
2）不用问，西瓜是被他们两个人吃掉的。
3）那本书先是用波斯语写的，后来才翻译成阿拉伯语。
4）这本书现在根本买不到，刚一上市（ در بازار ظاهر شدن ），就一抢而空。
5）病人是让路过的人及时送到了医院，并得到了很好的治疗。

۴- مصدرهای داخل پرانتز را به شکل و صیغهٔ مناسب （معلوم یا مجهول） تغییر دهید و در جای لازم قرار دهید.

شرط بندی ([shartbandee])

دو نقّاش(画家[naghghāsh]) باهم (شرط بستن打赌) که هر دو (تصویر کشیدن) تا معلوم (گردیدن) که کدام یک بهتر (نقّاشی کشیدن) . یکی تصویر انگور (کشیدن) . تصویر بالای پنجره (آویزان کردن) . مرغ ها (آمدن) و منقار (زدن) (啄[menghār]) مردم از استادی （技巧） آن نقّاش(تعجب کردن) و به خانهٔ نقّاش دیگر (رفتن) و (پرسیدن) که تصویر تو کجا (بودن) ؟ (گفتن) : در پشت این پرده (帐幕 [parde]) . نقّاش اوّل (خواستن) که پرده را (برداشتن). چون دست به پرده (زدن) ، (متوجّه شدن) که آن پرده (نبودن) ، بلکه دیوار (بودن) که روی آن نقّاشی (کشیدن) .(گفتن) : من چنین (کشیدن) که مرغ ها (فریفتن) (骗[fareeftan]) و تو چنین استاد(بودن) که نقّاش را (فریفتن).

۵- تمرین کلمات

رواج یافتن ، رواج داشتن _____

۱) بیشتر جوانان چین از موسیقی راک ([rāk] 摇滚乐) زیاد خوششان نیامد ، بدین جهت چنین سبک موسیقی در چین رواج پیدا نکرد .

۲) امروزه دختران مدل موهای ژولیده ([jhooleede] 披肩) را دوست دارند. بافتن گیسوان ([bāftan-e geesoovān] 梳辫子) در میان آنها رواج ندارد.

۳) در سالهای اخیر پول چین در کشورهای دیگر روز بروز بیشتر رواج می یابد.

تزیین _____

۱) از امروز تا شروع بازی های المپیک پکن هنوز بیش از یک ماه مانده است. با وجود این، در و دیوار این شهر با شعارها و پرچم های رنگارنگ تزیین شده است.

۲) با وجود آن که او آمریکایی است ولی دوست دارد که اتاق خود را به سبک چینی قدیمی تزیین کند .

۳) دیوار های این ساختمان با تکّه شیشه های رنگارنگ تزیین شده است.

یافتن _____

۱) شما این روزها از جاهای مختلف شهر پکن دیدن کردید. پکن را چگونه شهری یافتید ؟

۲) این روزها ما با آقای محمّدی کلاس داریم. همه او را استاد جدّی و مهربان

درس نهم

یافتند.

۳) پس از آن که او انشاء خود را بار دیگر خواند، اشتباهات املایی بعضی از کلمات را یافت.

مربوط به ...

۱) دیروز من خانه بودم و به اداره نرفتم. این کار به من مربوط نیست.

۲) این کار کمی بغرنج (复杂的 [boghranj]) به نظر می‌رسد. شاید فقط مربوط به یکی دو نفر نباشد.

۳) سخنرانی (演讲[sokhanrānee]) آقای دکتر وانگ در سمینار مربوط به این است که چطور می‌توانیم در هنگام برگزاری بازیهای المپیک از آلودگی (污染 [āloodegee]) هوا جلوگیری کنیم.

۶- ترکیبهای زیر را به فارسی ترجمه کنید.

社会各阶层	特殊的建筑形式	到处	国外宾客
史诗故事	声调的动作	风俗习惯	城市的各个角落
传统的茶馆	茶馆的氛围	宗教文化	民族文化

۷- با کلمه‌های زیر جمله بسازید.

رواج   وقت گذرانی   گوشه و کنار   مخصوص

نشان دهنده   در و دیوار

۸- سؤال و جواب

۱) ایرانیان از چه زمانی شروع به نوشیدن قهوه کردند؟

۲) قهوه خانهٔ سنّتی معمولاً چگونه تزیین می‌شد؟

۳) مردم در قهوه خانه چگونه خود را سرگرم می کردند ؟

۴) شاهنامه خوانی چگونه اجراء می شد ؟

۵) آیا امروز در ایران باز هم قهوه خانهٔ سنّتی یافت می شود ؟

۵) فضای قهوه خانهٔ سنّتی ایران حاکی از چه چیزی است ؟

۹- دربارهٔ موضوع های زیر صحبت کنید.

۱) آیا هرگز به چای خانهٔ سنّتی یا معاصر چینی رفته اید ؟

۲) آیا می توانید خصوصیات چای خانه ای را که دیده اید، برای همه تعریف کنید . مثلاً آنجا چگونه تزیین شده بود و مردم آنجا چه کار می کردند ؟

۳) سبک قهوه خانهٔ سنّتی ایرانی با سبک قدیمی قهوه خانهٔ چین چه فرقی دارد؟

۴) مردم ایران در نوشیدن چای با مردم چین چه تفاوت هایی دارند ؟

۱۰- جمله های زیر را ترجمه کنید.

1) 西琳太太说七鲜桌是孩子们自己到市场上买了东西，自己布置的。
2) 屋子里的家具、地毯以及墙上的画都说明了主人的爱好和情趣。
3) 古老的建筑和许多名胜古跡说明北京是个历史悠久的城市。
4) 听说茶馆在撒法维王朝时期用来接待外国宾客的。
5) 伊朗茶馆常常是社会各阶层人士休闲娱乐的场所。人们在这里会见朋友、下棋、听说书、听音乐、找工作等等。
6) 在传说的伊朗茶馆里，《王书》被说书人以一种特殊的声调和动作诵唱。
7) 电脑游戏在青少年（[nowjavānān] نوجوانان）中很盛行，有的甚至整天沉迷于其中，连学都不想上。
8) 如今年轻人更喜欢在现代的咖啡厅里会见朋友，或者在卡拉 OK 里消磨时间。
9) 象棋在中国老百姓中流传很广，不论在城市或在农村你总能看到一些人围坐在一起，兴致勃勃地下棋。
10) 他喜爱中国的传统文化，他的家也以中国传统的式样装修得很漂亮。

متن خواندنی

غذای ایرانیان

نان و برنج از مهمّ ترین غذاهای مردم ایران است. نان سنتی ایرانیان چهار نوع است : نان تافتون که معمولاً گرد است ، نان سنگک که ضخیم و سه گوش است . نان لواش نازک و مسطیل شکل است . نان بربری که بیضی شکل است.

بسیاری ازمردم برای صبحانه نان سنگک با کره و مربّا می خورند. امّا بعضی ها پنیر با نان بربری یا نان تافتون را دوست دارند. صبحانه ی ایرانی ها چای، شیر، کره یا خامه، پنیر، مربّا یا عسل است. ناهار یا شام ایرانیان معمولاً ساده است و شامل یکی از انواع پلو، آش یا کوفته می شود.

کباب و آبگوشت دو غذای سّنتی ایرانیان است. کبابِ ایرانی خیلی معروف است.

نخود و لوبیا، سیب زمینی و گوشتی که در آب می پزند ، آبگوشت نام دارد. اگر آبِ آبگوشت را در یک کاسه بریزید و نان را در آن خرد بکنید، تلیت درست کرده اید. وقتی که نخود و لوبیا و گوشت و سیب زمینی را با گوشت کوب بکوبید و له کنید، گوشت کوبیده درست کرده اید. مردم گوشت کوبیده را با نان می خورند.

تمرین

۱) نان سنّتی ایرانیان چند نوع است؟ آنها کدامند؟

۲) غذاهای معروف ایرانیان کدامند؟

۳) به نظر شما کدام غداهای ایرانیان لذیذتر است؟

گفتگوی محاوره ای

باورم نمیشه

- شنبه ی این هفته پدر ما رو می بره کنار دریا؟

- **باورم نمی شه! (یا شوخی می کنی!)**

- **جدی می گم.** (می گویم)

- **مطمئنی؟**

- آره. خودم حرفای پدر و مادرو (را) شنیدم.

- چند روز اونجا می مونیم؟ (می مانیم)

- دو سه روز.

- عالیه.

ضرب المثل   谚语

یک تیر و دو نشان	一箭双雕
خواستن توانستن است.	有志者事竟成

درس دهم

شعر (۱)

درختکاری

به دست خود درختی می نشانم
به پایش جوی آبی می کشانم
کمی تخم چمن بر روی خاکش
برای یادگاری می فشانم

درختم کم کم آرد برگ و باری
بسازد بر سر خود شاخساری
چمن روید در آنجا سبز و خرم
شود زیر درختم سبزه زاری

به تابستان که گرما رو نماید
درختم چتر خود را می گشاید
خنک می سازد آنجا را ز سایه
دل هر رهگذر را می رباید

(عباس یمینی شریف)

واژه ها

درختکاری	[derakhtkāree]	（名）	植树
نشاندن(نشان)	[neshāndan(neshān)]	（动）	种植；使……坐下
کشاندن(کشان)	[keshāndan(keshān)]	（动）	拉长、拖长、延长
تخم	[tokhm]	（名）	种子、籽
چمن	[chaman]	（名）	草地、草坪
یادگار	[yādegār]	（名）	记忆、回忆、纪念；纪念品
بار	[bār]	（名）	果实、成果、重物、货物
شاخسار	[shākhsār]	（名）	茂密的枝叶
روییدن(روی)	[rooyeedan(rooy)]	（动）	成长
خرّم	[khorram]	（形）	清新的、郁郁葱葱的
سبزه زار	[sabzezār]	（名）	绿草坪
نمودن (نمای)	[nemoodan(nemāy)]	（动）	指明、表明、显示、表露
چتر	[chatr]	（名）	伞、扇形物
گشاییدن(گشای)	[goshāyeedan]	（动）	打开、解开　　= گشودن
سایه	[sāye]	（名）	阴影、影子
رهگذر = راهگذر	[rahgozār]	（名）	过路人
ربودن(ربای)	[roboodan(robāy)]	（动）	夺走、抢走、偷窃

تمرین

۱- شعر را به چینی ترجمه کنید.

۲- سؤال و جواب

۱) شاعر با دست خود چه کار می کند ؟

۲) چرا شاعر جوی آبی به پای درخت می کشاند ؟

۳) " درخت چتر خود را می گشاید " یعنی چه ؟

۴) " دل هر رهگذر را می رباید " یعنی چه ؟

۵) چه کارهایی ممکن است به درخت آسیب برساند ؟

درس دهم

شعر (۲)

فروتنی

یکی قطره باران ز ابری چکید	خجل شد، چو پهنای دریا بدید
که جایی که دریاست، من کیستم	گر او هست، حقّا که من نیستم
چو خود را به چشم حقارت بدید	صدف در کنارش به جان پرورید
سپهرش به جایی رسانید کار	که شد نامور لولوی شاهوار

بلندی از آن یافت کاو پست شد

در نیستی کوفت تا هست شد

(سعدی)

واژه ها

قطره	[ghatre]	(名)	点、滴
خجل	[khejel]	(形)	害羞的、惭愧的
پهنا	[pahnā]	(形)	宽、宽度
گر	[gar]	(连)	= اگر
حقا	[haghghan]	(副)	真正地、实在地、事实上
حقارت	[heghārat]	(名)	轻视、蔑视
صدف	[sadaf]	(名)	贝壳
پروراندن(پرور)	[parvarandan]	(动)	培育、培植、养殖
سپهر	[sepehr]	(名)	命运
نامور=نام آور	[nāmvar]	(形)	著名的、有名望的
لؤلؤ	[lo' lo']	(名)	珍珠
شاهوار	[shāhvār]	(形)	帝王的、国王的、皇帝似的
کاو	[koo]		= که او

تمرین

سؤال و جواب

۱- قطرهٔ آب چرا از دیدار دریا خجل شد؟

۲- چه کسی قطرهٔ آب را پرورش داد؟

۳- صدف چرا قطرهٔ آب را در کنار خود پرورش داد؟

۴- قطرهٔ آب آخر به چه تبدیل شد؟

۵- دو بیت آخر را به نثر بنویسید.

۶- ما از این شعر چه یاد می گیریم؟

متن خواندنی

جشن مهرگان

از نظر ایرانیان قدیم، منشاء شادی و شادمانی از خدا و غم و بدبختی از اهریمن[1] بود. بنابر همین نظر، ایرانیان همیشه در شادی و خوشحالی زندگی می کردند و هر چیز را بهانهٔ جشنی قرار می دادند. جشن مهرگان از جملهٔ جشن های ایران باستان بود که در شانزدهم مهرماه هر سال برگزار می شد.

ایرانیان قدیم **هفته** نداشتند. روی هر روز از ماه هم نام خاصّی گذاشته بودند. در نام گذاری روزها هم از نام ماه ها استفاده می کردند. هر گاه اسم ماه و اسم روز برابر می شد، آن را جشن می گرفتند. شانزدهمین روز ماه مهر، مهر روز نام داشت که در این روز جشن مهرگان برگزار می شد.

جشن مهرگان پس از نوروز از بزرگ ترین جشن های ایرانی به شمار

---

[1] اهریمن 是琐罗亚士德教的恶魔首领。

می رفت. هر سال دو فصل داشت : تابستان بزرگ (اوّل بهار تا پایان تابستان) و زمستان بزرگ (اوّل پاییز تا آخر زمستان) . ایرانیان در آغاز هر یک از این دو فصل، به جشن و شادی می پرداختند. جشن نوروز درآغاز تابستان بزرگ و جشن مهرگان در آغاز زمستان بزرگ بر گزار می شد و شش روز ادامه داشت.

نام دیگر جشن مهرگان ، جشن میترا یا روشنایی[1] است. در این جشن پادشاهان تاج بر سر می گذاشتند و هفت سفره می چیدند که در آنها شکر، ترنج ، سیب ، به ، انار، عنّاب و انگور بود . ایرانیان عقیده داشتند که هر کس از این میوه ها بخورد ، بلاء از او دور می شود.

جشن مهرگان در هنگام فصل برداشت محصول برگزار می شد و از این جهت برای مردم عزیز و مهمّ بود. به همین خاطر، در این روز به یکدیگر هدیّه می دادند و تمام دشمنی ها به دوستی تبدیل می شد. پس از اسلام تا زمان حملهٔ مغول هم این جشن ها را به رسمیت می شناختند . اکنون این رسم تنها در میان زرتشتیان ایران باقی مانده است .

واژه ها

غم	[gham]	（形）	悲哀
بهانه	[bahāne]	（名）	借口
تاج	[tāj]	（名）	皇冠、（鸟兽的）冠
ترنج	[toranj]	（名）	香橼（植物）
به	[beh]	（名）	榅桲、木梨（植物）
عنّاب	[annãb]	（名）	枣类
بلاء	[balã']	（名）	不幸、灾难
محصول	[mahsool]	（名）	收成、收获
حمله	[hamle]	（名）	进攻、攻击
مغول	[moghol]	（名）	蒙古人、蒙古族

1 “جشن میترا یا روشنایی” 是太阳神节或光明节。密特拉(太阳神)是古波斯和吠陀教中的日神。

زرتشتیان(زرتشتی单) [zartoshteeyān] （名） 袄教徒、拜火教徒

تمرین

۱- عبارتهای زیر را ترجمه کنید.

正式地	国王加冕典礼	举行庆典	基于这样的想法	包括
	蒙古人进攻	互送礼物	收获季节	避灾

۲- سؤال و جواب

۱) چرا ایرانیان قدیم هر چیز را بهانهٔ جشنی قرار می دادند؟

۲) ایرانیان قدیم ماه ها را چطور نامگذاری می کردند؟ آنها در چه روزهایی جشن برگزار می کردند؟

۳) مهمّ ترین جشن های ایرانیان قدیم کدامند؟

۴) چرا جشن مهرگان برای مردم عزیز و محترم بود ؟

۵) مردم جشن مهرگان را چطور جشن می گرفتند؟

۶) آنها در جشن مهرگان چه میوه هایی می خوردند؟ چرا ؟

۷) مهرگان از چه زمانی شروع شد ؟

۸) این رسم هم اکنون در میان چه کسانی همچنان اجراء می شود؟

درس یازدهم

گفتگو

قرار سینما

بهرام : الو ، منزل آقای کریمی ؟

ناشناس : نه آقا، اشتباه گرفتید .

بهرام : اوه ، معذرت می خوام. (می خواهم)

- - - -

بهرام : الو، منزل آقای کریمی ؟

پروین : بله ، بفرمایین .

بهرام : سلام خانم ، من بهرام هستم . حالتون خوبه ؟

پروین : سلام آقا بهرام . حال شما چطوره ؟ مامان خوبن ؟

بهرام : سلام می رسونن (می رسانند) . ببخشین مزاحم شدم ، کاوه خونه اس ؟

پروین : بله . گوشی ...بهرام جون، من خداحافظی می کنم. به مامان سلام برسونین.

بهرام : سلامت باشین . خدا حافظ شما .

کاوه : الو ، سلام بهرام. چطوری ؟

بهرام : خوبم ، تشکّر . خوب کاوه ، فردا عصر ساعت پنج من و دارا سر کوچه منتظرت خواهیم بود .

کاوه : برا چی؟

بهرام : می پرسی برا چی ؟ قرار سینما رو فراموش کردی؟

کاوه : وای ، خوب شد گفتی . پاک یادم رفته بود .

بهرام : متأسفانه نادر مریضه .

کاوه : آره ، ولی به جای اون منوچهر میاد .

بهرام : ببینیم ، منوچهر می دونه من ساعت پنج میام ؟

کاوه : نمی دونم . همین الان تلفن میزنم و قضیه رو بهش می گم .

بهرام : خیلی خوب ، پس تا فردا . دو باره فراموش نمی کنی ؟

کاوه : نه ، دیگه فراموش نمی کنم .

بهرام : امیدوارم...خداحافظ .

کاوه : خداحافظ.

◆ 过去完成时态
过去完成时态构成
过去完成时态用法

واژه ها

房子、家、住处	（名）	[manzel]	منزل
错误	（名）	[eshtebāh]	اشتباه
犯错误	（动）		~ کردن
认错、搞错	（动）		~ گرفتن
原谅、饶恕、道歉	（名）	[ma' zerat]	معذرت
请求、道歉	（动）		~خواستن

درس یازدهم

ما مان	[māmān]	(名)	妈妈（儿语）
مزاحم ~ شدن	[mozāhem]	(名)(动)	使……为难的、给……添麻烦的
گوشی	[gooshee]	(名)	电话听筒、耳机、（打电话时）别挂电话
قضیه	[ghazeeye]	(名)	事情、事件、问题
دو باره	[do bāre]	(副)	再一次、重新、第二次
امیدوار	[omeedvār]	(形)	有希望的

──────── **اسم خاصّ** ────────

| بهرام | [bahrām] | (人名) | 巴赫拉姆 |

──────── **متن** ────────

سنگپشت و مرغابی ها

دو مرغابی و یک سنگپشت باهم در دریاچهٔ بزرگی که از آب برف و باران بوجود آمده بود، زندگی می کردند. چون سنگپشت حیوانی بی آزار است، مرغابی ها با او دوست شده بودند و هر روز به کنار خشکی می آمدند و با سنگپشت می نشستند و از همه چیز و همه جا صحبت می کردند. مدّت ها همین طور بود

تا اینکه یک سال برف و باران نیامد و خشکسالی شد. در فصل تابستان آب دریاچه آنقدر کم شده بود که نزدیک بود (که) خشک شود و مرغابی ها که نمی توانستند بی آب زندگی کنند ، تصمیم گرفتند از آنجا سفر کنند و به دریاچهٔ بزرگی که در پشت کوه بود، بروند. مرغابی ها برای خداحافظی نزد سنگپشت رفتند. سنگپشت همین که این سخن را شنید، بسیار غمگین شد و گفت : " من هم از کمی آب در رنجم و هم دوری شما برایم سخت است . شما که دوستان من هستید، فکری بکنید و مرا هم با خود ببرید. "

مرغابی ها جواب دادند :

" ما نیز از دوری تو بسیار دلتنگ می شویم و هر جا که برویم بی تو به ما خوش نمی گذرد . امّا بردن تو بسیار مشکل است ، زیرا ما می توانیم پرواز کنیم و تو نمی توانی . "

سنگپشت گفت : " برای هر مشکلی چاره ای هست و هیچ کاری نشد ندارد. چون شما از من با هوشتر هستید ، بهتر می توانید راهی برای حل این مشکل پیدا کنید . "

مرغابی ها مدّتی فکر کردند ، پس از آن گفتند :

" تو را می بریم ، به شرط آن که قول بدهی که هر چه گفتیم ، بپذیری. "

سنگپشت پذرفت . مرغابی ها چوبی آوردند و به او گفتند :

" ما دو سر چوب را به منقار می گیریم و تو هم باید میان آن را با دهانت بگیری و ما به این ترتیب هر سه پرواز خواهیم کرد ، امّا باید مواظب باشی

درس یازدهم

که در موقع پرواز دهانت را باز نکنی . "

سنگپشت گفت : " هرچه بگویید، می پذیرم. "

مرغابی ها به پرواز در آمدند و سنگپشت را هم با خود بردند . وقتی که به بالای شهر رسیدند، ناگهان چشم مردم بر آنها افتاد که آنها را به هم نشان می دادند و می گفتند :

" سنگپشت را ببینید که هوس پرواز کرده است ! "

سنگپشت مدّتی خاموش ماند . امّا وقتی که دید ، گفتگو و غوغای مردم تمام نمی شود ، بی طاقت شد و فریاد زد :

" تا کور شود هر آن که نتواند دید. "

دهان گشودن همان بود و از بالا به زمین افتادن همان . سنگپشت به زمین افتاد و کاسه پشتش شکست و جان داد. مرغابی ها که این را دیدند ، چوب را رها کردند و راه خود را ادامه دادند و گفتند :

" وظیفه ٔ ما نصیحت بود که کردیم. نصیحت گوش کردن لیاقت می خواهد."

واژه ها

野鸭	（名）	[morghābee]	مرغابی
乌龟	（名）	[sangposht]	سنگپشت
不伤人的、不得罪人的	（形）	[bee āzār]	بی آزار
陆地、旱地	（名）	[khoshkee]	خشکی
旱灾	（名）	[khoshksālee]	خشکسالی
离别、分离；回避；远距离	（名）	[dooree]	دوری
苦闷的、发愁的；寂寞的	（形）	[deltang]	دلتنگ
发愁、苦闷；寂寞	（动）		~ شدن

飞、飞行	（名）	[parvāz]	پرواز
飞、飞行	（动）		~ کردن
出路、办法	（名）	[chāre]	چاره
聪明的、有才智的、敏慧	（形）	[bāhoosh]	باهوش
以……为条件、条件是、只要……	（连）	[be shart ~]	به شرط این/آن که
允诺、诺言	（名）	[ghowl]	قول
承诺、允诺、保证	（动）		~ دادن
接受、接收、接见、接纳、接待、招待	（动）	[pazeeroftan(pazeer)]	پذیرفتن(پذیر)
木料、木头、木棍、筷子、手杖	（名）	[choob]	چوب
鸟嘴喙	（名）	[menghār]	منقار
符号、记号、标志、象征	（名）	[neshān]	نشان
表明、指出	（动）		~ دادن
欲望、奇怪的念头	（名）	[havas]	هوس
想要、渴望	（动）		~ کردن
吵闹、喧闹	（名）	[ghowghā]	غوغا
打开、解开、开始	（动）	[goshoodan]	گشودن(گشای)
碗；（龟）甲	（名）	[kāse]	کاسه
生、生命	（名）	[jān]	جان
死、送命	（动）		~ دادن
被释放的、被放开的、被松开的	（形）	[rahā]	رها
释放、放开、放出	（动）		~ کردن
任务、职责	（名）	[vazeefe]	وظیفه
资格、才能、才干	（名）	[liyāghat]	لیاقت

دستور زبان

过去完成时态

ماضی بعید

1. 过去完成时态的构成

连写人称词尾 + بود + ه + 动词词干 (←)

1）简单动词

من	دیده بودم	ندیده بودم	ما	دیده بودیم	ندیده بودیم
تو	دیده بودی	ندیده بودی	شما	دیده بودید	ندیده بودید
او	دیده بود	ندیده بود	آنها	دیده بودند	ندیده بودند

2）复合动词

من	کار کرده بودم ، کار نکرده بودم	ما	کار کرده بودیم ، کار نکرده بودیم
تو	کار کرده بودی ، کار نکرده بودی	شما	کار کرده بودید ، کار نکرده بودید
او	کار کرده بود ، کار نکرده بود	آنها	کار کرده بودند ، کار نکرده بودند

2. 过去完成时态的用法

1）表示过去曾经有过的经历。

درسال پیش من اورا دیده بودم . در آن موقع او بسیار جوان بود .

十年前我见过他，当时他十分年轻。

من برای شرکت در کنفرانس " یونسکو" به پاریس رفته بودم .

我去过巴黎参加教科文组织的会议。

2）表示过去某一时刻或过去某次发生的动作前已经完成的行为或状态。

وقتی که من به فرود گاه رسیدم ، هواپیما پرواز کرده بود .

当我到达飞机场时，飞机已经起飞了。

دیروز او به آن استادی که در شب نشینی باهم آشنا شده بودند ، تلفن کرد .

昨天他给在晚会上认识的那位教授打了电话。

3）用于条件句中表示虚构的或不可能实现的行为。

اگر ماشین من خراب نشده بود ، حتماً خودم شما را به فرود گاه می رساندم .

如果我的汽车没坏的话，我一定亲自送你去机场。

اگر او تلویزیون تماشا نکرده بود ، تکلیف خود را انجام داده بود .

如果他不看电视的话，作业就做完了。

تمرین

۱- به سؤالهای زیر با فعل ماضی بعید جواب بدهید.

نمونه :

چرا دیروز با ما به سینما نیامدید ؟

چون آن فیلم را قبلاً دیده بودم.

۱) چرا ماشین آقای محمّدی خراب ([kharāb] 被损坏的) بود؟

۲) چرا شما یک جلد دیگر از فرهنگ فارسی خریدید؟

۳) چرا شما نه با دوچرخه بلکه پیاده سر کار آمدید؟

۴) چرا صبح لاله به درمانگاه دانشگاه رفت؟

۵) چرا دیروز بچه ها همه زود به خواب رفتند؟

۶) چرا شما شام کم خوردید؟

۷) چرا شما سر کلاس چرت زدید؟

۸) چرا اتاق مینا خانم مثل یخچال سرد بود؟

۹) چرا پروین خانم نگذاشت زهرا خانم چیزی برایش بخرد؟

۱۰) نخستین درهٔ زمین چطور بوجود آمد؟

۲- مصدرهای داخل پرانتز را با صیغهٔ مناسبی در جای خالی بنویسید.

۱) صبح امروز من به خانهٔ شما آمدم ، امّا شما ______ (بیرون رفتن).

۲) تقریباً پنجاه سال پیش زمین لرزه ای ([zameen lerze]地震) به همین شدّت

درس یازدهم

(اتفاق افتادن).

۳) من قبلاً زبان عربی را ـــــــــ (خواندن) ، امّا بعداً بکلی ـــــــــ (فراموش کردن).

۴) او آن شب دامن بسیار قشنگی را ـــــــــ (پوشیدن) که مادرش برایش ـــــــــ (دوختن [dookhtan] 缝制).

۵) تو در سال ۱۹۶۴ ـــــــــ (تولّد شدن). من تقریباً یک سال زودتر از تو ـــــــــ (به دنیا آمدن).

۶) وقتی که من از خواب ـــــــــ (بیدار شدن)، او پشت میز ـــــــــ (نشستن).

۷) وقتی که من ـــــــــ (مطالعه کردن) ، او با صدای بلند ـــــــــ (آوازخواندن).

۸) مردی که آنجا با آقای استاد ـــــــــ (صحبت کردن) ، نمایندهٔ کلاس ما ـــــــــ (بودن).

۹) پنج دقیقه قبل از آن که ما به خانه ـــــــــ (رسیدن) ، باران ـــــــــ (شروع به باریدن کردن).

۱۰) همان دختری که کنار در ـــــــــ (ایستادن) ، مقام اوّل مسابقهٔ ریاضی را ـــــــــ (بدست آوردن).

۳ـ جمله های داخل پرانتز را به فارسی بر گردانید.

۱) وقتی که من به ایستگاه راه آهن رسیدم، (电影已经散场了) .

۲) وقتی که من به خانه رسیدم، (我们全家都已经睡了) .

درس یازدهم

۳) وقتی که به ورزشگاه رفتم، (票已全部卖完了) .

۴) وقتی که خواهرم به فرودگاه رسید، (飞机已经起飞了) .

۵) وقتی که بهمن به خوابگاه بر گشت، (大家已经开始打扫了) .

۴ـ تمرین کلمات

امیدوار _____

۱) امیدواریم که شما و خانواده تان سلامت و پیروز باشید.

۲) امیدواریم که زود شفاء یابید.(恢复[shafā'])

۳) امیدوارم که بار دیگر از چین دیدن کنید.

دلتنگ شدن _____

۱) او برای کار مجبور شد مدّتی در شهر دیگری بماند. او از دوری دو فرزندش بسیار دلتنگ بود.

۲) فقط دو سه روز است که پسرم از دخترش جدا شده است؛ ولی او خیلی برای دخترش دلتنگ شده است .

۳) سی سال پیش او مجبور شد کشورخود را ترک کند. در این مدّت طولانی او همیشه دلش برای کشور خود و پدر و مادرش تنگ بود.

قول دادن _____

۱) بچه به مادرش قول داد که اشتباه خود را تکرار نکند.

۲) او قول داد که از این روز به بعد مدرسه اش دیر نشود.

۳) ما قول می دهیم به آن چه که گفتیم ، عمل کنیم.

<u>نشان دادن</u>

۱) درهنگام ورود، به ما دستور داده شد که پاسپورت(گذرنامه) خود را به آنها نشان دهیم.

۲) او قول داد که نقّاشی خود را پس از تمام شدن به من نشان دهد.

۳) آنها خوش نویسی خود را به یکدیگر نشان دادند.

<u>نزدیک بودن / شدن که ...</u>

۱) او از خوشحالی نزدیک بود که به گریه([gerye]哭) بیفتد.

۲) این زمین حاصلخیز([hāzelkheez]肥沃的) به علّت بریدن بیش از حد درختان ، نزدیک است که به شکل یک صحراء در آید.

۳) او از پلّه ها پایین افتاد، نزدیک بود که استخوان([ostokhān]骨头) پایش بشکند.

<u>آنقدر / چنان / آنچنان ... که ...</u>

۱) نور چشمش آنقدر ضیعف شده که نزدیک است بینایی خود را از دست بدهد .

۲) او چنان سرگرم نرد بازی بود که غذا خوردن را فراموش کرد.

۳) آن چمدان آنچنان سنگین بود که دو نفرهم نمی توانستند آن را بلند کنند.

۵- طبق نمونه جمله های زیر را کامل کنید.

نمونه:

در فصل تابستان آب دریاچه کم (شدن) که... در فصل تابستان آب دریاچه <u>آنقدر</u> کم شده بود که <u>نزدیک بود</u> خشک شود.

۱) او تعجب (کردن) که . . .

۲) او از دوری مادرش دلتنگ (شدن) که. . .

۳) او خسته (شدن) که . . .

۴) مردم گفتگو و غوغا (کردن) که . . .

۵) مرغابی ها از کمی آب در رنج (بودن) که . . .

۶- طبق نمونه جمله های زیر را کامل کنید.

> نمونه : او دهانش را باز گشود.   او از بالا به زمین افتاد.
> ۱) همین که / بمحض این که او دهانش را باز کرد، از بالا به زمین افتاد.
> ۲) دهان باز گشودن همان بود و از بالا به زمین افتادن همان.

۱) سنگپشت به زمین افتاد،   کاسهٔ پشتش شکست.

۲) او در موقع رانندگی موبایل را برداشت.   او تصادف کرد.

۳) آنها آتش را دیدند.   آنها فرار کردند.

۴) او روی تختخواب دراز کشید.   او به خواب رفت.

۵) او این حرف را شنید.   او از تختخواب پرید.

۷- جمله های زیر را به چینی ترجمه کنید.

۱) هر چه بگویید، می پذیرم.

۲) به شرط آن که قول بدهی که هر چه گفتیم، بپذیری.

۳) هیچ کاری نشد ندارد.

۴) وظیفهٔ ما نصیحت بود که کردیم.

درس یازدهم

۵) تا کور شود هر آن که نتواند دید.

۶) نصیحت گوش کردن لیاقت می خواهد.

۹- سؤال و جواب

۱) می دانید کتاب ﴿کلیله و دمنه﴾ چه کتابی است و به چه زبانی نوشته شده بود؟

۲) در این داستان چه حیوانی در آبگیر زندگی می کرد؟

۳) چرا مرغابی ها دیگر نمی توانستند در آبگیر بمانند؟

۴) وقتی که مرغابی ها از سنگپشت خداحافظی می کردند، او چه گفت؟

۵) چرا بردن سنگپشت برای مرغابی ها کار مشکلی بود؟

۶) عاقبت مرغابی ها سنگپشت را چگونه بردند؟

۷) سنگپشت به مرغابی ها چه قولی داد؟

۸) چرا پرواز این سه دوست برای مردم عجیب و تماشائی بود؟

۹) چه شد که سنگپشت دهانش را باز کرد؟

۱۰) افتادن سنگپشت تقصیر مردم بود یا تقصیر خودش؟

۱۰- جمله های زیر را به فارسی ترجمه کنید.

1）只要你保证不说出去，我就告诉你。
2）只要你保证咬住木棍，不张口，我们就能一起飞行。
3）只要你听我的劝告，你就能成为班上最好的学生。
4）只要你每天都锻炼，你的身体就会强壮起来。
5）抓住绳子（طناب [tanāb]），不要松手，小心掉下去。
6）你要当心，别在开车的时候打瞌睡。
7）你要当心，前面是下坡路，别开快了。
8）没有学不会的东西，没有做不成的事。

درس یازدهم ۱۳۵

9) 突然他的目光落到一张画上，他站在那里很久没有离开。
10) 人们大声喧哗，他终于再也忍不住了。

متن خواندنی

کار نشد ندارد

از امیر پرسیدند : چگونه از سربازی به سرداری رسیدی ؟ جواب داد : از سختی نترسیدم و هرگز دلسرد و نا امید نشدم و برای رسیدن به مقصود از مورچه ای سرمشق گرفتم.

روزی از دشمنان گریخته و به خرابه ای پناه برده بودم و در عاقبت کار خویش اندیشه می کردم. ناگهان چشمم به مورچه ای افتاد که دانه ای بزرگتر از خود به دهان گرفته بود و از دیوار بالا می رفت. چون به نیمه راه می رسید، دانه سنگینی می کرد و به زمین می افتاد و بار دیگر مور به طلب دانه پایین می آمد ، آن را به همان راه بالا می کشید. شصت و هفت بار شمردم که دانه فرو افتاد و مور از کوشش باز نایستاد تا عاقبت به مقصود خود رسید و دانه را به بالای دیوار رساند . از دیدن این وضع امید در من پیدا شد و با خود گفتم : من از این مورچه کمتر نیستم ، بدین جهت تا به مقصود نرسیدم ، دست از کوشش بر نداشتم.

ضرب المثل 谚语

百闻不如一见	شنیدن کی بود مانند دیدن .
其中有诈	کاسه ای زیر نیم کاسه است.

درس دوازدهم

متن

آرامگاه حافظ   عمارتی سه طبقه در باغ آرم   مسجد وکیل

سفر به شیراز

دو روز به عید مانده بود که آقای محمّدی و خانواده اش با قطار از تبریز به تهران آمدند. آنها در تهران سوار اتوبوس شدند و به شیراز رفتند. برادر آقای محمّدی از آنان دعوت کرده بود که تعطیلات عید را در شیراز بگذرانند. روز اول فروردین آقای محمّدی با همسر و دو فرزندش، علی و پروین به شیراز رسیدند. دو خانواده از دیدار یکدیگر بسیار شاد شدند.

صبح روز بعد اوّل، همه باهم به تماشای شهر زیبای شیراز رفتند. بعد در خیابان ها قدم زدند. سپس باهم نهار خوردند. بعد از ناهار قرار شد به آرامگاه سعدی و حافظ بروند. باغ زیبای آرامگاه حافظ پر از مردمی بود که برای تماشا آمده بودند. بعضی ها عکس می گرفتند و بعضی هم دیوان حافظ را باز کرده بودند و

شعر می خواندند.

آرامگاه سعدی نیز پر از جمعیّت بود و مردم در میان گلهای رنگارنگ باغچه ی آن قدم می زدند . بر در ورودی آرامگاه شعری نوشته شده بود که علی آن را با صدای بلند خواند :

ز خاک سعدی شیراز بوی عشق آید هزار سال از مرگ وی گرش بویی[1]

در بر و دیوار آرامگاه نیز شعر های زیبایی نوشته شده بود. همه جا پر از گل و سبزه بود. بچه ها به هر سو می دویدند و می خندیدند و بزرگترها هم به گفتگو و شعر خواندن مشغول بودند. ناگهان علی گفت : عمو جان ، چه شهری دارید! هم قشنگ است و هم هوای خوبی دارد . لابد برای همین است که حافظ در باره اش گفته است :

خوشا شیراز و وضع بی مثالش خداوندا نگه دار از زوالش

تخت جمشید

ساعت نه روز بعد، همه در تخت جمشید بودند .از پلّه های بزرگ سنگی بالا رفتند. ستونهای عظیم را دیدند که سر به آسمان کشیده است . بر روی دیواری سنگی نقش اریوش[2] شاه ایران دیده می شد که بر تختی نشسته است. سر ستونهای پر شکوه در گوشه و کنار به چشم می خورد.[3]

---

1 اگر او را = گرش

2 داریوش （公元前 522 年—公元前 486 年）是阿契美尼德王朝第三个国王。

3 به چشم خوردن = دیده شدن 被看见，是书面的语言。

عموی علی از علی پرسید : خوب علی جان ، بگو ببینم که در بارهٔ تخت جمشید چه می دانی ؟[1]

علی صدایش را صاف کرد و گفت : تقریباً دو هزار و پانصد سال پیش تخت جمشید به دستور داریوش ساخته شد . شاهان ایران تابستان ها را در اینجا می گذراندند. معروفترین تالار آن " آپادانا " بود[2] که جشنها و پذیراییهای بزرگ در آن برگزار می شد.

خانم محمّدی گفت : علی جان ، همین جایی که الان ایستاده ایم ، تالار آپادانا ست که از آن فقط همین ستونها باقی مانده است. این همان پلّه های سنگی است که فرمانروایان و فرستادگان کشورهای دور و نزدیک از آن بالا می رفتند و به حضور شاه ایران می رسیدند . می گویند که مراسم نوروز در دربار شاهان هخامنشی[3] شکوه و عظمت خاصّی داشته است. این نقشها که بر دیوار پلّه ها می بینی،بیشتراین مراسم را نشان می دهد.

نقش رستم

پس از نهار همه به دیدن " نقش رستم " که در نزدیکی تخت جمشید است ،

1 تخت جمشید 贾姆希德金銮殿，又称“波斯波利斯”。在伊朗南部设搭子城东北56公里处的山坡上。金銮殿是阿契美尼德王朝大流士一世于公元前520年前建造，后毁于大火，历经189年。

2 تالار آپادانا [tālār-e āpādānā] 阿巴达纳是金銮殿的中央大厅，又称谒见大殿。

3 هخامنشی [hakhāmaneshee] 阿契美尼德王朝（公元前550年—公元前331年）

رفتند [1] و از آرامگاه داریوش بزرگ [2] و خشایارشا [3] و داریوش سوّم [4] دیدن کردند. این سه آرامگاه در دل کوه جای دارد و نقش های کهن اطراف آنها هنوز به خوبی دیده می شود.

هنگام غروب مسافران به شیراز باز گشتند. در میان راه از تخت جمشید و زیبایی شیراز و هنر مردم آن گفتگو می کردند.

همان شب برنامهٔ روزهای بعد را ترتیب دادند و قرار شد که روزی هم به تماشای باغهای معروف شیراز بروند . عموی علی گفت : راستی یادتان باشد حتماً از بازار وکیل و مسجد وکیل که یکی از زیباترین مسجدهای ایران است هم دیدن کنید.

خانم محمّدی گفت : از شما بسیار متشکّریم که ما را به این شهر زیبا و تاریخی دعوت کردید ، ولی باید قول بدهید که در تابستان شما همه به تبریز بیایید، زیرا تبریز هم مانند شیراز ، شهری است قدیمی و جاهای دیدنی بسیار دارد

◆复习过去完成时态

◆ 比较状语从句

---

1 نقش رستم [naghshe rostam] 以菲尔多西《王书》中的英雄鲁斯坦姆为名的浮雕群。建于萨珊王朝时期，位于达拉不城附近。

2 داریوش بزرگ [dāryoosh] 大流士一世（公元前 522 年—公元前 486 年）是阿契美尼德王朝第三个国王。

3 خشایارشا [khashāyārshā] 是阿契美尼德王朝的国王。公元前 486 年登基，于 465 年殁。

4 سوم داریوش 大流士三世，是阿契美尼德最后一个国王。公元前 336 年登基，公元前 330 年被杀。

درس دوازدهم

واژه ها

配偶、夫妻	（名）	[hamsar]	همسر
照相、拍照、摄影	（动）	[aks ~]	عکس گرفتن
小花园、小庭院	（名）	[bāghche]	باغچه
步、脚步、步伐	（名）	[ghadam]	قدم
散步	（动）		~ زدن
方向、方面	（名）	[soo(y)]	سو
叔、伯	（名）	[amoo]	عمو
大概、或许、一定	（副）	[lābod]	لابد
关于……	（介）	[darbāre]	درباره
无比的	（形）	[bee mesāl]	بی مثال
真主、老天爷、上帝	（名）	[khodāvand]	خداوند
消失、衰亡、消灭、灭亡	（名）	[zavāl]	زوال
御座、宝座、王位；床	（名）	[takht]	تخت
楼梯、阶梯、台阶	（名）	[pelle(pellekān)]	پله (پلکان 复)
圆柱、柱、支柱	（名）	[sotoon]	ستون
伟大的、雄伟的	（形）	[azeem]	عظیم
国王、君主、波斯王	（名）	[shāh]	شاه
眼睛	（名）	[cheshm]	چشم
被看见	（动）	[be cheshm ~]	به ~ خوردن
隆重、豪华、壮丽、宏伟	（名）	[shokooh]	شکوه
隆重的、豪华的	（形）	[por ~]	پر ~
搞干净、过滤、滤净、弄平整、清理	（动）	[sāf ~]	صاف کردن
大概、大约	（副）	[taghree ban]	تقریباً
指示、命令	（名）	[dastoor]	دستور
发指示、发命令	（动）		~ دادن
举行、安排、建立	（动）	[bargozār ~]	برگزار شدن
站、站立、站起	（动）	[eestādan(eest)]	ایستادن (ایست)
统治的、支配的	（形）	[farmān ravā]	فرمان روا
统治者、支配者	（名）		
代表、使者	（名）	[ferestāde]	فرستاده
（对上级的尊称）您、光临、出席	（名）	[hozoor]	حضور

伟大、庄严、崇高、雄伟、壮丽	（名）	[azemat]	عظمت
旅行者、旅客	（名）	[mosāfer]	مسافر (复 مسافرين)
美丽、漂亮、优美	（名）	[zeebāyee]	زيبايى
艺术、美术、技巧、技能	（名）	[honar]	هنر
清真寺	（名）	[masjed]	مسجد
参观、访问、拜访	（动）	[deedan ～]	ديدن كردن (از)
好看的、值得看的；会见	(形、名)	[deedanee]	ديدنى

اسم هاى خاصّ

大不里士（伊朗西阿塞拜疆省的省会）	（城市名）	[tabreez]	تبريز
大流士一世	（人名）	[daryoosh-e bozorg]	داريوش بزرگ
金銮殿	（建筑名）	[takhte jamsheed]	تخت جمشيد
阿巴达纳宫殿	（建筑名）	[tālār-e āpādānā]	تالار آپادانا
阿契美尼德	（王朝名）	[hakhāmaneshee]	هخامنشى
瓦吉尔市场	（地名）	[bāzār-e vakeel]	بازار وكيل
瓦吉尔清真寺	（古迹名）	[masjed-e vakeel]	مسجد وكيل
鲁斯坦姆浮雕	（古迹名）	[naghshe-e rostam]	نقش رستم
薛西斯	（人名）	[khashāyārshā]	خشايارشا
大流士三世	（人名）	[daryoosh-e sevvom]	داريوش سوّم

دستور زبان

比较状语从句

جملهٔ پيروِ قياس

比较状语从句是一种复合句，由主句和从句组成，比较状语从句由连接词引导。

1．一些常见的引导比较状语从句的连接词。

好像……	مثل اين /آن كه... ، مانند اين / آن كه...
好像……	گويا (كه) ... ، گفتى (كه) ...

هرچه... ، هر قدر... ،همان قدر... 越……越……

که ... ……比……

2. 比较状语从句结构

1）

比较状语从句＋ { (مثل این /آن که...، مانند این / آن که...) / (گویا ... ، گفتی ...) } 连接词＋主句 ←

2）比较状语从句 ＋ که ＋主句谓语动词＋از＋形容词比较级＋主语 ←

3. 比较状语从句的用法

比较状语从句在同主句比较、比喻或推测时运用，在时态运用上，没有特殊要求。下面举几个例句说明。

هوا گرفته است مثل این که به زودی می خواهد باران ببارد.

天气很阴沉，好像快下雨了。

آن نان سوخته درست مزهٔ زغال می داد، گویا زغال خالص بود.

那块烤焦的面包味道如同焦炭一样，好像就是块焦炭。

او چنان با شتاب غذا می خورد ، مانند آن که چند روز بود هیچ نخورده بود.

他吃得那么快，好像几天没吃东西似的。

او طوری به من خیره شده بود که گفتی مرا نشناخته است .

他那样盯着我看，好像不认识我似的。

منظرهٔ آنجا خیلی زیبا تر از آن است که ما تصور کردیم.

这里的风景比我们想象的美得多。

هوای امروز سرد تر از آن است که ما پیشبینی کردیم.

今天的天气比我们预料的还要热。

تمرین

۱- مصدرهای داخل پرانتز را با صیغهٔ مناسبی در جای خالی بنویسید.

قاضی (法官 [ghāzee]) **باهوش**

مردی کیسه ای (袋子 [keese]) پول در خانه داشت. یک روز متوجّه _____ (شدن) که کیسه ی پولش _____ (گم شدن) و پیش قاضی _____ (رفتن). قاضی حدس زد (猜测 [hads ~]) که باید خدمتکاران آن مرد کیسه ی پول را ___ (دزدیدن) . پس همه ی خدمتکاران آن مرد را احضار کرد (召见 [ehzār ~]). آنگاه به هر یک از آنها یک پاره (段[pāre]) چوب _____ (دادن) که طول همه ی آنها برابر _____ (بودن). بعد به آنان ____ (گفتن) : " حالا همه به خانه هایتان ____ (رفتن) و فردا به اینجا باز _____ (گردیدن). چوب مردی که پول را _____ (دزدیدن)، به اندازه ی پهنای (宽度 [pahnā]) یک انگشت (手指 [angosht]) از چوب دیگران درازتر خواهد شد. " یکی از خدمتکاران که پول را ____ (دزدیدن) ، ____ (ترسیدن) که _____ (شناختن) . بنابر این وقتی به خانه ____ (رسیدن) ، پاره چوبش را به اندازه ی پهنای یک انگشت _____ (کوتاه کردن).

روز بعد وقتی همه ی خدمتکاران به نزد قاضی _____ (رفتن)، او ____(گفتن) که چوب هایشان را ________ (نشان دادن). قاضی چوب ها را مقایسه کرد (比较 [moghāyese ~]) و بزودی دزد را _____ (شناختن) . آنگاه به فرمان قاضی مرد دزد به زندان _______ (فرستادن).

۲- تمرینهای زیر را انجام دهید.

۱) جمله های زیر را با زمان مناسب ترجمه کنید

1）当王老师来的时候，同学们已经在操场上集合好了。
2）在你到达这里的前 5 分钟，他们已经乘车走了。
3）当我早上出门的时候，地上已铺满了雪。
4）我知道他会跳舞，他曾经跳过舞。
5）昨天我没去看电影，因为我以前看过。
6）星期日我去图书馆，但是图书馆已经关门了。
7）我曾经在旅行社作为一名司机工作了三年。

۲) جمله های زیر را کامل کنید.

(۱) او دیروز به خانه برگشت ، __________ .

（好像他明天不打算参加百米赛跑了。）

(۲) او از کامپیوتر بهمن استفاده می کند ، __________ .

（他的电脑好像不太好用。）

(۳) ترافیک(堵车 trafic) زیاد است. __________ .

（我今天好像不能准时赶到班上了。）

(۴) او بسیار مغرور است ، __________ (好像是位大学者) .

(۵) او صبح اینجا آمده است، __________ (好像找你有事) .

(۶) ما دیر کرده ایم، __________ (好像他们已经走了) .

(۷) او سرفه می کند، __________ (好像感冒了) .

(۸) او خسته و خوابالود به نظر می رسد. _____(好像好几天没有睡觉) .

(۹) طوطی پس از شنیدن سخن بازرگان بر خود لرزید و به زمین افتاد ،

__________ (好像死了) .

درس دوازدهم   ۱۴۵

۱۰) وقتی قطاری داخل تونل شده و یا از دالان یا راهرو عبور می کند ،

_____ . (好像一条巨龙在群山和峡谷中蜿蜒前行)

۳- تمرین کلمات

ماندن _____

۱) الان پنج دقیقه به هشت مانده است.

۲) فقط سه دقیقه مانده تا مسابقه به پایان برسد.

۳) شب یکشنبه هم اتاقهایم همه به سینما رفتند . من تنها در خوابگاه ماندم تا تکلیفهای خود را انجام دهم.

۴) او بیش از هفتاد سال سن دارد ، اما بسیار جوان مانده است .

۵) بازرگان دهانش از تعجب باز ماند.

برگزار شدن _____

۱) بازیهای المپیک در ماه اوت سال ۲۰۰۸ در پکن برگزار شد.

۲) آنها تصمیم گرفته اند که در شب عید ملی مراسم شب نشینی برگزار کنند.

۳) مراسم فارغ التحصیلی کلاس چهارم هفته آینده در میدان جلوی کتابخانه دانشگاه برگزار خواهد شد.

به چشم خوردن _____

۱) گلهای رنگارنگ در گوشه و کنار باغ کوچک مینا خانم به چشم می خورد.

۲) در طول دیوار سالن مطالعه ، قفسه های بلند و بزرگ که پر از کتابهای مختلف اند به چشم می خورند.

۳) در استخر ماهی های گوناگون قرمز به چشم می خوردند که به هر سو شنا

می کردند.

این همان ... بودن که...

۱) این همان کتابی است که من می خواستم.

۲) این همان استادی است که سال گذشته در دانشگاه برای ما سخرانی کرد.

۳) این همان منزلی است که لو شون نویسنده بزرگ چینی در آن زندگی می کرد.

لابد برای همین بودن که...

۱) لابد برای همین است که او از آن شغل استعفاء کرده است .

۲) لابد برای همین است که ما همیشه به یادش هستیم.

۳) لابد برای همین است که آنها در مسابقه بسکتبال شکست خوردند.

۴- ترکیبهای زیر را به فارسی برگردانید.

壮丽雄伟　晋见　互相拜访　落入眼帘　登上台阶
各处　代替…　清嗓子　金銮殿　高耸入云
举行隆重的庆典和招待会　各国官员和使节　哈菲兹陵园
忘得一干二净　入口处　打扰或麻烦某人　把情况告诉某人

۵- مترادف ترکیبها یا واژه های زیر را بنوسید.

بی مثال　دیدار　سو(ی)　رو به ...نهادن　نیستی

به چشم خوردن　لابد　فراموش کردن　گفتگو کردن　دور و کنار

۶- جمله های زیر را با ترجمهٔ چینی قسمت داخل پرانتز کامل کنید.

۱) پدر و مادر از او خواستند که （保证从此不再和那个坏孩子交朋友）.

۲) اینجا مردم با او دوستانه و مهربانانه رفتار می کنند

（或许正因为如此，他决定留下来继续工作）.

۳) هنگام غروب در راهی که به منزل خود باز می گشتیم ،
(我们约定明年春天再次上山植树) .

۴) وقتی داخل باغچهٔ عموعلی شدیم، دیدیم که
(各种果树和五彩缤纷的鲜花落入了我们的眼帘) .

۵) (这些葡萄和梨就是) که تازه از باغچهٔ عموعلی چیده شده اند.

۶) مردم اینجا بهترین و خوشمزه ترین خوردنی ها و نوشیدنی ها را
(招待各方宾客)

۷- طبق نمونه جمله بسازید.

۱) با الگوی " لابد برای همین بودن که .... " جمله بسازید .

نمونه : آقای مجیدی کم حرف است . لابد برای همین است که بچه ها از او می ترسند.

۲) با الگوی " این همان ... بودن که ... " جمله بسازید.

نمونه : این همان شیرینی است که خانم ناصری در نوروز برای ما پخت.

۳) با الگوی " تشکر کردن که ... " جمله بسازید.

نمونه : از شما بسیار تشکر می کنیم که امشب ما را به این شب نشینی قشنگ دعوت کردید.

۴) با الگوی " قول دادن که ... " جمله بسازید.

نمونه : قول دادن که ...
من قول می دهم که بار دیگر چنین اشتباهی را تکرار نکنم.

۵) با الگوی " قرار شدن که ...." جمله بسازید.

نمونه : قرار شدن / بودن که ...
قرار شد که آقای دکتر شهیدی ماه آینده به چین بیاید و در سمینار فرهنگ چین و ایران شرکت کند.

درس دوازدهم ۱۴۸

۶) با الگوی " اوّل . . . ، بعد . . . ، سپس . . . " را جمله بسازید.

نمونه :

اوّل باید شیر([sheer] 开关) گاز را ببندید ، بعد تمام در و پنجره ها را باز کنید، سپس مریض را به بیمارستان ببرید

۸- با عبارتها یا کلمه های زیر جمله بندی کنید.

سر به آسمان کشیده   به چشم خوردن   پر شکوه   برگزار شدن

بر در و دیوار   دور و نزدیک   خاصّ   پاک فراموش کردن

۹- سؤال و جواب

۱) آقای محمّدی و خانواده اش در کدام شهر زندگی می کردند؟

۲) آقای محمّدی چند بچه دارد؟ اسم آنها چیست؟

۳) در عید نوروز آنها به کجا رفتند؟ چگونه رفتند؟ کدام روز به آنجا رسیدند؟

۴) چه کسی خانوادهٔ آقای محمّدی را به شهر شیراز دعوت کرد؟

۵) آنها از کجای شیراز دیدن کردند؟

۶) بر در ورودی آرامگاه سعدی چه شعری نوشته شده است؟

۷) حافظ در بارهٔ شیراز چه گفته است؟

۸) روز دوّم آنها به دیدن کجا رفتند؟

۹) تخت جمشید در چه روزگاری ساخته شد؟ به دستور چه کسی ساخته شد؟

۱۰) آیا تخت جمشید تا بحال سالم و کامل مانده است؟

۱۱) نام معروفترین تالار تخت جمشید چیست؟

۱۲) تالار برای چه ساخته شد؟

۱۳) برنامهٔ روز دیگر آنها این بود که به کجا بروند؟

۱۴) قرار شد که در تابستان چه کنند؟

۱۰- جمله های زیر را به فارسی برگردانید.

1) 我新买了一部手机，但还没有用两天就被偷了。
2) 上星期王先生买的一辆小汽车，昨天已经送去修理了。
3) 当火车到达目的地时，孩子们已经站在车门口准备下车了。
4) 他们邀请穆罕默德全家去海边度假。
5) 这就是我一直想和你们谈的第一个问题。
6) 博士先生，您今晚有空吗？我也许要打扰您一下。
7) 他站起来，清了清嗓子，就唱起来了。
8) 或许就是这个缘故，他离开了中国，去西欧（ اروپای غربی ）学习。
9) 一路上我们有说有笑，不一会儿就到了金銮殿遗址（废墟 خرابه ها ）。
10) 他临走时向我保证一到伊朗，就安排我们去德黑兰大学学习。

متن خواندنی

راه برو

لقمان مردی دانشمند بود. روزی از راهی می گذشت. مرد مسافری را دید که در سایه ی درختی کنار چشمه ای نشسته بود. مرد مسافر تا لقمان را دید به او سلام کرد و گفت: " من می خواهم به شهری که در پشت آن کوه است بروم. کی به آنجا خواهم رسید؟ لقمان گفت: " راه برو." مسافر گفت : " نشنیدی چی گفتم؟ پرسیدم چه وقت به شهر می رسم؟ " لقمان دوباره گفت: " راه برو " .

مسافر فکر کرد که او دیوانه است. دیگر چیزی نگفت و به راه افتاد. همین که چند قدم راه رفت، لقمان او را صدا زد و گفت: " دوساعت دیگر به شهر خواهی رسید. " مسافر بر گشت و گفت: " پس چرا اوّل درست جواب ندادی؟ " لقمان گفت: " چون راه رفتن تو را ندیده ام، نمی دانستم که

درس دوازدهم

یواش می روی یا تند، حالا حساب کردم و گفتم تا دو ساعت دیگر به شهر خواهی رسید. " مرد جواب لقمان را خیلی پسندید و از آن روز به بعد با او دوست شد.

گفتگوی محاوره ای

پاتو گذاشتی روی پام

- مواظب باش !
- چطور مگه ؟
- پاتو گذاشتی روی پام .
- ببخشین. حواسم نبود.

ضرب المثل   谚语

تا نفس هست، امید هست.	只要有一口气就有希望。
تیری که از کمان جست، بر نمی گردد.	一言既出，驷马难追。

درس سیزدهم

گفتگو

شانس آوردم

نوید : شنیدم شما از طرف یک شرکت آلمانی استخدام شده اید؟

سپیده: بله. چند روز پیش به من اطّلاع دادند.

ن : شما از طریق بنگاه کاریابی این شرکت را پیدا کردید؟

س : نخیر، در حقیقت شانس آوردم .

ن : شانس؟ منظورتان چیست ؟

س : روزی موقع خواندن روزنامه به صورت اتفاقی آگهی استخدام این شرکت را دیدم. من با آنها تماس گرفتم . آنها به من اطلاع دادند که باید امتحان زبان آلمانی بدهم.

ن : شما در دانشگاه آلمانی خوانده اید؟

س : نه ، من در دانشگاه فقط انگلیسی خوانده ام ، دورهٔ لیسانس ، ادبیات انگلیسی خوانده ام و فوق لیسانس رشتهٔ مردم شناسی .

ن: امتحان سخت بود؟

س : نه. این هم از شانس من بود ! راحت قبول شدم . فقط از من چند سؤال پرسیدند.

ن: عجب ! کی آلمانی خواندید؟

درس سیزدهم

س: قبل از وارد شدن به دانشگاه . یعنی پس از امتحانات کنکور کاری نداشتم؛ با یکی از دوستانم از روی کنجکاوی باهم به یک کلاس کوتاه مدّت رفتیم . دو ماه آلمانی یاد گرفتم، بعد خودم دو سه کتاب داستان خواندم .

ن: آره ! شما در یادگیری خیلی واردید.

س: خواهش می کنم . به همین خاطر گفتم شانس آوردم.

ن: راستی ، از فرشته خبر دارید؟ آیا شغل مناسبی پیدا کرده است؟

س: بله . چند روز پیش در خیابان به او برخورد کردم. گفت در یک مؤسّسهٔ ملی توریستی به عنوان منشی کار می کند.

ن: تحصیلاتش چقدر است ؟

س: مثل این که به دانشگاه نرفته است.

ن: پس او باید منشیگری را بلد باشد و گرنه نمی توانست کار پیدا کند.

س: البتّه . او احتمالاً باید قبل از وارد شدن به مؤسّسه ، دورهٔ منشیگری را دیده باشد.

واژه ها

استخدام	[estekhdām]	(名)	雇用、聘用、聘请、招聘
~ شدن		(动)	被雇用、被聘用
بنگاه	[bonghāh]	(名)	企业、机关、商店
حقیقت(حقایق)（复）	[hagheeghat]	(名)	真理、实质、本质、现实、事实、实际、真诚、诚挚
شانس	[shāns]	(名)	运气、机会
منظور	[manzoor]	(形)	见到的、考虑到的
		(名)	目的、打算、期望
آگهی	[āgahee]	(名)	知道、觉悟；报到；通知、传单、广告

درس سیزدهم

接触、联系、联络	（名）（动）	[tamās]	تماس ~ گرفتن
学程、训练班、届	（名）	[dowre]	دوره
文凭、（大学毕业的）学士、学位	（名）	[leesāns]	لیسانس
研究生	（名）	[fowghe leesāns]	فوق لیسانس
竞争、比赛、竞赛	（名）	[konkoor]	کنکور
好奇、好奇心	（名）	[konjkāvee]	کنجکاوی
短期的、短时间的	（形）	[kootāh moddat]	کوتاه مدّت
职业、工作、职责、岗位、职务	（名）	[shoghl]	شغل
相碰、相遇、遇见	（动）	[bar khordan]	برخوردن
秘书、书记、文书	（名）	[monshee]	منشی
可能、大约、大概	（副）	[ehtemālan]	احتمالاً
秘书工作、文书工作	（名）	[monshee garee]	منشیگری

اسم های خاصّ

诺维德	（人名）	[noveed]	نوید
塞比德	（人名）	[sepeede]	سپیده

◆ 过去假定时态（一）

متن

هر وقت که در بارهٔ مدرسه و درس و معلّم فکر می کنم به یادآقای خردمند می افتم. آقای خردمند در آن سال که معلّم مَنّ بود چیزهای بسیاری به من یاد داد که در همهٔ عمر به دردم خوردند.

درست دیدن و درست شنیدن

نه ، من هرگز آقای خردمند را فراموش نمی کنم. سالها ست که او را ندیده ام . در آن وقت که من درکلاس سوّم دبستان درس می خواندم ، آقای خردمند معلّم من بود. پیش از آقای خردمند، معلّم های دیگری هم داشتم. بعد از او هم معلّم های دیگری داشته ام. ولی هنوز هر وقت که در بارهٔ مدرسه و درس و معلّم فکر می کنم به یاد آقای خردمند می افتم . آقای خردمند در آن سال که معلّم من بود چیزهای بسیاری به من یاد داد که در همهٔ عمر به دردم خوردند. ولی حالا وقتی که فکر می کنم، می بینم که بهترین چیزی که او به من یاد داده است " دیدن " و " شنید ن " است . در حقیقیت آقای خردمند درست نگاه کردن و درست گوش دادن را به من یاد داد. روزهای آخر اسفند بود . یک روز آقای خردمند به کلاس ما آمد؛ او از ما پرسید: حالا چه فصلی است ؟

همه با هم گفتیم : زمستان . آقای خردمند گفت : جواب شما درست است. ولی من اگر به جای شما بودم، جوابی از این کامل تر می دادم ؛ می گفتم که آخر زمستان است و بهار دارد می آید . حالا بگویید از کجا می فهمیم که بهار دارد می آید؟ محمود گفت : معلوم است ، چند روز دیگر عید نوروز است و عید نوروز روز اوّل بهار است.

آقای خردمند گفت : آری، من می دانم که بهار دارد می آید. برای این که نشانه های آن را دیده ام. شما هم اگر درست نگاه کنید ، نشانه های بهار را می بینید. دو روز به شما وقت می دهم . سعی کنید که نشانه ای از بهار ببینید یا

درس سیزدهم

بشنوید. بعد آن نشانه را به کلاس بیاورید یا آن را برای ما بگویید.

جنگل کوچکی در نزدیکی خانهٔ ما بود. از کلاس که بیرون آمدم با خود گفتم:
امروز عصر به جنگل می روم و نشانه ای از بهار پیدا می کنم.

عصر آن روز نتوانستم به جنگل بروم. پدرم کارگر بود و از صبح تا شب در کارخانه کار می کرد. چند روز بود که حال مادرم خوش نبود. آن روز عصر، او می خواست پیش پزشک برود. ناچار من در خانه ماندم تا از برادر و خواهر کوچکترم نگهداری کنم. با خودم گفتم: فردا عصر به جنگل می روم. عصر روز بعد، با عجله از مدرسه به خانه آمدم. آن روز حال مادرم کمی بهتر شده بود. مادرم از صبح زود مشغول کار شده بود. دو تا اتاقی را که ما در آنها زندگی می کردیم، تمیز کرده بود. عصر که به خانه آمدم، گفت: عید دارد می آید؛ زیرزمینِ خانه کثیف و پر از آشغال است. من امروز اتاقها را تمیز کرده ام. کمی از آشغالهای توی زیرزمین را هم بیرون آورده ام. امّا دیگر خسته ام و نمی توانم کارم را تمام کنم. خواهش می کنم، اگر ممکن است، زیرزمین را تمیز کن.

خواستم بگویم که نمی توانم، می خواهم به جنگل بروم و نشانه ای از بهار پیدا کنم. ولی هنگامی که به صورت خستهٔ مادرم نگاه کردم، نتوانستم حرفی بزنم. با خودم گفتم: می روم و زیرزمین را پاک می کنم.

مادرم راست می گفت: زیرزمین پر از آشغال بود. فکر کردم یک عمر وقت می خواهد تا این آشغال ها را بیرون ببرم. ولی یکی دو ساعت بعد، همهٔ آشغال ها را بیرون برده بودم. آن وقت مشغول تمیز کردن زیرزمین شدم. در تمام آن مدّت در

فکر نشانه های بهار بودم. فکرم می کردم که فردا باید دست خالی به مدرسه بروم. داشتم جارو را به دیوارهای زیرزمین می کشیدم که ناگهان چیزی رنگین روی دیوار دیدم . مثل یک گل بود. سرخ بود و خال های سیاهی داشت. چشم هایم را به هم زدم . با خودم گفتم که از بس در فکر گل ها بوده ام همه جا گل می بینم. باز نگاه کردم . بازهم آن گل را دیدم . جارو را به طرفش بردم . ناگهان حرکتی کرد، پرید، چرخی زد، آمد و روی دست من نشست . آنچه که به دیوار دیده بودم، یک پروانه بود. نمی دانستم که آن پروانه از کجا آمده است . می دانستم که پروانه ها در بهار از پیله بیرون می آیند. ولی هنوز که بهار نیامده بود. از خوشحالی فریاد کشیدم. پروانه را توی یک قوطی کوچک گذاشتم. کارم را در زیرزمین تمام کردم. مادرم توی زیرزمین آمد. زیرزمین مثل گل تمیز شده بود . مادرم خوشحال شد. وقتی که داستان پروانه را برایش گفتم ، از شادی خندید. من زیباترین گل بهاری را در خنده اش دیدم.

روز بعد به کلاس رفتم. بچه ها یکی یکی بلند شدند. هر یک نشانه ی ازبهار با خود داشت. نوبت من که رسید، از جا بلند شدم و گفتم : من هم پروانه ای با خودم به کلاس آورده ام.

آقای خردمند گفت : برای ما تعریف کن که پروانه را از کجا پیدا کرده ای، بعد هم آن را به ما نشان بده.

ایستادم و داستان را از اوّل تا آخر برای آقای خردمند و بچه ها گفتم. بعد در قوطی را باز کردم. پروانه پر زد . بچه ها از شادی فریاد کشیدند، پروانه در

درس سیزدهم

کلاس چرخی زد و از پنجره بیرون رفت.

گفتم : آقای خردمند، فقط نمی دانم که این پروانه در این فصل توی زیرزمین ما چه می کرد. آقای خردمند گفت: این از پروانه هایی است که زمستان ها در جای مرطوب و تاریک می خوابند و بهار بیدار می شود. این پروانه دیروز از خواب زمستانی بیدار شده است.

آقای خردمند کمی ساکت ماند و بعد گفت: بله ، بچه های من ، اگر درست نگاه کنید و درست بشنوید، خیلی چیزها می بینید و خیلی چیزها می شنوید.

واژه ها

عمر	[omr]	(名)	生命、一生
به درد خوردن	[~dard~]	(动)	对……有用
یاد دادن	[yād~]	(动)	教
کامل	[kāmel]	(形)	完全的、完美的、完整的
نشانه	[neshāne]	(名)	记号、标志、特征、靶子
ناچار	[nāchār]	(形、副)	无能为力的(地)、被迫的(地)
عجله	[ajale]	(名)	急速、急忙、匆忙
زیرزمین	[zeerzameen]	(名)	地下室
کثیف	[kaseef]	(形)	脏的
آشغال	[ashghāl]	(名)	占领、侵占
جارو	[jāroo]	(名)	扫帚
~ کشیدن (کش)		(动)	打扫、扫除
رنگین	[rangeen]	(形)	五颜六色的、彩色的
خال	[khāl]	(名)	斑点
بس	[bas]	(形、副)	足够的（地）、充分的（地）
چرخ	[charkh]	(名)	轮、车轮
~ زدن		(动)	~旋转
قوطی	[ghootee]	(名)	小盒子
خنده	[khande]	(名)	笑、讥笑
نوبت	[nowbat]	(名)	班次、(一)次、(一)回

ساکت	[sāket]	（形、副）	平静的、安静的、沉默的

اسم خاصّ

خردمند	[kheradmand]	（人名）	海拉德曼德

دستور زبان

过去假定时态（一）

زمان ماضی التزامی(۱)

1. 过去假定时态动词构成

人称词尾 + باش + ه + 过去时动词词根

例如：
1）简单动词

من	رفته باشم ، نرفته باشم	ما	رفته باشیم ، نرفته باشیم
تو	رفته باشی ، نرفته باشی	شما	رفته باشید ، نرفته باشید
او	رفته باشد ، نرفته باشد	آنها	رفته باشند ، نرفته باشند

2）复合动词

من	دیدن کرده باشم ، دیدن نکرده باشم	ما	دیدن کرده باشیم ، دیدن نکرده باشیم
تو	دیدن کرده باشی ، دیدن نکرده باشی	شما	دیدن کرده باشید ، دیدن نکرده باشید
او	دیدن کرده باشد ، دیدن نکرده باشد	آنها	دیدن کرده باشند ، دیدن نکرده باشند

2. 用法

1）对过去的事情是否发生进行推测或假设时运用。例如：

شاید آنها نهار خورده باشند.

ممکن است او رفته باشد.

می ترسم که من در را قفل نکرده باشم.

2）对过去可能发生的事情表达自己的愿望。例如：

کاش او ازآن کار خطرناک دست برداشته باشد.

3）有时也可用于推测过去可能已经发生的事情。例如：

فردا وقتی تو به خانه برسی، شاید آنها رفته باشند.

明天你到家的时候，他们可能已经走了。

上述句子中，" آنها رفته باشند " 发生之前，" تو به خانه برسی " 可能已经完成；如果用现在假定时态是不能表达两个动作的先后。又如：

نکند آن قدر دیر بیایی که آنها رفته باشند.

你可别来晚了，否则他们可能走了。

3. 过去假定时态动词常与一些表示可能、怀疑或不确定的意思的副词、情态动词或短语连用，或用于一些复合句中。例如：

باید شاید احتمالاً ممکن بودن امکان داشتن احتمال داشتن

فکر / گمان کردن ...

باید 在过去假定时态中，表示对过去发生的某行为或某件事进行推测。例如：

شما باید تکلیفهای خود را بموقع انجام دهید. （现在假定时态）

你应该按时完成作业。

شما باید تکلیفهای خود را بموقع انجام داده باشید. （过去假定时态）

你一定按时完成作业了吧。

ممکن است او کامپیوتر شما را تعمیر کرده باشد. （过去假定时态）

他可能已经修好你的电脑了。

احتمال دارد که آنها قبل از تاریک شدن هوا به مقصد رسیده باشند.

（过去假定时态）

可能他们天黑前就到达目的地了。

تمرین

۱- طبق مثال جمله های زیر را به ماضی التزامی تبدیل کنید.

مثال : فردا آقای دکتر صدری برای دانشجویان یک شعر از حافظ خواهد خواند.
آقای دکتر صدری شاید برای دانشجویان یک شعر از حافظ خوانده باشد .

درس سیزدهم

۱) امشب رئیس دانشگاه از آقای دکتر صدری پذیرایی می کند.

۲) فرشته خسته و خواب آلوده به نظر می رسد. دیشب او تا دل شب کار می کرد.

۳) پس از باران شدید شاید رفت و آمد در بعضی از خیابانها مسدود شود.

۴) این دوچرخه قبل از آن که چراغ راهنمایی سبز شود، از چهار راه عبور کرده بود .

۵) او از طریق آگهی آن شغل را پیدا کرد.

۶) بچه ها حتماً گرسنه شده اند؛ چون نیم ساعت از وقت ناهار گذشته است.

۷) پس از خوردن دوا و چند روز استراحت ، حال بیمار بهبود می یابد.

۸) الان ساعت شش و نیم است. بزودی هواپیما به زمین می نشیند.

۹) وقتی که ما به خانه رسیدیم، مادر شام گرم و خوشمزه را برای ما حاضر کرده بود.

۱۰) وقتی که ما به آنجا رسیدیم ، آنها حرکت کرده بودند.

۲- از مصدرهای داخل پرانتز صیغهٔ مناسبی بسازید و در جای خالی بنویسید.

۱) خسرو سر کار _____ (رفتن) ؟

- بله ، صبح زود بدون خوردن صبحانه _____ (رفتن).

- امّا اتومبیلش هنوز در حیاط _____ (بودن) .

- او شاید با اتوبوس ____ (رفتن) ، زیرا اتومبیلش ____ (خراب شدن).

۲) پسر آقای مهدوی چند سال _____ (داشتن) ؟

- هیجده سال .

- باید دبیرستان را _____ (تمام کردن).

- بله ، تابستان سال گذشته وارد دانشگاه _____ (شدن).

۳) برادرت تاکنون به تهران _____ (رسیدن) ؟

- بله، باید ____ (رسیدن)، چون با هواپیما از اینجا تا تهران فقط هشت ساعت راه ____ (بودن).

۴) چرا شما هنوز آن سؤال را در بارهٔ دستور زبان از استاد _______ (نپرسیدن) ؟

- دیروز تکلیف زیاد _____ (بودن). وقت _____ (پیدا نکردن) که از استاد _____ (پرسیدن) .

- پریروز شما درس زیاد _____ (نداشتن) . خوب بود که پریروز شما از استاد _____ (پرسیدن).

۵) آیا بهمن را_____ (دیدن)؟ ______ (دانستن) که او کجا ست؟

- شاید در میدان ورزش____ (بودن)، زیرا چند دقیقهٔ پیش_____ (دیدن) که او لباس ورزشی ____ (بر تن داشتن) و به طرف میدان

درس سیزدهم

_____ (رفتن). شما با او کار _____ (داشتن) ؟

- نه . ولی صبح به من _____ (گفتن) که در بارهٔ زمان گذشتهٔ التزامی سؤال _____ (داشتن) . او با استاد ما _____ (قرار گذاشتن) که بعد از ظهر نزد استاد _____ (رفتن) و _____ (پرسیدن). می ترسم که او _____ (فراموش کردن) .

- شاید او از استاد _____ (پرسیدن) ، زیرا وقتی که من از کتابخانه بیرون _____ (آمدن)، _____ (دیدن) که بهمن _____ (داشتن) با استاد ما در بارهٔ چیزی _____ (صحبت کردن).

۳- تمرین کلمات

_____ به درد کسی/ چیزی خوردن ....

۱) این کتابی که به ما دادید، خیلی به درد ما می خورد.

۲) دانستن یک زبان خارجی بسیار به درد ما می خورد.

۳) این مقدار پول را خوب نگهدار، در موقع احتیاج حتماً به دردت می خورد.

_____ عجله

۱) عجله کار شیطان (] sheytān [) 魔鬼) است.[1]

۲) عجله کن ! مدرسه ات دیر شد.

۳) هیچ کاری را با عجله انجام نده .

_____ از بس

---

[1] عجله کار شیطان است 这是谚语，意思是 "忙中出错"。

درس سیزدهم

۱) از بس کار کردم دستم درد گرفته است.

۲) از بس با صدای بلند حرف می زند صدایش گرفته است.

۳) از بس غم و غصه (悲伤 [gham-o-ghose]) خورد از هوش رفت. (失

(去知觉 [~hoosh~]

ساکت

۱) ساکت باش! مادرت خوابیده است.

۲) در مقابل کارهای زیان آور (有害的) نباید ساکت ماند.

۳) مریض پس از آمپول زدن ساکت شد و کم کم به خواب رفت.

نوبت

۱) بچه ها آرام و به نوبت سوار اتوبوس شدند.

۲) همه آگاهانه صفّ بستند (排队 [saff]) و به نوبت سوار اتوبوس شدند.

۳) صبح دیروز در بیمارستان مریض خیلی زیاد بودند. تا ساعت یازده هنوز نوبت به من نرسیده بود.

۴) هر شب من و مادر در دو نوبت برادر کوچکم را که سخت مریض شده بود، نگهداری می کردیم.

۴- عبارتهای زیر را به فارسی برگردانید.

想起……	对……有用	实际上	两手空空	沉默片刻
把笤帚扫向……	自言自语	一生（一辈子）	教给某人
某人的身体不舒服	急匆匆地	眨眼睛	轮到某人

۵- اوّل جمله های زیر را به چینی ترجمه کنید. بعد طبق مثال جمله بندی کنید.

مثال ۱) :

فکر کردن که . . . . باید . . . .

فکر می کردم که فردا باید با دست خالی به مدرسه بروم.

مثال ۲) :

(فکر کردن). . . . (وقت خواستن) تا. . . .

فکر کردم یک عمر وقت می خواهد تا این آشغالها را بیرون ببرم .

مثال ۳) :

از بس . . . .

از بس در فکر گل ها بوده ام همه جا گل می بینم.

مثال ۴) :

هنوز هر وقت که . . . ، به یاد . . . . (افتادن).

هنوز هر وقت که دربارهٔ مدرسه و درس و معلّم فکر می کنم، به یاد آقای خردمند می افتم.

مثال ۵) :

. . . ، ولی هنوز که . . . .

می دانستم که پروانه ها بهار از پیله بیرون می آیند، ولی هنوز که بهار نیامده بود.

مثال۶) :

. . . . چه می کرد؟

پروانه در این فصل توی زیرزمین ما چه می کرد؟

مثال۷) :

. . . که . . . (当……的时候，突然……)

داشتم جارو را به دیوار های زیرزمین می کشیدم که ناگهان چیزی رنگین روی دیوار دیدم.

۶- تمرین شفاهی ــــــ بحث سر کلاس:

۱) عنوان بحث : آقای خردمند از بچه ها خواست نشانه های بهار را پیدا کنند، در حالی که همان روز مادر گویندهٔ داستان ، از او خواست زیرزمین را تمیز کند. گویندهٔ داستان باید به کدام یک از این دو کار بپردازد؟

۲) شیوهٔ بحث : دانشجویان کلاس را به دو گروه تقسیم کنید، به این صورت که یکی از گروه ها موافق باشند گویندهٔ داستان باید به مادرش کمک کند و زیرزمین را تمیز کند. گروه دیگر معتقد باشند که او باید به جنگل برود و تکلیف مدرسهٔ خود را انجام دهد و روز دیگر می توانست به مادرش کمک کند.

۷- تمرین شفاهی : آیا تا به حال معلّمی داشته اید که او را هرگز فراموش نکنید ؟ داستانی که دربارهٔ او به یاد دارید ، بطور شفاهی برای ما تعریف کنید.

۸- به سؤالهای زیر به صورت جمله جواب بدهید.

۱) چرا گویندهٔ داستان می خواست نشانه ای از بهار پیدا کند ؟

۲) گویندهٔ داستان اوّلین روز به چه علّت برای پیدا کردن نشانهٔ بهار نرفت ؟

۳) گویندهٔ داستان می خواست در کجا نشانه‌ای از بهار پیدا کند ؟

۴) گویندهٔ داستان روز دوّم برای پیدا کردن نشانهٔ بهار رفت ؟ چرا ؟

۵) آقای خردمند دربارهٔ پروانه چه گفت ؟

۶) گویندهٔ داستان از او چه چیزی خواست ؟

۷) شغل پدر گویندهٔ داستان چه بود ؟

۸) چرا گویندهٔ داستان هرگز آقای خردمند را فراموش نمی کند ؟

۹) آقای خردمند چه چیز مهمی را به گویندهٔ داستان یاد داد ؟

۱۰) گویندهٔ داستان کجا و چگونه نشانهٔ بهار را پیدا کرد ؟

۹- انشاء بنویسید.

عنوان انشاء : " کسی که برای همیشه در یاد من می ماند. "

۱۰- جمله های زیر را به فارسی ترجمه کنید.

1）他虽然只给我们上过一年的课，但他教给我们的东西却终身受用。
2）如果他提起那件事，请您保持沉默。
3) 每当我们回忆起那天发生的车祸，还是很害怕。
4）也许大家这样的事见得太多了，而不觉得奇怪。
5）孩子们太累了，连晚饭都不想吃了。
6）我匆匆赶到学校大门口，但是他们已经出发了。
7）谢谢您的好意，您也很忙，不能再打扰您了。
8）我花了大约一个下午的时间，才把那篇作文写完。
9）当我进屋的时候，正好遇到苏老师。
10）不要着急，先举手，后发言，大家轮流讲，小王，轮到你了。

شعر

عاشقا خیز، کامد بهاران

عاشقا خیز، کامد بهاران
چشمه‌ی کوچک از کوه جوشید
گل به صحرا در آمد چو آتش

رودِ تیره چو طوفان خروشید

دشت از گل شده هفت رنگه

آن پرنده پی لانه سازی،

بر سرِ شاخه‌ها می‌سُراید

خار و خاشاک دارد به منقار

شاخه‌ی سبز، هر لحظه زاید،

بچّگانی، همه خُرد و زیبا

آفتابِ طلایی بتابید

بر سرِ ژاله‌ی صبحگاهی

ژاله‌ها دانه دانه درخشند

همچو الماس و در آب ماهی

بر سرِ موج‌ها زد معلّق ...

«نیما یوشیج»

واژه ها

عاشقا	[āsheghā]	(名)	亲爱的人们啊
کامد	[kāmad]		= که آمد
بهاران	[bahārān]	(名)	春、春季
چشمه	[cheshme]	(名)	泉水、喷泉
جوشیدن(جوش)	[joosheedan]	(动)	沸腾
تیره	[teere]	(形)	黑的、黑暗的、昏暗的
خروشیدن(خروش)	[khoroosheedan]	(动)	吼叫

筑巢	(名)	[lānesāz]	لانه ساز
唱、唱歌、吟诗、作诗	(动)	[soroodan(sarāy)]	سرودن(سرای)
荆棘、刺	(名)	[khār]	خار
干草	(名)	[khāshāk]	خاشاک
鸟嘴喙	(名)	[menghār]	منقار
一刹那、一瞬间	(名)	[lahze(lahzāt)]	لحظه(لحظات复)
= بچگانه		[bachegānee]	بچگانی
小的、微小的	(形)	[khord]	خرد
露水、霜	(名)	[jhāle]	ژاله
清晨的、早晨的	(形)	[sobhgāhee]	صبحگاهی
金刚钻	(名)	[almās]	الماس
浪、波浪、波涛、波纹	(名)	[mowj]	موج
垂下的、悬挂着的	(形)	[mo' allagh]	معلّق

谚语 ضرب المثل

忙中出错。 عجله کار شیطان است.

只要功夫深，铁杵磨成针。 کارها نیکو شود، امّا به صبر.

درس چهاردهم

گفتگو

چشم شما روشن!

احمد راجی : دو... دو... هشت ... یک ... نه ... یک ...   الو ...

منزل آقای مهندس کیوان ؟

: بله ، بفرمایین .

ا : آقای مهندس هستن ؟

گوشی ... کیوان ، تلفن ...

کیوان : بنده مهندس کیوان هستم ، بفرمایین .

ا : سلام مهندس جان ، من احمدِ راجی ام .

ک : سلا...م احمد جان ، حالتون چطوره ؟ خوبین ؟

ا : آره خوبم ، خیلی متشکرم ، شما چطورین ؟ بچّه ها خوبن ؟

ک : ممنونم ، همه خوبن .

ا : پسرتون از ایتالیا اومد ؟

ک : آره ، پریروز ساعت شیش صب (صبح) اومد .

ا : خب (خوب) ، چشم شما روشن !

ک : متشکرم . خانم شما م (شما هم) از هند میان ؟

ا : اونم (او هم) فردا شب ساعت ده میاد .

ک : خوب چشم شمام روشن ! چه ساعتی میرین فرودگاه ؟

ا : ما ساعت هفت میریم فرودگاه .

ک : ما هم میاییم، ولی یه کمی دیرتر . هواپیما چه ساعتی می شینه ؟

ا : ساعت هشت شب . خوشبختانه زود میاد .

ک : باشه، ما ساعت نه میاییم . شما کجا می شینین ؟

ا : تا آمدن شما ما نزدیک اطّلاعات می شینیم.

ک : خوبه . پس خداحافظ تا فردا شب !

ا : قربان شما ، خدا نگهدار!

واژه ها

فرودگاه	[foroodgāh]	（名）	机场
خوشبختانه	[khoshbakhtāne]	（副）	幸亏、万幸、幸福地
اطّلاعات(单اطّلاع)	[ettelā'āt]	（名）	消息、通知；（机场）问讯处

اسم های خاصّ

احمد راجی	[ahmadrājee]	（人名）	艾哈迈德·拉奇
کیوان	[keyvān]	（人名）	凯旺
ایتالیا	[eetāleeyā]	（国名）	意大利
هند	[hend]	（国名）	印度

◆ 过去假定时态（二）

متن

دهقان فداکار

غروب یکی از روزهای سرد پاییز بود. خورشید در پشت کوه های بلند و پر برف آذربایجان فرورفته بود. کار روزانهٔ دهقانان پایان یافته بود. ریز علی هم دست از کار کشیده بود و به ده خود باز می گشت و در آن شب سرد و طوفانی نور لرزان فانوس کوچکی راه او را روشن می کرد.

ناگهان صدای غرّش مهیبی از کوه برخاست. سنگهای بسیاری از کوه فروریخت و راه آهن را مسدود کرد. ریز علی می دانست که چند دقیقهٔ دیگر قطار مسافربری به آنجا خواهد رسید. از اندیشهٔ بر خوردن قطار با توده های سنگ و واژگون شدن آن سخت مضطرب شد. ولی در آن بیابان دور افتاده نمی دانست که چگونه باید رانندهٔ قطار را از خطر آگاه سازد. در همین حال صدای سوت قطار از پشت کوه شنیده شد که نزدیک شدن قطار را خبر می داد.

ریز علی روزهایی را که به تماشای قطار می رفت ، به یاد آورد. صورت خندان

مسافران را که از درون قطار به او دست تکان می دادند ، به خاطر آورد. از اندیشهٔ حادثهٔ وحشتناکی که در پیش بود، قلبش سخت به تپش افتاد. در جستجوی چاره ای بود تا شاید جان مسافران را نجات بدهد.

ناگهان چاره ای به خاطرش رسید. با وجود سوز و سرمای شدید به سرعت لباسهای خود را از تن در آورد و بر چوبدست خود بست و نفت فانوس را بر لباسها ریخت و آن را آتش زد. ریز علی در حالی که مشعل را بالا نگاه داشته بود، به طرف قطار شروع به دویدن کرد. رانندهٔ قطار از دیدن آتش دانست که خطری در پیش است. ترمز را کشید ، قطار پس از تکانهای شدید از حرکت باز ایستاد. راننده و مسافران سراسیمه از قطار بیرون ریختند. از دیدن ریزش کوه و مشعل و ریز علی که با بدن برهنه در آنجا ایستاده بود، دانستند که فداکاری این مرد آنها را از چه خطر بزرگی نجات داده است.

ریز علی دهقان فداکار، شادی آن لحظه را هیچگاه فراموش نخواهد کرد.

واژه ها

فداکار	[fadākār]	(形、名)	忘我的（人）、自我牺牲的（人）、奋不顾身的（人）
باز گشتن	[bāz ~]	(动)	返回、后退
لرزان	[larzān]	(形、副)	发抖的（地）、战栗的（地）
فانوس	[fānoos]	(名)	灯、灯笼、提灯
غرّش	[ghorresh]	(名)	怒吼、吼叫、雷鸣
ترسناک	[tarsnāk]	(形)	可怕的、害怕的、胆怯的
فروریختن	[foroo ~]	(动)	倒塌、坍塌
مسدود	[masdood]	(形)	被阻挡的、被堵塞的
~ کردن		(动)	

客运、载客	（名）	[mosāferbaree]	مسافربری
思考、思索、考虑、沉思	（动）	[andeesheedan]	اندیشیدن (اندیش)
一堆、堆积、小丘；群众、人民	（名）	[toode]	توده
与……相遇、遇见	（动）	[barkhordan]	برخورد کردن
上下颠倒的、被颠倒的、	（形）	[vājhgoon]	واژگون
被推翻的	（动）		~ شدن
焦急不安的、担心的、忐忑的、动荡的	（形）	[moztareb]	مضطرب
焦急不安、担心	（动）		~ شدن
沙漠、荒原	（名）	[biyābān]	بیابان
孤僻的、荒僻的、遥远的、远离……的	（形）	[door oftāde]	دور افتاده
知道的、通晓的	（形）	[āgāh]	آگاه
让……知道、通知	（动）		~ ساختن
哨声、口哨声、汽笛	（名）	[soot]	سوت
吹口哨、吹哨、鸣笛	（动）		~ زدن
笑容满面的、微笑的	(形、副)	[khandān]	خندان
记起、想起、回忆起	（动）	[~ khāter ~]	به خاطر آوردن
可怕的、吓人的、恐怖的	（形）	[vahshatnāk]	وحشتناک
心、心脏	（名）	[ghalb]	قلب(قلوب复)
跳动、颤抖、悸动	（名）	[tapesh]	تپش
（心）跳起来	（动）		به ~ افتادن
拯救、营救	（名）	[nejāt]	نجات
救、拯救、营救	（动）		~ دادن
木棍、手杖、拐杖	（名）	[choobdast]	چوبدست
石油、原油	（名）	[naft]	نفت
在……情况下；一面……一面；而	（连）	[dar hālee ke…]	در حالی که ...
火炬、火把	（名）	[mash'al]	مشعل
制动器、闸、阀、刹车	（名）	[tormoz]	ترمز
刹住车	（动）		~ کشیدن
停住、不再做（某事）	（动）	[bāz ~]	باز ایستادن
慌乱的（地）、惊慌失措的（地）、慌张的（地）	(形、副)	[sarāseeme]	سراسیمه
流出、倾注、落下、塌陷	（名）	[reezesh]	ریزش
裸体的、光着的、赤裸裸的	（形）	[berahne]	برهنه

任何时候也(不)、永(不)、不定何时、曾经	(副)	[heechgāh]	هیچگاه

اسم های خاصّ

阿塞拜疆	(地名)	[āzarbāyjān]	آذربایجان
利兹阿里	(人名)	[reez alee]	ریزعلی

دستور زبان

过去假定时态(二)

زمان ماضی التزامی(۱)

动词 داشتن 和 بودن 的过去假定时态表现形式

1. 动词 داشتن

داشتن 在"有"的词意时没有过去假定时态的特殊表达形式，不可用"人称词尾 + باش + داشته" 的形式，因为这个形式是用来表达现在假定时态的。داشتن 在表现过去假定时态的意思时，常见的情况是用 شاید / احتمالاً 也许、大概、可能等一类的词或其他一些方法和 داشتن 的过去时态一起来表示。下面举两个例句。

او پریروز نیامد ، شاید او کار داشت.

他前天没有来，可能有事了。

شاید او در آن کار دست داشت ، امّا من مطمئن (确定的 [motla'en]) نیستم.

他可能参与了那件事，但我不能确定。

又如我们在第四课中曾接触到这一形式。这种用法在第四课里不仅仅用于 داشتن 和بودن ，还用在行为动词上（请见第 47 页第四课课文和注释）。

2. 动词 بودن

动词 بودن 的过去假定时态即"人称词尾 + باش + ه + بود"只用于书面语中。

تمرین

۱- برای هر یکی از جمله های ستون سمت راست ، جواب درست را در ستون سمت چپ انتخاب کنید و درجای خالی بنویسید .

۱) این کتاب را برایتان از کتابخانه امانت گرفتم . کجا بگذارم ؟ (1)- خیلی تشکر می کنم. شما خیلی لطف دارید . خداحافظ .

جواب - ________________

۲) خداحافظ تا فردا. قربان شما! (2)- از لطف شما تشکرمی کنم. کارم بزودی تمام می شود. خودم انجام می دهم .

جواب - ________________

۳) آقا، دستتان درد نکند. این هزار تومان است بفرمایید . (3)- خوش به حالتان!

جواب - ________________

۴) خانوادهٔ شما همه خوبند ؟ (4)- ممنونم ، مزاحم شدم.

جواب - ________________

۵) فارسی را خوب بلدید. (5)- معذرت می خوام، حواسم نبود.

جواب - ________________

۶) شما خیلی خسته شدید . بگذارید این کار را من برایتان انجام دهم . (6)- عید شما هم مبارک !

جواب - ________________

۷) حال خانمتان چطور است ؟ (7)- قربان شما خانم ، این هم باقیش چهل وپنج تومان .

جواب - ________________

۸) سلام ، به به ! بفرمایید تو ! (8)- خواهش می کنم.

جواب - ________________

۹) شما خیلی کار کردید، امروز تا (9)- ممنونم. ایشان خوبند. سلام
همین جا کافیست. الان می توانید می رسانند.
به خانه برگردید.

جواب - ________________

۱۰) ما هفتهٔ آینده به اروپا سفر (10)- دستتان درد نکند . لطفاً آن را
می کنیم. روی میز من بگذارید .

جواب - ________________

۱۱) ببخشید، پاتو گذاشتی روی پام. (11)- به سلامت ، خداحافظ .

جواب - ________________

۱۲) عید شما مبارک ! (12)- به لطف شما آنها همه خوبند .

جواب - ________________

۲- جمله های زیر را با کلمه " لرزان " ترجمه کنید.

1）在颤抖的烛光下，母亲为我缝补（دوختن [dookhtan]）衣裳。
2）他在刺骨的寒风中，光着膀子，用颤抖的手高举着火把。
3）他发烧了，他觉得很冷，他用颤抖的声音告诉我他渴，想喝点凉开水。

۳- جمله های زیر را با زمان ماضی التزامی به فارسی تبدیل کنید.

1）老师说你们大概都听过菲尔多西这个诗人的名字吧。
2）当火车突然刹车时，乘客们想到前方一定发生事故了。
3）他在回家的路上看见铁轨上有许多石头，他想很可能是发生过山体滑坡。
4）我在书店里看到了那本书，但没有给你买，怕你自己已经买到了。
5）昨天他什么春天的迹象也没有找到，今天可能两手空空地去了学校。

۴- مترادف واژه های زیر را بنویسید.

درس چهاردهم   ۱۷۷

فرو رفتن	پایان یافتن	باز گشتن	کنار	گذشتن
ترسناک	برخاستن	اندیشیدن	به خاطر آوردن
شدید	بدن	هیچگاه	فراموش کردن

۵- تمرین کلمات

منظور

۱) ببخشید ، متوجّهٔ منظورتان نشدم.

۲) منظورم این است که نمی توانیم شما را استخدام کنیم.

۳) ببخشید ، منظورتان چیست؟ آیا من باید به او بگویم؟

برخورد کردن (با کسی / چیزی)

۱) او هر جا که به من برخورد می کند ، هرگز فراموش نمی کند که به پدر و مادرم سلام برساند.

۲) ما در یک ساختمان زندگی می کنیم، با وجود این بندرت (罕见地 [benodrat]) به یکدیگر بر خورد می کنیم.

۳) قبلاً او مدّتی بالا دست من بود، حالا زیر دست من شده است. نمی دانم چطور با او برخورد کنم.

۴) توجّه کن ! آهسته بران ! و گرنه ممکن است با ماشین جلو برخورد کنی!

با وجود ...

۱) با وجود باران شدید هیچ کس دست از کار نکشید.

۲) با وجود مشکلات زیاد ، آنها بموقع کارهای خود را انجام دادند.

درس چهاردهم

۳) با وجود راه دور ، او هر روز پیاده به مدرسه می رفت.

در حالی که ...

۱) او در حالی که غذا می خورد ، روزنامه می خواند .

۲) او در حالی که ماشین می راند ، با موبایل با دوستش صحبت می کرد.

۳) ماشین او در تصادف سخت خراب شد ، در حالی که او فقط چند زخم خفیف ([zakhm-e khafeef] 轻伤) برداشت و سالم ماند.

دست از ... کشیدن

۱) او با وجود آن که صدها بار شکست خورد ولی دست از کوشش نکشید .

۲) او با وجود خستگی و گرفتاری ، هیچ وقت از خود آموزی دست نمی کشد .

۳) هوا تاریک شد و کارگران دست از کار کشیدند .

۴) با وجود شکست در ساختن هواپیما ، او دست از این کار نکشید و تصمیم گرفت که از راه دیگری آزمایش خود را ادامه دهد .

۶- ترکیبهای زیر را به فارسی ترجمه کنید.

拯救……生命	脱下衣服	想办法	火车汽笛声
火车司机	刹车	心跳起来	山体塌方
响起……声音	堵塞道路	太阳下山	收工
旅客列车	自忖	因……而不安	从山的后面
使……知晓	笑脸	停止前进	寒风刺骨

۷- قسمت داخل پرانتز را ترجمه کنید.

۱) در حالی که _____ (穿着暖和的外套) ، باز از سرما می لرزید.

۲) در حالی که _____ (坐在教室里) ، فکرش در جای دیگر بود.

۳) در حالی که ________ (把手插在裤兜 (衣兜 جیب) 里) ، سوت می زد.

۴) در حالی که ________ （上火车） ، دست خود را برای دوستش تکان می داد.

۵) او در حالی که ________ (吃着晚饭) ، تلویزیون تماشا می کرد.

۶) دختران در حالی که （唱着歌） ، می رقصند.

۸- طبق نمونه جمله بسازید.

۱) نمونه :

دست از... کشیدن زنگ ناهار را زدند. کارگران دست از کار کشیدند و به غذاخوری رفتند.

۲) نمونه :

... را از ... آگاه ساختن ما باید هر چه زودتر پدر و مادرش را از این پیش آمد آگاه سازیم.

۳) نمونه :

از اندیشهٔ ... قلب کسی به تپش افتادن از اندیشهٔ امتحان شفاهی مهمّ فردا، قلبش سخت به تپش افتاد.

۴) نمونه :

با وجود ... با وجود خستگی و گرسنگی او به راه پیمایی ادامه داد .

۹- سؤال و جواب

۱) وقتی که ریز علی به خانه برمی گشت، هوا تاریک بود؟ شما از کجا می دانید؟

۲) وقتی که ریز علی به خانه برمی گشت ، چه صدایی به گوشش رسید؟

۳) چرا ریز علی از شنیدن آن صدا سخت مضطرب شد؟

۴) ریز علی پس از شنیدن آن به چه فکری افتاد؟

۵) چرا ریز علی قلبش به تپش افتاد؟

۶) ریز علی چطور رانندهٔ قطار را از خطر آگاه ساخت؟

۷) راننده از دیدن آتش چه کرد؟

۸) وقتی که مسافران از قطار بیرون آمدند، چه دیدند؟

۹) چرا ریز علی را فداکار می دانیم؟

۱۰- جمله های زیر را به فارسی ترجمه کنید.

1) 虽然风雪很大，但客车还是准时到站了。
2) 不管遇到什么困难，他从来没有放弃过努力。
3) 超市突然起火，人们慌慌张张地冲出大门，四处逃跑。
4) 当我们到达那里的时候，孩子们已经得救了。
5) 我真走运！我被一家德国公司录取了。他们通知我后天去上班。
6) 他一面高举火把，一面快速地跑进运动场。
7) 穿过这条偏远的山路，不仅艰难，而且还很危险。
8) 他很会学习，他是我们班学得最好的。
9) 当我们到达机场的时候，他们已经在问询处那里等待了半个多小时了。
10) 半个多月来，连降大雨，造成火车轨道两旁的山体滑坡。

شعر

نحوی و کشتیبان

آن یکی نحوی به کشتی در نشست   رو به کشتیبان نمود آن خودپرست

گفت:" هیچ از نحو خواندی؟ گفت:" لا"   گفت : " نیم عمر تو شد بر فنا "

دل شکسته گشت کشتیبان ز تاب   لیک آن دم گشت خاموش از جواب

باد کشتی را به گردابی فکند گفت کشتیبان بدان نحوی بلند :

" هیچ دانی آشنا کردن بگو " گفت:" نی ، از من تو سباحی مجو!"

گفت:" کلّ عمرت ای نحوی فنا ست زآن که کشتی غرق در گردابها ست..."

(مولانا)

واژه ها

نحوی	[nahvee]	（名）	语法学家
کشتیبان	[keshteebān]	（名）	船夫、船长、舰长、领航员、舵手
خودپرست	[khodparast]	（名）	利己者、自私者
		（形）	妄自尊大的、自私的
نحو	[nahv]	（名）	（语）句法、语法
لا	[lā]	（副）	阿拉伯文的否定语气词，表示“不”“否”
عمر	[omr]	（名）	一生、寿命、生命
فناء	[fanā']	（名）	无、不存在、毁灭、死亡
تاب	[tāb]	（名）	翘曲、弯曲、卷、打弯
لیک	[leek]	（名）	但是、可是
گرداب	[gerdāb]	（名）	旋涡
فکند = افکند	[fekand]	（动）	动词افکندن的过去时第三人称
افکندن(افکن)	[afkandan(afkan)]	（动）	投、扔、抛
سبّاح	[sabbāh]	（名）	泅水、游泳者
جستن(جوی)	[jostan(jooy)]	（动）	寻找、找到
غرق	[ghargh]	（名）	淹没、沉没（水中）

متن خواندنی

دانشمند و قایق ران

دانشمندی ایام استراحت خود را کنار دریایی می گذراند. روزی تصمیم

گرفت که با قایق روی دریا گردش کند. بدین منظور قایقی کرایه کرده و شروع به قایق‌رانی نمود. طی گردش دانشمند از قایق‌ران پرسید :

- رفیق تو علم فیزیک را می‌دانی ؟

- نه خیر، نمی‌دانم.

- راستی چه آدم بدبختی هستی. هر کس فیزیک نداند، یک سوّم عمرش به باد فنا رفته است.

دانشمند پس از قدری گردش دوباره رو به قایق‌ران کرده و گفت :

- رفیق تو در علم هیئت سر رشته داری ؟

- نه خیر، از آن هم چیزی نمی‌دانم.

- آه، راستی که آدم بدبختی هستی. بنابر این دو سوّم عمر خود را به باد فنا داده ای.

در این هنگام باد سختی شروع به وزیدن کرد و قایق در آب سرنگون شد. قایق‌ران پرسید :

- آقا، شما شنا کردن را بلدید ؟

- متأسفانه بلد نیستم.

- بسیار خب، در این صورت لباسم را محکم بچسبید و خودتان را محکم نگهدارید، والا سه سوّم عمر شما به باد فنا خواهد رفت.

درس چهاردهم

تمرین

۱- عبارتهای زیر را به فارسی ترجمه کنید:

租船　划船　几何学　紧紧抓住　把……白白浪费掉　刮起大风

۲- سؤال و جواب

۱) دانشمند در ایام استراحت خود چه تصمیمی گرفت؟

۲) دانشمند از قایق ران چه پرسید؟

۳) دانشمند بعد از شنیدن جواب قایق ران چه گفت؟

۴) دانشمند بار دوم از قایق ران چه سؤالی کرد؟

۵) دانشمند پس از شنیدن پاسخ قایق ران به سؤال دوّمش، به قایق ران چه گفت؟

۶) ناگهان چه اتفاق خطرناکی افتاد؟

۷) وقتی قایق سرنگون شد، قایق ران از دانشمند چه پرسید؟

۸) قایق ران هنگام خطر به دانشمند چه گفت؟

۹) شما از این داستان چه آموختید؟

ضرب المثل　谚语

劣质的茄子不招虫。	بادمجان بم آفت ندارد.
一切是照旧	همان آش است و همان کاسه.

درس پانزدهم

شعر (۱)

میازار موری که دانه‌کش است

چه خوش گفت فردوسیِ پاکزاد　　که رَحمت بر آن تُربَتِ پاک باد

«میازار موری که دانه‌کش است　　که جان دارد و جان شیرین خوش است»

مَزَن بر سرِ ناتوان دستِ زور　　که روزی در اُفتی به پایش چو مور

گرفتم ز تو ناتوان‌تر بسی است　　توانا‌تر از تو هم، آخر کسی است

خدا را بر آن بنده بخشایش است　　که خَلق از وُجودش در آسایش است

(سعدی)

واژه ها

آزاردن = آزردن	[āzārdan]	（动）	欺负、折磨
مور = مورچه	[moor=moorche]	（名）	蚂蚁

搬谷粒的	（形）	[dāne kesh]	دانه کش
出身高贵的、贵人	（名）	[pākzād]	پاکزاد
怜悯、仁慈、慈善	（名）	[rahmat]	رحمت
土、土壤	（名）	[torbat]	تربت = خاک
是	（动）	[bād]	باد = باشد
瘦弱的；无能为力的、	（形）	[nātavān]	ناتوان
强力、武力、压力	（名）	[zoor]	زور
掉下、落下	（动）	[dar oftee]	درافتی = در بیفتی
（本课词意）假设、假想、	（动）	[gereftan]	گرفتن = فرض کردن
比你		[ze to]	ز تو = از تو
饶恕、宽恕、原谅	（名）	[bakhshāyesh]	بخشایش

شعر (۲)

پشه و چنار

کرده بد یک چند سارخکی قرار　　بر درختی بن قوی یعنی چنار

چون سفر را کرد آخر کار راست　　از چنار کوه پیکر عذر خواست

گفت : زحمت دادمت بسیار من　　زحمتی ندهم دگر این بار من

مهر بر داشت از زبان حالی چنار　　گفت خود را بیش از این رنجه مدار

فارغم از آمدن و ز رفتنت　　نیست جز بیهوده در هم گفتنت

ز آن که گر همچون تو آید صد هزار　　یک دمم با آن نباشد هیچ کار

(عطار)

واژه ها

蚊子	(名)	[pashe]	پشه
梧桐树	(名)	[chenār]	چنار
= بود	(动)	[bod]	بد
蚊子	(名)	[sārkhak]	سارخک
树根	(名)	[bon]	بن
巨大的	(形)	[koohpeykar]	کوه پیکر
= دیگر	(形)	[degar]	دگر
原谅、宽恕	(动)	[ozr]	عذر خواستن
疲惫不堪的、劳累的	(形)	[ranje]	رنجه
空闲的	(形)	[fāregh]	فارغ
呼吸、瞬间、一刹那	(名)	[dam]	دم

تمرین

۱- سؤال و جواب

۱) چرا پشه بر روی چنار نشست؟

۲) چرا پشه از چنار عذر خواست ؟

۳) پشه به چنار چه گفت ؟

۴) چنار به پشه چه جواب داد ؟

۵) داستان این شعر به ما چه می آموزد ؟

۲- شعر را به نثر در بیاورید.

۳- شعر را حفظ کنید.

متن خواندنی (۱)

ابن سینا

ابن سینا یکی از بزرگ ترین دانشمندان ایران و اسلام است. او در سال ۳۷۰ هجری قمری در بخارا که یکی از شهرهای ایران آن روز بود، به دنیا آمد.

هنوز سنّ او به بیست نرسیده بود که در پزشکی ، فلسفه و ریاضی از همهٔ استادانِ آن موقع پیشی گرفت. بعضی علومِ دیگر را هم خوب می دانست. در هفده سالگی بیماری سخت امیر بخارا را درمان کرد. داستان امیر جوانی که از عشق دختری بیمار شده بود و شاهزاده ای که فکر می کرد گاو شده و چیزی نمی خورد، بسیار جالب و شنیدنی است. او سالها وزیر بود و فقرا را رایگان درمان می کرد.

آثار ابن سینا به ۲۳۷ عدد می رسد. بسیاری از آنها به زبانهای مختلف ترجمه شده و در دانشگاه های دنیا تدریس شده است . او در سن ۵۸ سالگی در همدان در گذشت.

تمرین

سؤال و جواب

۱) ابن سینا در کدام سال و کجا به دنیا آمد؟

۲) سطح دانش و علم ابن سینا در دوران جوانی چطور بود؟

۳) ابن سینا در چه سنّی بیماری امیر بخارا را معالجه کرد؟

۴) آثار ابن سینا چند عدد است؟

۵) ابن سینا در چند سالگی در گذشت؟

متن خواندنی(۲)

تهران ، پایتخت ایران

بیشتر از دویست سال پیش بود که تهران پایتخت ایران شد. در آن زمان، تهران بخشی از شهر ری بود. ولی در حال حاضر، تهران بزرگ ترین و پرجمعیّت ترین شهر ایران و مرکز سیاست است.

حدود هفت میلیون نفر در تهران زندگی می کنند. در طولِ روز این جمعیّت به بیشتر از ده میلیون نفر می رسد. اغلب کسانی که در تهران زندگی می کنند، در طولِ بیست تا سی سال گذشته، از شهرستان ها به تهران آمده اند. به همین علّت، در گوشه و کنار این شهر بزرگ، معمولاً افراد زیادی را می بینیم که با همدیگر به زبان ترکی، لری، بلوچی، کردی ... حرف می زنند.

هوای تهران در تابستان بسیار گرم و در زمستان بسیار سرد است. شمال تهران در دامنه های سبز و خشکِ کوه های البرز واقع شده است و جنوب آن را دشت نسبتاً خشک و سوزانی تشکیل داده است.

تهران شهری است سنّتی با ساختمان های جدید. در کنار بزرگراه های زیبا و پل های غول آسا و ساختمان های بلند این شهر، می توانید بازار

بزرگ و خانه ها و خیابان های قدیمی و محلّه های سنّتی را ببینید. هنوز در بعضی از محله های قدیمی تهران، درهای چوبی خانه هایی دیده می شوند که دو طرف آنها پلّه هایی گذاشته شده است تا مردم نزدیک غروب روی آن بنشینند و استراحت کنند.

کوه ها و باغ های شمال شهر تهران، محل مناسبی برای استراحت و تفریح در روزهای آخر هفته است . معمولاً در روزهای پنج شنبه و جمعه می توانید جوانان زیادی را در این مناطق ببینید که با شادی و خوشحالی از تپّه ها و دامنه ها بالا می روند.

تمرین

سؤال و جواب

۱) تهران در چه وقت پایتخت ایران شد ؟

۲) اکنون جمعیّت تهران چقدر است؟

۳) هوای تهران چطور است؟

۴) ساختمان خانه های مردم تهران چطور است؟

۵) خانه های سنّتی چگونه اند؟ معمولاً در کدام منطقه تهران دیده می شوند؟

درس شانزدهم

متن

اتو نا امید نشد و دست از کوشش نکشید. عاقبت پس از چندین سال زحمت، روزی بالهای بزرگ را به دوش خود بست و از فراز تپه ای خود را در فضا رها کرد.

داستان پرواز

انسان از زمان های قدیم آرزوی پرواز داشته است. می خواسته است در آسمان زیبای آبی پرواز کند و از ابرها بگذرد. می خواسته است که به ماه روشن و ستارگان درخشان برسد. انسان برای رسیدن به این آرزو کوششها و فداکاریهای بسیار کرده است.

حدود صد سال پیش، جوانی بنام اتو به فکر پرواز افتاد. او در بالهای پرندگان دقّت بسیار کرده بود. اتو می گفت: اگر بتوانم بال بزرگ و نیرومندی بسازم، خواهم توانست مانند پرندگان پرواز کنم. پس به کار و آزمایش پرداخت. بال های گوناگون ساخت، ولی با هیچ کدام نتوانست پرواز کند. اتو نا امید نشد و دست از کوشش نکشید. عاقبت پس از چندین سال زحمت، روزی بال های بزرگ را بر دوش بست و از فراز تپّه ای خود را در فضا رها کرد. هنگامی که آرام و آهسته به

زمین فرود آمد، از شادی در پوست خود نمی گنجید. این پیروزی او را بر این داشت که کار خود را ادامه دهد و صد ها بار برای مدّتی بسیار کوتاه در آسمان پرواز کند. از آن پس اتو بال های بهتر و محکم تری ساخت. ولی روزی هنگام پرواز ناگهان بادی تند وزید و بالهای قهرمان پرواز را در هم شکست.

ویلبررایت، جوان با هوش و درسخوان آمریکایی بود. روزی هنگام بازی به زمین خورد. به سبب شکستگی استخوان اگر چه مجبور شد چند سال در خانه بماند ، ولی در این مدّت بیکار ننشست و کتابهای بسیار خواند. اتّفاقاً کتاب هایی در بارهٔ سرگذشت اتو و کارهای او خواند. ویلبر شیفتهٔ آزمایش های اتو شد و تصمیم گرفت کار او را دنبال کند . او با کمک برادر خود ارویل بال هایی ساخت که با آن می شد از بلندی به سلامت فرود آمد. چندی بعد این دو برادر آمریکایی به فکر ساختن ماشینی برای پرواز افتادند. سه سال طول کشید تا کوشش ها و تجربه های آنها به نتیجه رسید. هنگامی که نخستین هواپیما آماده شد ، آنها دوستان خود را دعوت کردند تا پروازشان را تماشا کنند. هواپیما روشن شد و قلب دو برادر ازهیجان می تپید. سرانجام هواپیما از زمین برخاست و به پرواز در آمد. این پرواز ۳۸ دقیقه به طول انجامید. سپس هواپیما در میان شادی دوستان به سلامت بر زمین نشست و ویلبر با سرافرازی از آن خارج شد. ویلبر و اوریل اولین کارخانهٔ هواپیماسازی را تأسیس کردند. بدینسان آسمان به اختیار انسان درآمد.

از آن زمان تاکنون بیش از نود سال می گذرد. امروز هواپیماهای غول پیکر در اندک زمانی انسان را از این سوی زمین به سوی دیگر آن می برند. همچنین

درس شانزدهم

دانشمندان پس از کوشش بسیار دستگاهی ساختند که انسان توانست با آن در کرهٔ ماه فرود آید.

دانشمندان بازهم برای راه یافتن به فضاهای دوردست و کره های دیگر کوشش می کنند.

سعدی شاعر بزرگ ایرانی، دربارهٔ پرواز معنوی انسان گفته است:

رسد آدمی به جایی که به جز خدا نبیند

بنگر که تا چه حدّ است مکان آدمیّت.

◆ 现在完成进行时态
现在完成进行时态动词的构成
现在完成进行时态动词的用法

واژه ها

愿望、理想、希望	（名）	[ārezoo]	آرزو
忘我、自我牺牲、献身	（名）	[fedākāree]	فداکاری
认真、注意、集中精力	（动）	[deghat ~]	دقت کردن
翅膀	（名）	[bāl]	بال
强大的	（形）	[neeroomand]	نیرومند
终于、最后、结果、结局	（名、副）	[āghebat]	عاقبت
烦劳、麻烦、辛苦、辛劳、劳动	（名）	[zahmat]	زحمت
肩、肩膀	（名）	[doosh]	دوش
顶部、顶峰、在……上面	（名）	[farāz]	فراز
山丘、岗	（名）	[tappe]	تپّه
平静、安静	（名、形、副）	[ārām]	آرام
平静的（地）、安静的（地）、宁静的（地）			

皮肤、兽皮、树皮、壳	（名）	[poost]	پوست
容纳、包括、包含	（动）	[gonjeedan]	گنجیدن(گنج)
胜利、顺利、成功	（名）	[peeroozee]	پیروزی
牢固的、坚实的、稳固的	(形、副)	[mohkam]	محکم
英雄、勇士、冠军	（名）	[ghāhramān]	قهرمان
英勇的、勇敢的	（形）		
读书的、用功的；学生	（形、名）	[darskhān]	درسخوان
原因、缘故、理由、由于……	(名、介)	[sabab]	سبب
折断、损失、骨折	（名）	[shekastegee]	شکستگی
骨	（名）	[ostokhān]	استخوان
虽然	（连）	[agar che]	اگرچه
被迫的、迫不得已的	（形）	[majboor]	مجبور
被迫、不得已、勉强	（动）		~ شدن
入迷的、激情的、迷恋于……的、热衷于……的	（形）	[sheefte]	شیفته
迷恋于……、热衷于……、着魔	（动）		~ بودن/ شدن
延续	（动）	[tool ~]	طول کشیدن
激动、激昂、兴奋	（名）	[hayajān]	هیجان
自豪、高贵、光荣	（名）	[~ afrāzee]	سرافرازی
制造飞机	（名）	[havāpeymā~]	هواپیماسازی
创立、建立、成立、举行	（名）	[ta'sees]	تأسیس
创立、建立、成立、举行	（动）		~ کردن ~ شدن
现在、此刻	（副）	[konoon]	کنون
巨大的、巨型的	（形）	[ghoolpeykar]	غول پیکر
不多的、少量的、少时的	（形）	[andak]	اندک
器具、机器、装置、仪器	（名）	[dastgāh]	دستگاه
限度、界限、程度	（名）	[hadd(hodood)]	حدّ(حدود复)
人类、人性、人的美德	（名）	[ādamiyyat]	آدمیّت
精神的、理性的、抽象的	（形）	[ma' navee]	معنوی

اسم های خاصّ

奥托	（人名）	[oto]	اتو
维尔伯拉依特	（人名）	[veelberrāyt]	ویلبررایت

درس شانزدهم

| اوریل | [oreeyel] | （人名） | 奥利叶 |

دستور زبان

现在完成进行时态 [1]

ماضی نقلی استمراری

1. 现在完成进行时态的构成

肯定式：می + 动词过去时态词根 + ه + 人称词尾
否定式：نمی + 动词过去时态词根 + ه + 人称词尾

以动词 کردن 的现在完成进行时态的六个人称变位为例：

	肯定式	否定式		肯定式	否定式
单数	می کرده ام	نمی کرده ام	复数	می کرده ایم	نمی کرده ایم
	می کرده ای	نمی کرده ای		می کرده اید	نمی کرده اید
	می کرده است	نمی کرده است		می کرده اند	نمی کرده اند

2. 现在完成进行时态的用法

这是一个现在完成时态和过去进行时态融合在一起的时态。用于某动作在过去的某个时刻发生，并且在过去不断持续或反复进行，其状态或结果一直持续到说话这一时刻。例如：

تابستان ها در نواحی مسیر رودخانهٔ یانگ تسه کیانگ همیشه بارانهای سیل آسا می باریده است و سبب آسیب های فراوان می شده است.

夏季长江流域一带经常暴雨成灾。

او برای تحقق آرزوی خود سالها تلاش می کرده است.

现在完成进行时态多用于书面。

---

[1] ماضی نقلی استمراری 这个语法术语中的 ماضی 在波斯语的意思是"过去的"，但我们没有把它译为过去完成进行时态，而译为现在完成进行时态，这是因为这个时态与现在完成时态有紧密的关系。这个时态与现在完成时态的主要区别是：现在完成进行时态更强调动作开始直至说话这一时刻的持续性和反复性。

多年来，他一直为实现自己的理想而努力奋斗。

طبّ سوزنی از زمانهای قدیم در چین همواره برای معالجهٔ بیماریهای گوناگون استفاده می شده است.

针灸从中国古代开始就一直被用来治疗各种疾病。

مردم مناطق شمالی چین هر سال هنگام عید بهاره ، غذایی بنام جیائو زه می خورده اند.

中国北方的老百姓过春节时总是吃一种叫饺子的食物。

کتابهای مهمّ ابوعلی سینا به زبانهای خارجی ترجمه شده و استادان بزرگ در دانشگاههای مشهور جهان، این کتابها را به دانشجویان می آموخته اند.

阿卜·阿里·西拿的重要著作翻译成了各种文字，世界著名大学的教授们一直在学习他的书籍。

3. 现在完成进行时态多用于书面。

تمرین

۱- مترادف کلمات زیر را بنویسید.

عاقبت ――	هیچ کدام ――
به سبب ――	سر گذشت ――
گوناگون ――	آماده ――
فراز ――	غول پیکر ――
دنبال کردن ――	دوردست ――
از آن پس ――	به طول انجامیدن ――
دقت کردن ――	بال ――
فرود آمدن ――	انحامیدن ――

درس شانزدهم

۲- تمرین کلمات

نشستن

۱) پرندگان پس از یک گردش ([gardesh] 盘旋) روی یک درخت بزرگ نشستند.

۲) پس از طوفان، شن و خاک روی زمین نشست.

۳) دیشب باد شدیدی وزید امّا صبح امروز باد نشست.

۴) خواهرم پهلوی من می نشیند.

مجبور شدن

۱) سه روز بود که باران شدید می بارید. ما مجبور شدیم در خانه بمانیم.

۲) ماشینش خراب شده بود. او مجبور شد با اتوبوس سر کار برود.

۳) مادر من را مجبور کرد که بستری شوم. اجازه نداد که من به مدرسه بروم.

۴) امشب وقت ندارم. چون مجبورم تکلیفهای خود را انجام دهم. نمی توانم نزد شما بیایم.

شیفته بودن / شدن

۱) او از بچگی شیفتهٔ فوتبال بوده است.

۲) پس از آن که بچه اش شیفتهٔ بازیهای کامپیوتری شد، روزبروز علاقه اش برای درس خواندن را از دست داد.

۳) لانگ لانگ پیانوزن معروف، در بچگی پس از تماشا کردن فیلم"میکی مئوس [Mickey Mouse] " شیفتهٔ پیانو می شده است.

بیکار نشستن / ننشستن

۱) در تعطیلات تابستان او بیکار ننشست. او در یک رستوران به عنوان خدمتکار کار کرد تا برای شهریّهٔ (shahriyye) (学费) خود پول بدست آورد.

۲) پس از بازنشستگی (bāzneshestegee) (退休) او بیکار نمی نشسته و به کار مطالعات می پرداخته است.

۳) بچه ها، چرا بیکار نشستید؟ بیایید، به من کمک کنید!

اگرچه ... ولی ...

۱) اگرچه او سرما خورده است، ولی سر کار حاضر شده است.

۲) اگرچه او نا بینا ست، ولی می تواند کارهای زندگی خود را انجام دهد.

۳) اگرچه سنّش زیاد است، ولی او هر روز ورزش می کند.

... را بر این / آن داشتن که ...

۱) پیشرفت کوچکی او را بر این داشت که حتماً می تواند به مقصد خود برسد.

۲) آن داستان او را براین داشت که انسان روزی می تواند بالهایی بسازد و با آن ها در آسمان پرواز کند.

۳) حرفهای آن مرد او را بر آن داشت که او همان کسی است که دوچرخه اش را دزدیده است.

۳- عبارتهای زیررا به فارسی برگردانید و بعد باهریک از این عبارتها یک جمله بسازید.

飞机起飞   飞机飞行   飞机降落/着陆   制造飞机

۴- عبارتهای زیر را به زبان چینی ترجمه کنید .

شیفته شدن	پس از (...،/چندین سال زحمت/کوشش/... ،...)
بیکار نشستن	از شادی در پوست خود نگنجیدن
موجب شدن ...	(روزها، سالها...) طول کشیدن تا ...
بسلامت نشستن	... کسی را بر این / آن داشتن که ...
مجبور شدن ...	قلب... از هیجان تپیدن...
اگرچه ... ولی ...	

۵- یکی از عبارتهای فارسی مناسب در تمرین ۴ را انتخاب کنید و در جای خالی زیر بنویسید .

۱) پس از تکانهای شدید، هواپیما _______ روی زمین _______ .

۲) _____ راه خیلی دور بود ، ______ آنها بموقع به مقصد رسیدند.

۳) _____ او سرانجام آن کتاب مهمّ را به فارسی ترجمه کرد.

۴) تشویق و کمک دوستانش ، او را ______ با وجود تمام اشکالات موجود و شکستهای زیاد، به آن کار ادامه دهد.

۵) او _______ ، چون خواهرش که حدود چهل سال از هم جدا هستند ، برای دیدنش از تایوان خواهد آمد .

۶) تخلّف (破坏[takhallof]) از مقرّرات راهنمایی ________که اتّفاقات بد رخ دهد .

۷) به مدرسه دیر آمدم ، چون دوچرخهٔ من سر راه پنچر ([panchar]瘪气) شد و ______ پیاده بیایم.

۸) _____ از رسیدن ما به ایستگاه ، اتوبوس آمد .

۹) برنامهٔ بعدی نمایش مال من است. من بی اختیار 情不自禁地

([bee ekhtiyār]) _________ .

۱۰) حرفهای پدرش او را_____ که _____ درس خواندن ، _____

برای پیدا کردن شغلی به جنوب برود.

۱۱) نزدیک است که تمام بچه ها_______ فیلم " هالی بت "_____ .

۱۲) _____ آنها با پول خود جاده ای از ده به شهر کشیدند.

۱۳) پس از دست دادن کار خود ، او _____ و در یک رستوران کار کرد.

۶- در هر یک از جاهای خالی متن زیر یک کلمه جا افتاده است. روی هر جای خالی یک کلمه لازم بنویسد.

دیدار

یک روز فرشته مریض ([mareez] 生病的) _____. وقتی که آموزگار (中小学教师) نام شاگردان ____ می خواند ، گفت : امروز پس ______ درس برای ___ فرشته می روم. شما هم می توانید ____ من به _____ او بیایید . بعضی ___ بچه ها گفتند : ما ظهر ____ پدر و یا مادرمان اجازه ____ و ____ شما ___ خانهٔ فرشته می رویم . پس____ درس ، آموزگار و بعضی از فرشته به ____ او ___ . فرشته ____ دیدن آموزگار و _____ خیلی خوشحال و ____ آنها تشکر کرد.

۷- با "باوجود این / آن که " و" با وجود این / با این وجود " جمله های زیر را کامل کنید.

مثال:

او بالهای گوناگونی ساخت ، ولی ______________________ .（用它们没有一个可以飞得起来） او بالهای گوناگونی ساخت ، ولی با وجود این، با هیچیک از آنها نتوانست پرواز کند.

۱) من سر ما خورده ام ، ولی ______________ .
（尽管如此，我并没有停止工作）

۲) آقای صدری راهش دور است ، ولی ________________ .
（尽管如此，他还是准点去机关上班）

۳) ___________ （虽然他的手臂骨折了）، ولی همیشه کتاب می خواند.

۴) （书虽然没有舌头） ________________ ، ولی سخن می گوید .

۵) بابک بچه است، ___________ （但尽管如此，很多事他都懂）

۸- با استفاده از الگوی " اگرچه ... ولی ... " جمله های زیر را کامل کنید.

مثال :

(尽管他多次试验) موفّق نشد. اگرچه او بارها آزمایش کرد، ولی هیچ وقت موفّق نشد.

۱) (尽管我的父亲老了) ولی هنوز محکم راه می رود.

۲) (尽管他们初次见面) ولی به همدیگر عشق ورزیدند.

۳) (尽管我们大家阻拦他) ولی او پایش را در یک کفش کرد [1] و رفت .

۴) (尽管奥拓在天空中飞行了上百次) ولی هرگز موفّق نشد که هواپیما

[1] او پایش را در یک کفش کرد 他固执己见。

بسازد.

۵) اما اتو (尽管那天风很大) بسلامت فرود آمد .

۹- سؤال و جواب

۱) تا صد سال پیش آسمان جای پرواز چه موجوداتی بود؟

۲) انسان از زمانهای قدیم چه آرزویی داشت؟

۳) نخستین کسی که به آرزوی پرواز رسید چه کسی بود ؟ او اهل کجا بود؟

۴) نخستین هواپیما را چه کسی ساخت؟

۵) فرق پرواز اتو با پرواز برادران رایت چه بود؟

۱۰- جمله های زیر را به فارسی ترجمه کنید.

1）他一直想飞上蓝天，而且为了实现这个理想，他一直在努力。过了很多年直到有一天他做出了第一个翅膀，用它飞行了几分钟。

2）经过了三年的辛劳之后，他们终于建成了一个小型拖拉机（ تراکتور [trāktor] ）制造厂。

3）这件事使他决定毕业后回到农村教书，建设家乡。

4）每当他想到他即将回到祖国，见到他的亲人，就激动得心跳了起来。

5）尽管失败多次，但是他没有灰心失望，继续进行他的试验。

6）虽然他被迫留在家中，但他没有闲着，继续复习功课。

7）他的努力没有白费。他的作文第一次得到了老师的表扬，并且在全班朗读。他高兴得眉飞色舞。

8）人类一直在寻找通向遥远宇宙和其它星球的途径。

9）第一次小小的成功使她确信总有一天人类能制造出更坚固的翅膀，并且用它在天空中自由地（ آزادانه [āzādāne]）翱翔。

10）为了飞向宇宙更远的地方，人类作出了许多努力和牺牲。从奥托开始直至今日，人类不仅可以飞上天，飞向宇宙，登上月球，而且还正在为登上火星（ مرّیخ [merreekh]）而努力奋斗。

شعر

اشک یتیم

روزی گذشت پادشهی از گذرگهی — فریاد شوق بر سر هر کوی و بام خاست

پرسید زان میانه یکی کودکی یتیم — کاین تابناک چیست که بر تاج پادشاست

آن یک جواب داد چه دانیم ما که چیست — دانیم آن قدر که متاعی گرانبهاست

نزدیک رفت پیرزنی گوژپشت و گفت — این اشک دیدهٔ من و خون دل شماست

ما را به رخت و چوب شبانی فریفته است — این گرگ سالهاست که با گلّه آشناست

آن پارسا که ده خرد و ملک، رهزن است — آن پادشا که مال رعیت خورد گداست

بر قطرهٔ سرشک یتیمان نظاره کن — تا بنگری که روشنی گوهر از کجاست

(پروین اعتصامی)

واژه ها

一群	（名）	[galle]	گلّه
国王、君主	（名）	[pādshah]	پادشه=پادشاه
笃信宗教的、波斯人	（名）	[pārsā]	پارسا
生气	（动）	[ranjeedan]	رنجیدن(رنج)
乞丐	（名）	[gedā]	گدا
眼泪	（名）	[sereshk]	سرشک
看	（动）	[nezāre-]	نظاره کردن
珍珠	（名）	[gowhar]	گوهر
走邪路的人	（名）	[kajravān(kajrow)]	کجروان(کجرو)
庄园	（名）	[molk]	ملک
强盗	（名）	[rahzan]	رهزن
农夫、庶民	（名）	[ra-iyyat]	رعیّت
街道	（名）	[kooy]	کوی
孤儿	（名）	[yateem]	یتیم
商品、物品	（名）	[matā']	متاع
贵重的	（形）	[gerānbahā]	گرانبها
驼背的	（形）	[goojhposht]	گوژپشت
眼睛	（名）	[deede]	دیده
放牧	（名）	[shabānee]	شبانی
欺骗	（动）	[fareeftan]	فریفتن(فریب)

اسم خاصّ

帕尔温	（人名）	[parveen]	پروین

تمرین

۱- شعر را حفظ کنید.

۲- شعر را به نثر بر گردانید.

۳- داستان شعر را بیان کنید.

۴- سؤال و جواب

۱) روزی چه کسی از راه می گذشت؟

۲) کودک پس از دیدن او چه پرسید؟

۳) چه کسی به این کودک جواب داد؟

۴) او چه طور جواب داد؟

۵) چرا او گفت پادشاه گرگ است؟

۶) چرا او گفت پادشاه گداست؟

گفتگوی محاوره ای

══ امیدوارم سر حرفت بمونی! ══

- **قراره** برای شب نشینی نوروز، دوستان قدیمی کلاس ما همگی جمع بشن خونهٔ من، تو هم میای؟

- **دوست دارم**، امّا نمی تونم.

- **چرا؟**

- قراره اون روز خونهٔ مادربزرگم باشم.

- حیف شد. شب نشینی **بدون تو لطفی نداره**. سعی کن بیایی.

- م... **باشه**، من ازشون اجازه می گیرم تا یه روز دیگه برم پیششون.

- راستی؟ مطمئنی؟

- بله، میام.

- ما همه منتظرتیم، **امیدوارم سر حرفت بمونی!**

ضرب المثل   谚语

کبوتر با کبوتر باز با باز.	物以类聚，人以群分。
کاسه گرمتر از آش است.	皇帝不急，急煞太监。

چایخانهٔ سرای مشیر در شیراز

چایخانه درکنار بازار وکیل واقع شده است. در چایخانه حوض سنگی هشت ضلعی در وسط و حجره هایی در دو طبقه شکل سنتی به این چایخانه داده است. تاریخ این بنا رمضان ۱۲۸۸ ه‍. ق. است.

语法指南

波斯语构词法概述

ساختار کلمات فارسی

波斯语的构词方法犹如拼搭积木，形式多样，构建方便灵活，能快捷地接受和表达新出现的概念，而且易于理解和掌握。现将构词法简单地介绍如下：

1. 波斯语词汇分类

波斯语词汇从结构上可分为简单词(کلمات بسیط/کلمات ساده) 和复合词(کلمات غیر بسیط / کلمات مرکّب)两大部分。

1）**简单词** —— 可以在句子中单独使用，本身不可拆分。

例如：کتاب ، صندلی ، دست ، خوب ، خود ، من

2）**复合词** —— 复合词是由两个或两个以上的简单词合成的。例如：

名词＋形容词 ——→	形容词	سرسخت
名词＋名词 ——→	名词	تختخواب
名词＋介词＋名词 ——→	副词、形容词	پی در پی

3）**派生词(کلمات مشتق)**

派生词是由两部分组成，一是简单词；另一个是“缀”。“缀”没有独立的词义，不能在句子中单独使用。“缀”分前缀（پیشوند）、中缀(میانوند)和后缀（پسوند）三种。后缀构成的词汇最多。

例如：

نا (前缀) + راحت	——→	ناراحت
سر+ ا (中缀)+ سر	——→	سراسر
دانش + (后缀) مند	——→	دانشمند
خرید + آر (后缀)	——→	خریدار

2. 动词构词法和动词派生词的构词法

1）动词构词法

波斯语中动词分简单动词和复合动词两大类。简单动词是个整体，不能分割。

从语法上说，有 16 个简单动词是组成复合动词的基础。这 16 个简单动词是：

کردن ، شدن ، ساختن ، نمودن ، فرمودن ، گشتن (گردیدن) ، زدن ، آمدن ،

دادن ، آوردن ، خوردن ، گرفتن ، دیدن ، بردن ، کشیدن ، داشتن

复合动词是由名词、形容词、副词或介词和一个简单动词构成的。在大多数的复合动词中简单动词已失去原有的词义。例如：

名词＋简单动词	زنگ زدن　سرما خوردن	کار کردن
形容词或副词＋简单动词	دراز کشیدن　کوتاه کردن	پر شدن
介词＋简单动词	برداشتن　برآمدن	در آوردن

2）动词派生词构词法

波斯语中动词派生词十分丰富。有动词派生名词和动词派生形容词、动词派生的主动形容词、动词派生的被动形容词，还有动词派生的复合名词和复合形容词等等。

关于动词派生词的构成将在以后的课文中再作介绍。

3．阿拉伯语构词法

还有一类复合动词是由阿拉伯语的动名词和波斯语的简单动词构成的。例如：

استعفاء کردن　متوجّه شدن　جمع شدن　استفاده کردن

波斯语中的阿拉伯语词汇绝大多数不按照波斯语构词法变化，但有的阿拉伯词也可加不定"ی"来转换词性等。关于阿拉伯语的构词法本教材采用了宋丕芳教授撰写的《阿拉伯语构词法》一文，供大家学习。此文请见本册教材附录。

درس هفدهم

گفتگو

شما به چه ورزشی علاقه دارید ؟

جمشید : پرویز و فرهاد: سلام ، شما کجا می روید ؟

پرویز : ما به باشگاه ورزشی می رویم تا پینگ پنگ بازی کنیم .[1]

فرهاد : شما به پینگ پنگ علاقه دارید ؟

ج : بله، پینگ پنگ را دوست دارم ، ولی من بیشتر به بسکتبال علاقه دارم .

ف : من هم باسکتبال را دوست دارم . پرویز ، تو چطور ؟

پ : من هم همینطور. امّا خوب بازی نمی کنم .

ج : واقعاً پینگ پنگ ورزش بسیار خوبی است .

پ : آفرین ! خوب گفتید ! پینگ پنگ یک ورزش عالی است! پینگ پنگ بدن ما را قوی می کند . گذشته از این، موجب افزایش چابکی و سرعت عمل انسان می شود .

ج : درست است .

پ : جمشید بیا با ما پینگ پنگ بازی کن .

ج : ببخشید ، امروز نمی توانم . چون تیم کلاس ما مسابقهٔ بسکتبال دارد . من هم در این مسابقه شرکت می کنم.

پ : تیم شما با چه کسی مسابقه می دهد ؟

---

1   باشگاه   俱乐部，在伊朗体育馆或健身房是俱乐部中主要的设施。

درس هفدهم

ج : با تیم کلاس عربی .

ف : مسابقه بین دو تیم برتر دانشکدهٔ ماست ! حتماً خیلی تماشایی است .

پ : پس از ورزش، ما می آییم مسابقهٔ شما را ببینیم .

ج : چه خوب ! بیایید تیم ما را تشویق کنید و برای ما شعار بدهید .

پ و ف : جمشید، نگران نباش ! ما یقین داریم که تیم شما می تواند آنها را شکست دهد .

ج : تشکر می کنم . فعلا خداحافظ .

پ و ف : خداحافظ . موفّق باشید !

واژه ها

باشگاه	[bāshgāh]	(名)	体育馆、健身房、俱乐部
پینگ پنگ	[ping pong]	(名)	乒乓
بسکتبال	[basketbāl]	(名)	篮球
قوی	[ghavee]	(形)	强大的、强壮的
~ کردن		(动)	使……强壮
چابکی	[chābokee]	(名)	灵敏、敏捷
عمل	['amal]	(名)	反应、反作用；行动、行为、实践、实行
تیم	[teem]	(名)	队、组
تماشایی	[tamāshāyee]	(形)	好看的、值得看的、有趣的
تشویق	[tashveegh]	(名)	鼓励、激励
~ کردن		(动)	
شعار	[sho'ār]	(名)	口号、(作战时的) 呐喊
~ دادن		(动)	喊口号、(作战时的) 呐喊、(体育运动时) 喊加油
شکست	[shekast]	(名)	失败、打破
~ دادن		(动)	把……打败、战胜
شرکت	[sherkat]	(名)	公司、参加
~ کردن		(动)	

构词法(一)
- 派生词
- 复合词

متن

بازیهای المپیک

بزرگترین بازیهای ورزشی جهان بازیهای المپیک است . در بازیهای المپیک ورزشکاران بسیاری از کشورهای جهان هر چهار سال یک بار گرد هم می آیند و نیروی جسمی و روحی خود را می آزمایند و به رقابت می گذارند.

بالون پییر کوبرتین

بازیهای المپیک در سال ۷۷۶ قبل از میلاد در شهر المپیا در جنوب یونان آغاز شد. در ابتداء بازیها در یک روز انجام می شد و فقط شامل دو و کشتی بود. وقتی که بازیها محبوبیّت بیشتری پیدا کرد، ورزشهای دیگر به آن اضافه شد. امّا یونانیان در حدود ۱۵۰۰ سال پیش ، بازیهای المپیک را از یاد بردند .

در سال ۱۸۹۶ میلادی، این بازیها از نو زنده شد. یک فرانسوی بنام بالون پییر

کوبرتین بازیهای المپیک را به جهانیان معرفی کرد . او در پاریس یک کنفرانس بین المللی تشکیل داد و در آن ، کمیسیون بین المللی بازیهای المپیک تشکیل گردید. او آرزو داشت که مردم کشورهای مختلف جهان در جایی به نام المپیا دور هم جمع شوند. او معتقد بود که در زندگی انسانها آنچه (که) مهمّ است ،[1] پیروزی نیست ، بلکه جریان رقابت با یکدیگر است . آنچه (که) اهمّیّت دارد، کسب پیروزی نیست ، بلکه سعی و کوشش به عمل آوردن می باشد . پس از دو سال ، آرزوی او تحقّق یافت . از آن به بعد ، هر چهار سال یک بار بازیهای المپیک در یکی از کشورها ی دنیا انجام می گیرد .

مراسم گشایش بازیهای المپیک بسیار شورانگیز است. نخست ورزشکاران شرکت کننده در مسابقه به ترتیب حروف الفباء رژه می روند بجز دو کشور؛ یکی یونان و دیگری کشور میزبان ، کشور یونان پیشاپیش رژه روندگان و قهرمانان کشور میزبان پشت سر همه قرار می گیرند.

پس از پایان رژه ، دونده ای که مشعل المپیک را در دست دارد وارد میدان می شود و آتشدان مسابقات را روشن

---

[1] ... آنچه (که) مهمّ است 其中的 که 可以省略。

می کند.

این آتش تا پایان مسابقات می سوزد.

همچنان که بازیهای المپیک یونان باستان، مردم شهرهای گوناگون این سرزمین را به هم نزدیک می کرد ، بازیهای المپیک امروز نیز مرد م جهان را بیش از پیش به یکدیگر نزدیک می کند و آنها را به هم می شناساند و به آنها درس برابری و برادری می دهد. مردم کشورهای مختلف از بازیهای المپیک با گرمی پشتیبانی می کنند ، زیرا بازیهای المپیک نشانهٔ صلح جهانی و همآهنگی ملل سراسر جهان می باشد .

واژه ها

ورزشکار	[varzeshkār]	（名）	运动员
نیرو	[neeroo]	（名）	力气、力量、军队、部队
جسمی	[jesmee]		身体的、躯体的
روحی	[roohee]	（名）	心灵的、精神的
ابتداء	[ebtedā']	（名）	开始、最初
کشتی	[koshtee]	（名）	摔跤、角力
محبوبیّت	[mahboobiyyat]	（名）	名望、盛名
زنده	[zende]	（形）	活的
کنفرانس	[konferāns]	（名）	会议、协商会、讨论会
بین المللی	[beynolmelalee]	（名）	国际的、世界的
تشکیل	[tashkeel]	（名）	组织、组成、召开
~ دادن		（动）	组织、组成、召开
~ شدن / یافتن		（动）	
کمیسیون	[komeesyon]	（名）	委员会、小组
مختلف	[mokhtalef]	（形）	不同的、有区别的、各种各样的

相信……的、确信……的	（形）	[mo'taghed]	معتقد
过程、流程、进程	（名）	[jarayān]	جریان
竞争、竞赛、抗争	（名）	[reghābat]	رقابت
意义、重要性	（名）	[ahammiyyat]	اهمّیّت
努力、勤奋	（名）	[sa'y]	سعی
行为、行动、实行、实践	（名）	[amal]	عمل
行动、实行、实践	（动）		به ~ آوردن
实现；确信	（名）	[tahaghghogh]	تحقّق
实现；确信	（动）		~ یافتن(یاب)
打开、开幕	（名）	[goshāyesh]	گشایش
使人激动的、煽动性的	（形）	[shoorangeez]	شورانگیز
参加者、参与者	（名）	[sherkat konande]	شرکت کننده
字母	（名）	[horoof]	حروف(单حرف)
字母表	（名）	[alefbā]	الفباء
阅兵、检阅、队列、队伍	（名）	[rejhe]	رژه
检阅、游行	（动）		~ رفتن
在前边、在……之前、从前、面对面	（介、副）	[peeshāpeesh]	پیشاپیش
游行者	（名）	[~ ravande]	رژه رونده
奔跑的、奔驰的、奔跑者、赛跑者	（形、名）	[davande]	دونده
火盆、烤炉	（名）	[ātashdān]	آتشدان
国家、领土、领域、地区	（名）	[sarzameen]	سرزمین
平等	（名）	[barābaree]	برابری
兄弟关系、兄弟情谊	（名）	[barādaree]	برادری
支持、保护、支援	（名）	[poshteebānee]	پشتیبانی
	（动）		~ کردن
和平	（名）	[solh]	صلح
和谐的（地）、齐心协力的（地）、意见一致的（地）、和声的（地）	（形、副）	[hamāhang]	هماهنگ

اسم های خاصّ

顾拜旦	Balon Pierre Coubertin		بالون پییر کوبر تین۱۹۳۷ - ۱۸۶۳
雅典	（地名）	[āten]	آتن
希腊	（国名）	[yoonān]	یونان
奥林匹亚	（地名）	[olempiyā]	المپیا

دستور زبان

构词法（一）

ساختمان کلمات (۱)

——派生词和复合词

1. 派生词 (اسم مشتق)

派生词是由简单词和缀构成的词。在波斯语中名词或形容词用前缀、中缀或后缀来改变其词性或丰富其词义的情况较多。了解这种方法有助于我们学习和记住词汇及词义。

缀的种类十分多，不下好几十种，在这里我们不可能一一列举，只能列举一些常见的，或我们曾经学到过的派生词来说明。

（1） 简单词加前缀

همکلاس ، هموطن	⟵	هم	با علاقه ، باخبر	⟵	با
بجا ، بنام ، بحق	⟵	به	بی توجّه ، بی نام	⟵	بی
نفهم ، نخواه	⟵	نه	نا چیز، نا توان	⟵	نا

（2） 简单词加中缀

سرازیر ، رنگارنگ ، کمابیش	⟵	آ
لابلا ، روبرو ، جا بجا	⟵	به

（3） 后缀种类最多，下面列举的后缀祇是其中的一小部分。

加后缀 ⟶ 名词

某种职业者	دانشمند، هنرمند	⟵	مند
某处看守者	باغبان ، دربان ، نگهبان	⟵	بان
表示某种行为者	تماشاچی ، پست چی ، تلفن چی	⟵	چی
表示地点的名词	نمکدان ، گلدان ، شمعدان	⟵	دان
表示地点的名词	بیمارستان ، افغانستان	⟵	ستان
表示地点的名词	دانشگاه ، آرامگاه ، گردشگاه	⟵	گاه
一种爱称或昵称	مردک، دخترک	⟵	ک
表示类似某物	لبه ، دندانه ، دسته، عروسک، موشک	⟵	ه ، ک

加后缀 ——→ 形容词或副词

形容词或副词	سرسختانه، متأسفانه، شبانه، روزانه	←	انه
形容词或副词	بچگانه، جداگانه، دوگانه	←	گانه
形容词	شرمگین، خشمگین ، رنگین	←	گین
形容词	نوین، پیشین، دیرین	←	ین
形容词	خطرناک، ترسناک، دردناک	←	ناک

（4） 后缀 ی- 的构词形式

后缀ی- 是波斯语构词形式中用得很多的一种形式。不仅可以用在波斯语或阿拉伯的词汇上，还可用于外来词上。其主要作用是实现名词与形容词之间的转换。

1） 名词加后缀 ی- [ee]，使名词变为形容词。在波斯语语法上称名词加后缀 ی- 构成的形容词为关系形容词（ یِ نِسبی ），以区别于泛指 ای（ یِ نکره ）。在关系形容词中后缀 ی- 在单词中读重音。 例如：

城市的 (城里人)	شهر + ی ← شهری	伊朗的 (伊朗人)	ایران + ی ← ایرانی
中国的 (中国人)	چین + ی ← چینی	南方的 (南方人)	جنوب + ی ← جنوبی
星星的	ستاره + ی ← ستاره ای	玻璃的	شیشه + ی ← شیشه ای
沙漠的、 田野的	صحرا + ی ←صحرا یی	哪里的 (哪里人)	کجا + ی ← کجا یی

2） 形容词加后缀 ی- 变名词。例如：

炎热、热情	گرم + ی ← گرمی	好、优点	خوب + ی ← خوبی
高､高度､高地	بلند+ی← بلندی	巨大､大､尺寸､大小	بزرگ+ی← بزرگی
饿饥	گرسنه + ی ← گرسنگی	渴	تشنه + ی ← تشنگی
香、好味道	خوشبو← خوشبویی	美丽	زیبا + ی ← زیبایی

2. 复合词 (اسم مرکّب)

复合词是指两个或两个以上的简单词所合成的词，条件是构成复合词的简单词都是不可拆分，且有各自独立的词义。
　　复合词的形式千变万化，有名词和形容词互相交替合成的，也有介词或数词同名词或形容词合成的，还有动词派生的复合名词或形容词，以下举例说明。

　　（1）复合名词和复合形容词

名词 + 名词	کتابخانه	چوبدست
形容词 + 名词	پرشکوه	بلندقد
代词 + 名词	خود آگاه	خودرو
数词 + 名词	سه تار	چهارراه
介词 + 名词	زیرزمین	بالادست
双叠词	رفته رفته	کم کم
名词 + 介词	روبرو	روزبه روز
简单词 + 连词	رفت و آمد	سرتا پا
与阿拉伯词 ال 合成	فارغ التحصیل	بالاخره

　　（2）动词派生复合名词和形容词
　　动词派生复合名词和形容词是由动词词根加其它成分组成，形式很多，例如其中有动词词根加名词或形容词或介词、有的是动词派生词再加上其它成分或前缀或后缀等等，下面举一些例子。

　　1）名词 + 动词现在时词根

持久的、永恒的	پایدار	←	دار	+	پای	: دار(داشتن)
唾手可得的	دست رس	←	رس	+	دست	: رس(رسیدن)
邮递员	نامه رسان	←	رسان	+	نامه	: رسان(رساندن)
大学生	دانشجو	←	جو	+	دانش	: جو (جستن)
激动人心的	شور انگیز	←	انگیز	+	شور	: انگیز(انگیختن)

　　2）代词 + 动词词根

| 自满的 | خودپسند | ← | پسند | + | خود | : پسند(پسندیدن) |
| 自来水笔 | خودنویس | ← | نویس | + | خود | : نویس(نوشتن) |

　　3）名词 + 动词派生形容词

　　　　划了线的　　　خط کشیده شده　　←　　　کشیده شده　　+　　خط

　　4）形容词 + 动词派生形容词

　　　　遥远的　　　دور افتاده　　←　　　افتاده　　+　　دور

5）名词 + 介词 + 名词 + 动词派生形容词

سر + به + آسمان + کشیده ⟵ سر به آسمان کشیده

高耸入云的

6）动词过去时词根 ＋后缀

برخوردن : بر خورد + آر ⟵ برخوردار 享用的、受益的

گذشتن : گذشت + ه ⟵ گذشته 过去的

تمرین

۱- اسمهای زیر را با اضافه کردن پسوند"- ی" به صفت تبدیل کنید و سپس معنی آن را بنویسید.

شهر بازار شمال دریا جهان آزمایش علم

تلفن تحصیل دروغ آب زبان اسلام فکر

۲- صفتهای زیر را با پسوند " - ی " به اسم تبدیل کنید و سپس معنی آن را بنویسید .

بد خوب پیروز حاضر بیمار خسته شایسته شاد

پیر جوان چابک درست گرم شیرین خوشحال

۳- به کلمات زیر پیشوند-" با -" اضافه کرده و معنی آنها را هم بنویسید :

مزه سلیقه دقت خبر اطّلاع

۴- کلمات زیر را با پیشوند " نا-" یا "بی -" به صفت منفی تبدیل کنید و معنی آنها را بنویسید :

کار شناس احترام چاره حرف خواب طرف

چیز نتیجه جا راحت درست پاک امید

تمام راضی سالم فهم

۵- تمرین کلمات

گرد هم آمدن

۱) شب یلدا ما شش دانشجو در خانهٔ آقای محمّدی گرد هم آمدیم.

۲) هنگام نوروز دوستان قدیمی مدرسه از نقاط مختلف ، در دانشگاه گردهم آمدند و جشن گرفتند.

۳) قرار بود که خواهران و برادران من در روز تولّد مادر گردهم آیند و به مادر تبریک بگویند .

تشکیل شدن

۱) ششمین دورهٔ بازیهای المپیک در ماه سپتامبر در آن شهر تشکیل می شود .

۲) آنها تصمیم گرفتند که کنفرانس را در اوائل ماه مارس تشکیل دهند .

۳) موزهٔ ملّی از دو قسمت تشکیل شده است .

۴) بازیهای المپیک در کشور چین تشکیل خواهد شد ، این آرزوی مردم چین است .

آرزو

۱) او از بچگی آرزو داشته است که در دانشگاه پکن ، یکی از بهترین دانشگاههای چین درس بخواند .

۲) معالجهٔ بیماران محتاج ، آرزوی ابو علی سینا بود .

۳) او آرزو دارد که یک موبایل قشنگ و جدید داشته باشد.

معتقد بودن

۱) او ناامید نشد ، چون معتقد بود که حتماً میتواند در رقابت آخر پیروز شود .

۲) ما معتقد هستیم که ورزش می تواند بدن را قوی کند .

۳) ما معتقدیم که مسابقه های ورزشی ، بهترین راه برای تقویّت ([taghviyat] （动）加强) دوستی میان ملّتها است .

هر (چهار سال) یک ...

۱) معلّم هر دو هفته یک بار برای ما یک داستان کوتاه و جالب بیان می کند .

۲) ژاله هر هفته یک بار به دوستش تلفن می کند .

۳) آنها آرزو دارند که هر دو هفته یک بار بتوانند یک فیلم ایرانی تماشا کنند .

۴) آنها هر سه نفری از یک کامپیوتر استفاده می کنند.

۶- جمله های زیر را با ترجمهٔ قسمت چینی داخل پرانتز کامل کنید :

۱) آنچه کم داریم ، (不是劳动力而是钱) .

۲) آنچه می خواهم آن است که ، (经常和你在一起) .

۳) آنچه او آرزو دارد ، (拥有三间一套的公寓房子) .

۴) آنچه که احتیاج داریم ، (不是激动人心的话语，而是行动) .

۵) آنچه به ما دادند ، (恰好是我们所需要的) .

۶) آنچه خود دوست ندارید ، (不要给别人) .

۷) آنچه او می خواهد این است که ، (天天都能见到妈妈) .

درس هفدهم

۷- **با** جمله های زیر طبق نمونه با یکدیگر مکالمه کنید.

نمونه :
> از دیدار شما خیلی خوشحالم .
> - من هم خوشحالم (منم خوشحالم)
> - من هم همین طور.(منم همینطور)

۱) آقای وانگ فارسی بلد نیست .

- من _____

- من _____

۲) امروز ما کلاس داریم ، نمی توانیم در کنفرانس شرکت کنیم .

- آنها _____

- آنها _____

۳) من آن مرد را که کنار در نشسته است ، نمی شناسم .

- من _____

- من _____

۴) من اشتها ندارم ، نمی خواهم شام بخورم .

- من _____

- من _____

۸- صیغه های مناسبی از مصدرهای زیر بسازید :

۱) شما جلد اوّل کتاب درس را _____ (تمام کردن) ؟

- نه ، هنوز _____ (تمام نکردن) . فقط آخرین درس را

درس هفدهم

هنوز _____ (یاد نگرفتن) .

- کلاس علی چطور؟

- در این مورد من از علی ____ (نپرسیدن). ممکن است آنها ____ (تمام کردن) .

۲) حال پدر شما چطور است ؟

- من ____ (ندانستن)، تاکنون هیچ نامه ای به دست من ____ (نرسیدن) .

۳) می خواهید فردا با ما از نمایشگاه صنعتی (工业展览会) _____ (دیدن کردن) ؟

- نه ، من هنوز _____ (تصمیم نگرفتن).

۴) آیا تا به حال هرگز هواپیما (飞机 [havāpeymā]) _____ (سوار شدن) ؟

- بله ، دو سه بار از آن وسیله _____ (استفاده کردن) .

۵) از وقتی شما به اینجا آمده اید ، از قوم و خویشان (亲戚 [ghowm o kheeshān]) خود _____ (دیدن کردن) ؟

- بله ، _____ (دیدن کردن). تقریباً دو سه بار نزد آنها (رفتن) .

۶) چند روز است که علی را _____ (ندیدن) ، او کجا ست ؟

- او همین جا _____ (بودن) . سه روز است که _____ (بستری شدن) .

221

درس هفدهم

- نمی دانم . شاید _____ (بستری شدن) . چون دو روز پیش به من _____ (تلفن کردن) و _____ (گفتن) که سرش خیلی _____ (درد کردن).

۹- عبارتهای زیر را به فارسی ترجمه کنید .

奥运会	重新	国际会议	国际奥委会
竞争的过程	实现理想	开幕式	以字母排序
在游行队伍的前列		奥运会火炬	火炬台
平等的，兄弟般的		世界各国人民	全世界
各民族协调一致		热情支持奥运会	世界和平的象征

۱۰- به سؤالهای زیر جواب دهید :

۱) بزرگترین بازیهای بین المللی کدام است ؟

۲) بالون پییر کوبرتین چه کسی بود ؟ او اهل کدام کشور بود ؟

۳) کوبرتین چه خدمات بزرگی برای جهانیان انجام داد ؟

۴) نظریه او در باره رقابت با یکدیگر در بازیها چیست ؟

۵) نخستین بازیهای جدید المپیک در کجا و کی بر گزار شد ؟

۶) بازیهای المپیک هر چند سال یک بار برگزار می شود ؟ در کجا تشکیل می شود ؟

۷) مراسم گشایش بازیهای المپیک معمولاً شامل چه برنامه هایی است ؟

۸) شما چه کارهایی برای پشتیبانی از تشکیل بازیهای المپیک سال ۲۰۰۸ انجام داده اید ؟

۹) نظر شما در باره بازیهای المپیک سال ۲۰۰۸ چیست ؟ آیا با موفّقیّت انجام شد ؟

۱۰) شما به کدام ورزش بیشتر علاقه دارید ؟

۱۱- جمله های زیر را ترجمه کنید :

1) 不管你干什么，都应当努力干好。
2) 阿里举起火炬，点燃了奥林匹克运动会的主火炬，全场观众和运动员热烈欢呼鼓掌。
3) 体育运动既能强壮我们的身体，又能增加我们的灵活性和快速反应能力。
4) 在体育竞赛中打败对手（ طرف مقابل ）获取胜利并不重要，重要的是不怕困难，奋力拼搏。
5) 在全国人民的努力下，我们终于取得了 2008 年奥运会的举办权。
6) 希腊有过举办奥运会的历史，大约两千年前，在一个名叫奥林匹亚的地方举行了第一次奥运会。在那次运动会上，只有赛跑一项比赛。
7) 他希望去伊朗留学，去年在老师和朋友的帮助下，他的愿望终于实现了。
8) 这个激动人心的消息传到北京，人们唱歌跳舞，欢庆胜利。
9) 奥运会是世界上最大的国际体育运动会，每四年举行一次。
10) 奥运会对世界各国人民来说具有重要意义，因为它是和平友谊的象征（[sambol] سمبل ），团结一致的象征。

شعر

زورزش میاسای و کوشنده باش

تن زنده والا به ورزندگی است — که ورزندگی مایه‌ی زندگی است

به سختی دهد مرد آزاده تن — که پایان تن پروری بندگی است

کسی کو توانا شد و تندرست — خرد را به مغزش فروزندگی است

زورزش میاسای و کوشنده باش — که بنیاد گیتی به کوشندگی است

نیاکانت را ورزش آن مایه داد   که شهنامه ز ایشان به تابندگی است

تو نیز از نیاکان بیاموز کار

اگر در سرت شورِ سرزندگی است

«ملک الشعرا بهار»

واژه ها

آسودن(آسای)	[āsoodan(āsāy)]	(名)	休息、安息
کوشنده	[kooshande]	(名)	努力的人、勤奋的人
والا	[vālā]	(副)	否则、反之、要不然
ورزندگی	[varzandegee]	(名)	技能、技巧、
مایه	[māye]	(名)	资本、财产；起源、原因
آزاده	[āzāde]	(形)	高尚的、大方的；又得浮生
تن پرور	[tanparvar]	(形)	娇滴滴的；懒惰的
بندگی	[bandegee]	(名)	奴隶身份
کو	[koo]		= که او
تندرست	[tandorost]	(名)	健康的、身体强壮的
خرد	[kherad]	(名)	理智、智慧、聪明
مغز	[maghz]	(名)	脑、头脑、(坚果的)果仁
فروزندگی	[foroozandegee]	(名)	闪光、光亮
بنیاد	[bonyād]	(名)	基础、根基
گیتی	[geetee]	(名)	宇宙、世界
کوشندگی	[kooshandegee]	(名)	勤奋、奋斗
نیاکان(نیا 单)	[niyākān]	(名)	祖先、先辈、祖父
شهنامه	[shahnāme]	(名)	帝王的事迹
تابندگی	[tābandegee]	(名)	闪耀、发光、光泽
آموزیدن/ آموختن (آموز)	[āmoozeedan(āmooz)]	(名)	学会、学习
شور	[shoor]	(名)	热情、向往

متن خواندنی

موج سواران

موج سواران از تخته های دراز و باریک اسکی روی آب برای سوارشدن بر امواج اقیانوس استفاده می کنند.

موج سوار با تخته خود به بلند ترین قلّه ی موج، قبل از این که به ساحل برسد، سوار می شود. وقتی که موج نزدیک می شود، موج سوار خود را به طرف بالاترین نقطهٔ موج می رساند و با موج به طرف ساحل می رود.

موج سواری قرن ها پیش در جزایر اقیانوس آرام[1] انجام می شده است. در سال ۱۷۸۸، هنگامی که کاپیتان کوک[2] هاوائی را کشف کرد متوجّه شد که ساکنان جزیره سوار موج هایی می شوند که بیشتر از چهار متر ارتفاع داشت.

در آغاز، تخته های اسکی روی آب از چوب ساخته می شد و سنگین بود. تخته های اسکی اهالی هاوائی بیشتر از ۶۰ کیلو وزن داشتند. امروز، تخته ها را از فایبرگلاسهای سبک تر و محکم تر درست می کنند.

موج سواری در هاوائی و مناطق ساحلی آمریکای شمالی، افریقای جنوبی و استرالیا رواج دارد. در هند، موج سواری در جزائر «کوآ» و «لاک شادویپ» انجام می شود. در ساحل جنوب غربی انگلیس نیز می توان شاهد این ورزش بود.

谚语 ضرب المثل

جوجه را در آخر پاییز می شمارند.	秋后才数鸡[3]。
هر چه بکاری همان بدروی.	种瓜得瓜，种豆得豆。

[1] اقیانوس آرام [oghyānoos-e ārām] 太平洋

[2] کاپیتان کوک 科克是最早发现冲浪运动的人。他是美国的一个轮船船长，19 世纪 70 年代有一天他的船经过夏威夷群岛时，发现当地的土著人骑在一段树干上，在海上玩冲浪。

[3] 这句谚语的意思是：不要过早下结论。

درس هجدهم

متن

مدرسه، محیط کسب علم و دانش و افزودن معلومات است...امّا در کنار این درسها دانش آموزان باید درس دیگری را هم یاد بگیرند. آن درس درس دوستی و محبت است.

محیط دوستانهٔ مدرسه

چند وقت پیش دوستی برایم تعریف می کرد :

روزی گذارم به مدرسه ای افتاده بود[1]. در دفتر مدرسه با آقای مدیر صحبت می کردم که شاگردی را گریان به دفتر مدرسه آوردند. او ادعا می کرد که پاک کن کوچک و بسیار عالی را به مدرسه آورده و به دوستش نشان داده است. زنگ تفریح همان ساعت — پاک کن او که به ادعای خودش در داخل کیفش بوده — گم شده است و چون بجز او و دوستش کسی دیگر اطلاعی از وجود پاک کن در کیف او نداشته، پس حتماً دوستش پاک کن او را دزدیده است. بعد از تحقیقات زیاد

---

1 روزی گذارم به مدرسه ای افتاده بود. 有一天我路过一所学校。这是一种固定句型。 گذار 结尾的人称代词所有格连写形式，起实际主语作用，افتادن 只用过去时态，人称永远是第三人称单数。这种句型表示动作不是主语事先计划好的，而是恰好遇到的。

سرانجام معلوم شد که این دانش آموز پاک کن را برای شوخی در پشت گوشش و در لابلای موهایش گذاشته و بعد فراموش کرده بود که آن را بردارد و بی خود و بیجهت[1] به دوستش شکّ کرده است. . . بعد از آشکار شدن موضوع این دانش آموز چقدر از مدیر و به خصوص از دوست خودش خجالت کشید.

این موضوع را برای این آوردم که بگویم انسان باید نسبت به دوست خودش " حسن ظنّ " داشته باشد. یعنی نباید با پیش آمدن کوچکترین موضوعی خدای ناکرده[2] در مورد دوستش قضاوت بد کند. سوءظن بی مورد به خصوص در مورد دوستان و همکلاسان خود باعث می شود که رشتهٔ دوستی ها پاره شود و سرانجام دوستان یکی یکی از ما دورشوند. این بد ترین چیزها ست. انشاءالله که شما از آن دستهٔ دانش آموزانی هستید که قدر دوستانتان را می دانید و همچنین می دانید که چطور باید با آنها بر خورد کنید تا رشتهٔ دوستی های تان هر لحظه استوارتر شود.

*　　*　　*　　*　　*

مدرسه، محیط کسب علم و دانش و افزودن معلومات است. دانش آموزان در این محیط درسهای مختلف را یاد می گیرند و امتحان می دهند. امّا در کنار این درسها دانش آموزان باید درس دیگری را هم یاد بگیرند. می دانی آن درس کدام است؟

درس دوستی و محبت.

---

1 بی خود و بیجهت 无缘无故的（地）“و ” ，读[o]。用 “و ” 连接两个同等类型的同义词，是波斯语的一种修词手法。又如：لطف و محبت ، ترس و هراس ، غم و غصه 等等。

2 خدا نکرده = خدا نا کرده 上帝保佑，意思是“千万别……”。

راستی آیا تا به حال به فکرت رسیده که اگر دوستی و محبت در محیط مدرسه نباشد، چه وضعی پیش می آید. آن وقت محیط مدرسه سرد و بی روح و کسل کننده می شود. همه از هم بد شان می آید.[1] دیگر کسی به کسی کمک نمی کند. کسی به این فکر نیست که در حل کردن مشکل به دیگران کمک کند. امّا در عوض اگر دوستی و محبت به خوبی در مدرسه آموخته شود، فضای مدرسه عطرآگین می شود. گل لبخند همیشه بر لبان دانش آموزان می روید. همه سر زنده و شاداب هستند. همه در حل مشکلات یکد یگر به هم کمک می کنند، همه در غم و شادی یکد یگر، خود را شریک می دانند. آن وقت است که می توان در یک چنین محیط مناسبی راحت تر و بهتر درس خواند و با موفّقیّت کامل سال تحصیلی را پشت سر گذاشت. از همین حالا سعی کنید تا درس مهر و محبت را بیشتر از پیش و از صمیم قلب یاد بگیرید و به عمل در بیاورید.

构词法(二)

◆ 动词派生形容词（一）

واژه ها

محیط	[moheet]	（名）	环境、气氛
مدیر	[modeer]	（名）	(中、小学)校长、主管、经理
گریان	[geryān]	（形）	哭着的

[1] بد شان آمدن 意思是讨厌、厌恶、反感。这是嵌入式结构。在 ... بد 后面，用连写人称代词，用از 来表示对什么人或事讨厌。

硬说、声称	（名）	[ede'ā]	ادعا
硬说、声称	（动）		~ کردن
橡皮、擦除器	（名）	[pāk kon]	پاک کن
娱乐、消遣	（名）	[tafreeh]	تفریح
开玩笑	（名）	[shookhee]	شوخی
开玩笑	（动）		~ کردن
多层的、中间	（形、名）	[lābelā]	لا بلا
无缘无故的；昏迷的、失去知觉的	（形）	[beekhod]	بی خود
无缘无故的；不适当的	（形）	[beejahat]	بی جهت
怀疑、疑问、疑惑	（名）	[shakk]	شکّ
怀疑、猜疑	（动）		~ کردن
内容、问题	（名）	[mowzoo']	موضوع
特点、特性	（名）	[khosoos]	خصوص
特别是、尤其是	（副）		به ~
害羞、难为情、羞耻	（名）	[khejālat]	خجالت
害羞、难为情	（动）		~ کشیدن
意见、见解、主意；怀疑、推测	（名）	[zann]	ظنّ
好意、善意	（名）	[hosn-e zann]	حسنِ~
疑心、猜疑	（名）	[soo' zann]	سوء~
判断、判决	（名）	[ghezāvat]	قضاوت
判断、判决	（动）		~ کردن
无的放矢的；不适当的	（形）	[bee mowred]	بی مورد
原因、缘故、理由	（名）	[bā 'es]	باعث
引起……、导致……、使得……	（动）		~ شدن
线、绳、联系、纽带	（名）	[reshte]	رشته
片断、碎片、小块、一部分	（名）	[pāre]	پاره
被撕碎、被扯破	（动）		~ شدن
但愿如此	（叹）	[enshā' allah]	انشاءالله
学生、中学生	（名）	[dāneshāmooz]	دانش آموز
价值、价格、数量	（名）	[ghadr]	قدر
牢固的、巩固的、坚固的	（形）	[ostovār]	استوار
加强、巩固、加固	（动）		~ شدن ~ کردن
增加、增长、增大、增进	（动）	[afzoodan(afzā)]	افزودن(افزا)
知识、学识、消息、情报	（名）	[ma' loomāt]	معلومات

无生气的、无精打采的、无生命的、乏味的	（形）	[beerooh]	بی روح
令人讨厌的、令人厌烦的、令人沮丧的	（形）	[kesel konande]	کسل کننده
讨厌、反感	（动）	[bad ... ~]	بد ... آمدن
精力充沛的、充满朝气的、愉快的	（形）	[shādāb]	شاداب
参加者、同伴、合作者、股东	（名）	[shareek]	شریک
成为……参加者、分担	（动）		~ کردن
成功、成就	（名）	[movaffaghiyyat]	موفّقیّت
走过、度过、忘掉、置之脑后	（动）	[poshte sar ~]	پشت سر گذاشتن
友爱、友好	（名）	[doostee]	دوستی
纯洁的、真诚的、由衷的	（形、名）	[sameemee]	صمیمی

دستور زبان

构词法（二）

ساختار کلمات (۲)

——动词派生形容词（一）

动词派生形容词有好几种，本课介绍的是其中的一种，即由动词的现在时或过去时词根加后缀“ه” 或“ـَـ نده” 构成的派生形容词。这类形容词还保留了一点原有动词的性质，例如在构成和含义上具有时态和语态的不同含义等，在作为形名词时，还有复数形式。

1. 构成

动词派生形容词（主动形容词）⟵ 后缀 ـَـنده ＋动词现在时词根

动词派生形容词（被动形容词）⟵ 后缀 ه ＋动词过去时词根

例如：

1）由简单动词构成的主动形容词

例如： نوشتن نویس + ـَـ نده ⟵ نویسنده

رساندن رسان + ـَـ نده ⟵ رساننده

由简单动词构成的被动形容词

| درس هجدهم | |

نوشتن   نوشت + ه ⟵ نوشته   例如:

سوختن   سوخت + ه ⟵ سوخته

2) 由复合动词构成的主动形容词

آلوده کردن   آلوده کن + َنده ⟵ آلوده کننده   例如:

تشکیل دادن   تشکیل ده + َنده ⟵ تشکیل دهنده

由复合动词构成的被动形容词

آلوده شدن   آلوده شد + ه ⟵ آلوده شده   例如:

تشکیل شدن   تشکیل شد + ه ⟵ تشکیل شده

2. 主动和被动形容词的用法

1) 主动形容词具有动作发出者的含义。例如:

流动的水	آب رونده = آبی که می رود
听者、听众	شنونده (شنوندگان) = کسی که چیزی می شنود
说话的人、发言人	گوینده (گویندگان) = کسی که چیزی می گوید

2) 被动形容词具有动作的承受者的含义。例如:

所见到的事	دیده (دیده ها) (形、名) = آنچه که دیده شده است
所闻的、所听到的事	شنیده (شنیده) (形、名) = آنچه که شنیده شده است
所写的著作	نوشته (نوشته ها) (形、名) = آنچه که نوشته شده است

3) 用作名词时有复数形式。例如:

参加者	شرکت کننده ⸺ شرکت کنندگان
奔跑者	دونده ⸺ دوندگان
著作	نوشته ⸺ نوشته ها
说话的人、发言人	گوینده ⸺ گویندگان

تمرین

۱- جمله های زیر را به چینی ترجمه کنید.

۱) آلوده کنندهٔ غلیظ این منطقه را پوشانده است.

۲) همهٔ مسافران قطار از نجات دهندگان آنها سپاس گذاری کردند.

۳) هوای آلوده به انسان ضرر می رساند.

۴) مسافران نجات داده شده سراسیمه از قطار بیرون ریختند.

۵) مواظب باشید ! به این شیشهٔ شکسته دست نزنید.

۶) زندگی آسیب دیدگان در آن هوای بد بسیار سخت بود.

۷) این یک مسئلهٔ پیچیده و بغرنج است . نمی توان با دو سه جمله آن را بروشنی توضیح داد.

۸) آیا این دستگاه حساب کننده می تواند مسائل پیچیده ریاضیات را حل کند؟

۹) پرنده شناسان معتقدند که آواز اول صبح پرنده یک نشانهٔ هشدار دهنده است.

۱۰) ناگهان بل صدایی را که دستگاه فرستنده ایجاد کرده بود ، با دستگاه گیرندهٔ خود شنید.

۲- با کلمه های زیر جمله بندی کنید.

نوشته ها   نجات دهنده   تشکیل دهنده   خوانده شده   رونده

۳- تمرین کلمات

گذار+ 人称代词 + افتاد

۱) روزی در خیابان گذارم به چند دانش آموز افتاد.

۲) در شانگهای گذارش به یک باشگاه افتاد.

۳) در سفر گذارمان به یک ده کوچک افتاد.

درس هجدهم

شکّ

۱) در این مسئله جای هیچ شکّی نیست.

۲) من هرگز در دانایی و توانایی او شکّ ندارم.

۳) او به حقیقت آنچه که گفتم شکّ کرد.

باعث شدن

۱) سرمای شدید باعث کم شدن جمعیّت اینجا شد.

۲) خشکسالی باعث شد که مرغابی ها از آن دریاچه سفر کنند.

۳) مرض واگیردار (传染病 [vāgeerdār]) باعث شد که بسیاری از بچه ها بستری شوند.

از ... بد / خوش + 连写人称词尾 + آمدن

۱) او از حرفهای زشت بدش می آید.

۲) من از رقص و آواز دیشب نه تنها خوشم نیامد بلکه خیلی هم بدم آمد.

۳) هیچ کس از آدم دروغگو خوشش نمی آید.

پشت سر گذاشتن

۱) ما تازه ایستگاه شهر تیان جین را پشت سر گذاشتیم.

۲) مردم چین سال ۲۰۰۸ را که سالی پر از مشکلات و موفّقیّتها بود، پشت سر گذاشتند.

۳) مردم استان سی چوآن بدترین و شدید ترین زمین لرزه (地震 [zaminlarze]) را پشت سر گذاشته اند.

شریک

۱) ما در غم و شادی شریک یکدیگریم .

۲) آیا شما در آن کارخانه شریک دارید ؟

۳) در خانوادهٔ ما هرکس خوردنی خوشمزه ای دارد ، باهمه شریک می شود.

۴- در متن این درس چند عبارت دیگر مانند این ساختار نحوی " بی خود و بیجهت" وجود دارد، آنها را پیدا کنید.

۵- کلمات و عبارتهای زیر را به چینی ترجمه کنید.

محیط دوستانه	شریک کردن در غم و شادی	زنگ تفریح
سال تحصیلی	پر از مهر و محبت	شک بیخود و بیجهت
با موفّقیّت کامل	محیط بی روح و کسل کننده	سؤ ظنّ بی مورد
از صمیم قلب	از صمیم قلب	بی شور و شوق	دوست صمیمی

۶- متن زیر را بخوانید و مصدرهای داخل پرانتز را با صیغهٔ مناسبی در جای خالی بنویسید.

دوستان جدید

زنگ تفریح را زد. بچه ها به حیاط مدرسه ___(آمدن). عدّه ای دوستان قدیمی خود را ___ (پیدا کردن) . آنها باهم ______(صحبت کردن) و ____(خندیدن). ایرج تنها کنار حیاط ___ (ایستادن). خجالت می کشید که _____ (پیش آمدن) و با کسی_____ (حرف زدن).

عدّه ای از بچه ها مشغول بازی ____ (بودن). معلوم ——— (بودن) ایرج خیلی

درس هجدهم

از بازی آنها ـــــــ (لذّت بردن). او در میان آنها تنها فریدون را ـــــــ (شناختن). فریدون در کلاس، خوب ـــــــ (درس خواندن). ایرج خیلی دلش ـــــــ (خواستن) با او دوست ـــــــ (شدن). در همین فکر بود که فریدون جلو ـــــــ (آمدن) و گفت : ایرج ، چرا تنها ـــــــ (ایستادن)؟ بیا، ـــــــ (رفتن) ـــــــ (بازی کردن).

ایرج گفت: من بازی شما را بلد ـــــــ (نبودن). فریدون ـــــــ (جواب دادن): ما هم اوّل بلد ـــــــ (نبودن) ولی کم کم ـــــــ (یاد گرفتن). بعد فریدون بچه های دیگر را ـــــــ (صدا کردن) و ـــــــ (گفتن) : بچه ها ـــــــ (آمدن). ما یک دوست تازه ـــــــ (پیدا کردن)، باید بازی خودمان را به او ـــــــ (یاد دادن).

۷- انشاء شفاهی و انشاء کتبی

۱) آیا در بارهٔ محبت و یا دوستی داستانی دارید ؟ برای ما بطور شفاهی تعریف کنید.

۲) با عنوان "دوستی" انشاء بنویسید.

۸- جمله بندی کنید.

| سوء ظنّ | خوش ظنّ | پشت سرگذاشتن | گذار... افتاد |
| باعث شدن | شریک | از صمیم قلب | شکّ |

۹- سؤال و جواب

۱) چرا آن شاگردی که او را به دفتر مدیر مدرسه آوردند گریه می کرد ؟

۲) او در چه مورد و به چه کسی شکّ داشت ؟

۳) در حقیقت آیا کسی پاک کنش را دزدیده بود ؟ او پاک کنش را کجا پیدا کرد ؟

۴) آن بچه پس از پیدا کردن پاک کنش چه احساسی داشت ؟

۵) چرا سؤظنّ بی مورد نسبت به دوست یا همکلاس خود خوب نیست ؟

۶) در مدرسه شاگردان به جز کسب دانش و معلومات ، در عین حال باید چه درسی را هم یاد بگیرند ؟ چرا ؟

۷) اگر محیط محبت و دوستی در مدرسه نباشد، چه وضعی پیش می آید ؟

۸) به وجود آوردن محیط مهر و محبت در مدرسه خیلی مهمّ است ؟

۹) شما از گروهی هستید که اهمّیّت دوستی را می دانید یا بر عکس ؟

۱۰) به نظر شما چگونه می توان محیط دوستانه ای برای زندگی در دانشگاه استوار کرد ؟

۱۰- جمله های زیر را به چینی ترجمه کنید.

1）我们是亲密的朋友，我们风雨同舟。
2）为了在全班创造一个友爱的氛围，大家都互相关心，互相帮助，时刻注意巩固同学们之间的友谊。
3）我们在学校一面学习各种科学知识，一面也要学会如何与别人友好相处。
4）无缘无故地猜疑别人会使同学之间的友好关系破裂。
5）在友好关爱的学校氛围里，我们愉快地度过了一个又一个学年。
6）在大学的四年里，我们朝夕相处，当我们毕业的时候，大家都觉得难舍难分。
7）把关爱献给别人，把困难留给自己。
8）不要为一点小事去怀疑别人，应当懂得友谊的分量。
9）当真相大白后，大家都在思考这个问题，即发生这种事件的原因是什么。
10）你把关爱献给别人，而别人同样会把关爱回报于你。大家就会生活得更美好。

شعر

بنی آدم اعضای یکدیگرند

بنی آدم اعضای یکدیگرند   که در آفرینش ز یک گوهرند
چو عضوی بدرد آورد روزگار   دگر عضو ها را نماند قرار
تو کز محنت دیگران بی غمی   نشاید که نامت نهند آدمی

(سعدی)

واژه ها

بنی آدم	[banee ādam]	（名）	亚当的子孙
اعضاء(单عضو)	[a'zā'(ozv)]	（名）	成员、器官、肢体
آفرینش	[afreenesh]	（名）	创造、创立、创建
گوهر	[gowhar]	（名）	本源、本质
کز			= که از
بی غم	[bee gham]	（形）	无忧无虑的、放心的
شایستن(شای)	[shayastan]	（形）	适合的、适当的

تمرین

۱- سعدی با نوشتن این شعر می خواست به ما چه نصیحتی بکند؟

۲- شعر را حفظ کنید.

گفتگوی محاوره ای

شرمنده ام

- سلام رضا .

- به به خانم . ***چه عجب از این طرفا !*** [1]

- تو چطوری ؟ خوبی ؟

- به لطفتون، بد نیستم . راستی، کجا بودی؟ کجا هستی ؟ هیچ می دونی چند وقته تو رو ندیدم؟ منو فراموش کردی؟

- ***شرمنده ام*** [2]. این روزا خیلی مشغولم . کار و گرفتاریم هم زیاده. بچه هام هر دو مریض شدن . . .

谚语 ضرب ا لمثل

دوستی بیگانه را خویش کند.	友谊能使疏者亲。
کافر همه را به کیش خود پندارد.	以小人之心度君子之腹。

---

1 چه عجب از این طرفها ! 意思相当于我们在见到久违的朋友时说的：“是什么风把你吹来的？”

2 شرمنده ام 真不好意思！

درس نوزدهم

متن

خروس و روباه

چند مرغ و خروس در دهی با هم با خوبی و خوشی زندگی می کردند. در میان آنها خروس جهان دیده و فهمیده ای بود که مرغها و خروسهای دیگر به او خیلی علاقه داشتند.

روزی از روزها خروس از لانهٔ خود بیرون آمد و برای گردش به صحرا رفت. فصل بهار بود. درختان شکوفه کرده بودند. عطر گل فضا را پر کرده بود. خروس با هوش از این همه زیبائی و طراوت به شوق آمد و آواز بلندی سر داد.

روباهی که در آن نزدیکی لانه داشت. همین که صدای او را شنید، به طرف صدا دوید تا خروس را شکار کند. امّا خروس تا روباه را دید، روی درختی پرید.

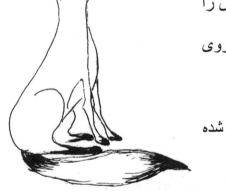

روباه چون دید خروس از دسترس او دور شده است، جلو آمد و با زبان نرمی گفت:

" آقای خروس، سلام! چرا بالای درخت رفتی؟ مگر از من می ترسی؟ ما که باهم

دشمنی نداریم. وقتی که آوازت را شنیدم، خیلی خوشم آمد و آمدم تا از دیدارت هم بهره مند شوم. ببین هوا چه خوب و صحرا چه سرسبز است! بیا در این هوای خوش کمی باهم قدم بزنیم و تو بازهم با آن صدای خوشت برایم آواز بخوان. "

خروس می دانست که در این حرفها حیله ای نهفته است، گفت:

" بله، هوا خوب است، صحرا هم سر سبز است. صدای من هم بد نیست، ولی من تو را نمی شناسم. "

روباه گفت " عجب ، مرا نمی شناسی؟ من با پدرت خیلی دوست هستم. دیروز که با پدرت بودم، از هوش تو بسیار تعریف می کرد. "

خروس خندید و گفت: " چه حرفها ! پدرم سال گذشته مرده است. "

روباه گفت: " ببخشید، مقصودم مادرت بود. دیروز مادر تو سفارش می کرد که ترا تنها نگذارم. از اینها گذشته، من با تمام خانوادهٔ تو دوست هستم. نمی دانم چه کسی از من پیش تو بد گوئی کرده است. "

خروس گفت: " من در بارهٔ تو چیزی نشنیده ام. همین قدر می دانم که روباه و خروس نباید باهم دوست باشند. روباه دشمن مرغ و خروس است. من هم باید عاقل باشم و با دشمن خود دوستی نکنم. "

روباه گفت: " گفتی دشمن! دشمن کدام است؟ مگر خبر نداری که شیر فرمان داده است تمام حیوانات باهم دوست باشند و هیچ کس به دیگری آزار نرساند. اکنون گرگ و گوسفند باهم دوست هستند. سگ به روباه کاری ندارد. مرغ خانگی بر پشت شغال سوار می شود و در صحرا گردش می کند. من تعجّب می کنم که تو از این

درس نوزدهم

خبرهای خوش چیزی نشنیده ای. "

وقتی که روباه این حرفها را می زد، خروس گردن خود را بالا کشیده بود و راهی را که به آبادی می رسید، نگاه می کرد.

روباه پرسید: " به کجا نگاه می کنید؟ چرا به حرفهای من گوش نمی دهی؟"

خروس گفت: " حیوانی را می بینم که از آبادی به این طرف می آید. نمی دانم چه حیوانی است، امّا از تو کمی بزرگتر است. گوشهای پهن و بزرگی دارد و خیلی تند به سوی ما می آید. "

روباه تا این سخنان را شنید، از گفتگو با خروس و فریب دادن او دست بر داشت و فرار کرد تا پناهگاهی برای خود پیدا کند. خروس که روباه را وحشت زده دید، گفت:

" کجا می روی؟ صبر کن تا ببینیم چه حیوانی دارد می آید.

روباه گفت: " از نشانیهائی که می دهی، معلوم می شود که یک سگ شکاری است. ما با سگها میانهٔ خوبی نداریم. "

خروس گفت: " مگر تو نگفتی که همه حیوانات باهم دوست هستند؟ "

روباه در حالی که فرار می کرد، گفت: " بله، امّا می ترسم که این سگ هم مثل تو فرمان شیر را نشنیده باشد. "

خروس باهوش به روباه و حیلهٔ او خندید. از درخت به زیر آمد و به سوی ده راه افتاد.

构词法（三）

◆ 动词派生形容词(二)

◆ 动词派生名词

واژه ها

狐狸	（名）	[roobāh]	روباه
鸡	（名）	[morgh]	مرغ
见过世面的	（形）	[jahān deede]	جهان دیده
有见识的、聪明的、机灵的	（形）	[fahmeede]	فهمیده
巢穴、窝、洞	（名）	[lāne]	لانه
香味、芳香	（名）	[atr]	عطر
充满	（动）	[por ～]	پر کردن
新鲜的、清新的	（形）	[tarāvat]	طراوت
强烈的愿望、渴望、兴致	（名）	[showgh]	شوق
高兴起来、产生兴趣	（动）	[be ～]	به ～ آمدن
打猎、捕捉	（名）	[shekār]	شکار
打猎、捕捉	（动）		～ کردن
可得到的、可达到的、力所能及的	（形）	[dast res]	دست رس
仇恨、仇视、憎恶	（名）	[doshmanee]	دشمنی
享有……的、受益的、获利的	（形）	[bahremand]	بهره مند
青翠的、嫩绿的、新鲜的	（形）	[sarsabz]	سر سبز
阴谋、诡计	（名）	[heele]	حیله
隐藏、藏匿、蕴藏	（名）	[nahoftan(nahān)]	نهفتن(نهان)
意愿、心愿、目的	（名）	[maghsood]	مقصود
委托、嘱咐、命令、指示	（名）	[sefāresh]	سفارش
委托、嘱咐、命令、指示	（动）		～ کردن
说坏话	（名）	[badgooyee]	بدگویی
智慧的（人）、聪明（人）	（形）	[āghel]	عاقل
交朋友	（动）	[doostee ～]	دوستی کردن
狮子	（名）	[sheer]	شیر

折磨、虐待、欺负、压迫、侮辱	（名）	[āzār]	آزار	
折磨、虐待、欺负、压迫、侮辱	（动）	[resāndan]	~ رساندن	
狼	（名）	[gorg]	گرگ	
羊	（名）	[goosfand]	گوسفند	
狗	（名）	[sag]	سگ	
家养的、家里的	（形）	[khānegee]	خانگی	
豺狼	（名）	[shoghāl]	شغال	
奇怪	（名）	[ta'job]	تعجب	
奇怪	（动）		~ کردن	
繁荣、繁华、人口稠密	（名）	[ābādee]	آبادی	
阔的、宽的、宽广的、扁平的	（形）	[pahn]	پهن	
欺骗、欺诈	（名）	[fareeb]	فریب	
欺骗、欺诈	（动）		~ دادن	
放手、撒手、罢休	（名）	[dast bar dāshtan]	دست بر داشتن	
掩蔽所、掩体、避难所	（名）	[panāhgāh]	پناهگاه	
害怕、恐惧	（名）	[vahshat]	وحشت	
特征、地址	（名）	[neshānee]	نشانی	
狩猎的、打猎的	（形）	[shekāree]	شکاری	
中间（的）、关系、在……之间、（名、形、介）		[miyāne]	میانه	

دستور زبان

构词法（三）

ساختار کلمات (۳)

——动词派生形容词（二）

اسم مصدر

　　动词派生形容词种类很多，除了前面所介绍的主动和被动形容词之外，还有动词词根加上前、中、后各种缀构成的形容词。这类派生形容词非常多，这里列举形容词加后缀的派生词中的几种形式，供大家学习参考。

1）动词词根 ＋ آ

کوشیدن کوش + آ ←—— کوشا 努力的

داشتن دار + آ ←—— دارا 具有…的

2）动词词根 ＋ آن

لرزیدن لرز + آن ←—— لرزان 颤抖的

گریستن گری + آن ←—— گریان 哭哭啼啼的

3）动词词根 ＋ گار

ساختن ساز + گار ←—— سازگار 和谐的、合适的

ماندن ماند + گار ←—— ماندگار 停留的

4）动词词根 + آر

خواستن خواست + آر ←—— خواستار 要求…的

گرفتن گرفت + آر ←—— گرفتار 忙于…的

——动词派生名词

波斯语中的动名词包括两种概念：一是在句子中起名词作用，但仍保留动词的特点，这类动名词的构成和用法在上册已经做了介绍。另一种动名词是指这种名词是由动词转变而来的，但已完全失去了动词的特点，这两类名词在构成形式上无明显界限。为了区分它们，我们称其为动词派生名词，但在波斯语法书上都称为动名词（اسم مصدر）。

动词派生名词有很多类型，本课只列举以下几种。

1）动词词根现在时词根作名词

خواب فهم جوش بند لرز

2）动词过去时词根作名词

خرید　　جست　　خواست　　زیست　　شکست

3）动词现在时词根 + 后缀 ⟶ 名词

کردن	کرد	+	آر	⟵ کردار	行为
گفتن	گفت	+	آر	⟵ گفتار	言论
خندیدن	خند	+	ه	⟵ خنده	笑
لرزیدن	لرز	+	ه	⟵ لرزه	发抖
کوشیدن	کوش	+	ش	⟵ کوشش	努力
جستن	جه	+	ش	⟵ جهش	踊跃

4）动词过去时词根 + 动词现在时词根 ⟶ 名词

جستن	جستِ	+	جو	⟵ جستجو	寻找
شستن	شستِ	+	شو	⟵ شستشو	洗

تمرین

۱- ساختار نحوی کلمات زیر را شرح دهید .

شکوفه　　خواهش　　گفتگو　　گریه　　ستایش　　خواستگار

پرستار　　درخشان　　دانا　　برخورد　　برد　　شکوفان

سوخته　　گردش　　رفتار

۲- از متن درس "خروس و روباه" ، صفت " ستاک حال یا گذشته + پسوند " و اسم " ستاک حال یا گذشته + پسوند " را پیدا کنید .

۳ـ تمرین کلمات

به شوق آمدن

۱) مسابقه به اوج رسید ، تماشاکنندگان به شوق آمدند.

۲) در شب نشینی آواز شور انگیز او جوانان را به شوق آورد .

۳) پس از دیدن فیلم کونگ فوی چینی (中国功夫) ، او کاملاً به شوق آمد.

دست رس

۱) گرگ دید که انگور در دست رسش نیست ، ناچار از آنجا دور شد و به خود گفت که انگور ترش است.

۲) چون دوچرخه در دسترس من نبود مجبور شدم با تاکسی بروم.

۳) منشی تمام اطّلاعات لازم را در دست رس او گذاشته است.

بهره مند

۱) مردم استان سی چوان از پشتیبانی و کمک دولت و مردم سراسر کشور بهره مند شدند.

۲) کارگران این کارخانه از معالجهٔ رایگان بهره مندند.

۳) در این بیست سال اخیر مردم چین از ثمرات سیاست اصلاحات و درهای باز خیلی بهره مند شده اند.

۴) دو سال پیش من با دونفر از دوستانم یک رستوران کوچک دایر کردیم . حالا ما همه از این رستوران کوچک بهره می بریم.

تعریف کردن

درس نوزدهم

۱) در امتحانات اخیر او نسبت به گذشته پیشرفت کرده بود، معلّم سر کلاس از او خیلی تعریف کرد.

۲) او پس از برگشت از سفر به استان یون نان، برای دوستانش از منظره های زیبای آنجا بسیار تعریف کرد.

۳) معلّم در کلاس امروز داستان رستم را برای ما تعریف کرد.

دست بر داشتن

۱) الان خیلی گرفتارم، دست از سرم بردار!

۲) او نمی خواهد از آن کار خسته کننده دست بر دارد، زیرا در آمد آن زیاد است.

۳) نمی دانم چرا او از آن شغل خوب دست بر داشته است.

میانه / میانه داشتن

۱) او یک خارجی است، با وجود این با همسایگانش میانهٔ خوبی دارد.

۲) آنها از بچگی با هم میانهٔ خوبی ندارد.

۳) بنظرم غذاهای این رستوران نه خوب است نه بد، میانه است.

۴- مترادف کلمات زیر را بنویسد.

مقصود   سفارش کردن   به راه افتادن   آواز سر دادن   تعریف کردن   فهمیده   فضا

۵- طبق مثال با الگوی " **چیزی یا کسی را + صفت یا قید + دیدن** " جمله بندی کنید.

مثال :

وحشت زده
خروس روباه را وحشت زده دید.

۱) حیرت زده

۲) گرما زده

۳) شکسته

۴) سوخته

۵) گیج شده

۶) در مریضخانه

۷) جلوی خانهٔ خود

۶- جملهٔ زیر را به چینی ترجمه کنید و باالگوی زیر یعنی " **چیزی یا کسی را + صفت یا قید + گذاشتن**" چند جمله بسازید:

۱) دیروز مادر تو سفارش می کرد که ترا تنها نگذارم.

۲) نباید بچهٔ کوچک را تنها گذاشت.

۳) وقتی از اتاق بیرون می روید، خواهش می کنم آن پنجرهٔ کوچک اتاق را باز بگذارید.

۴) اتاق گرم است . لطفاً در را باز بگذارید.

۵) شما حالا کتاب می خوانید ، چرا تلویزیون را روشن گذاشته اید؟

۶) مادر و پدر این دو بچه برای درآوردن پول بیشتر از ده خود به شهر رفته و

درس نوزدهم

بچه های خود را بی سرپرست گذاشته اند.

۷- کلمات زیر را به چینی ترجمه کنید.

به کسی آزار رساندن	کسی به / با کسی کاری نداشتن
از دست رس کسی دور شدن	عطر گل فضا را پر کردن
با کسی میانه خوبی داشتن/ نداشتن	از این / اینها گذشته
از ... دست بر داشتن / نداشتن	با کسی دوستی کردن
به شوق آمدن	سگ شکاری
به ... فریب دادن	با زبان نرمی
از ... پیش ... بدگویی کردن	از ... معلوم شدن / بودن که ...

۸- متن زیر را بخوانید و در جای خالی یک کلمهٔ لازم و مناسب بنویسید.

طمع سگ

روزی سگی تکّه ای گوشت ـــــ یک قضایی ربود و فرار کرد. ـــــ راه ـــــ پلی رسید. وقتی ـــــ پل می گذشت، عکس خودش را در ـــــ دید. خیال کرد که سگ است که او هم تکّه ای ـــــ در دهان ـــــ . طمع کرد که آن تکّه گوشت را هم بدست ـــــ . سگ تکّه گوشت خودش را بر ـــــ پل انداخت و ـــــ آب پرید. امّا در آب سگ دیگری ـــــ . سگ شنا کرد و از آب ـــــ تا تکّه گوشت ـــــ را از روی پل بردارد. امّا آن را هم ـــــ نکرد، چون سگ دیگری آن را پیدا کرده و فرار کرده ـــــ .

۹- سؤال و جواب

۱) روزی که خروس از لانهٔ خود بیرون آمد، چرا می خواست آواز بخواند؟

۲) چرا روباه پس از شنیدن آواز خروس، فوراً به سوی او دوید؟

۳) چرا خروس به محض این که روباه را دید روی درختی پرید؟

۴) روباه از خروس چه خواست؟

۵) چرا خروس درخواست روباه را قبول نکرد؟

۶) روباه با چه حرفهایی می خواست خروس را فریب دهد؟

۷) روباه در بارهٔ دستور شیر به حیوانات جنگل، چه دروغی گفت؟

۸) خروس از کجا می دانست که در حرفهای روباه حیله نهفته است؟

۹) وقتی روباه مشغول حرف زدن بود، خروس داشت چه می کرد؟

۱۰) نشانیهای حیوانی که به سوی روباه می آمد چه بود؟

۱۱) روباه در حالی که فرار می کرد، چه گفت؟

۱۰ـ جمله های زیر را به چینی برگردانید.

1) 这个村的孩子都能享受免费教育（تربیت رایگان）。
2) 他是位知名学者，得到他的指教受益匪浅。
3) 我们的关系不好，因此我们很少来往。
4) 我们应当分清敌友，不要同敌人交朋友。
5) 尽管我们不是同班又不同届的，但是我们的关系特别好。
6) 我只知道我的任务（وظیفه [vazeefe]）是不让他一个人单独在家。
7) 我的意思是指阿里，他很可能在你的朋友面前说了我的坏话。
8) 在晚会上，老同学们欢聚一堂，见到老同学大家兴奋得又说又笑，又唱又跳。
9) 他说那些人跟你没有关系，让你别担心。
10) 这本书在伊朗很多地方都有，很容易找到。

شعر

روباه و زاغ

زاغکی قالبِ پنیری دید
به دهن برگرفت و زود پرید

بر درختی نشست در راهی
که از آن می‌گذشت روباهی

روبهِ پُر فریب و حیلَت ساز
رفت پای درخت و کرد آواز

گفت بَه‌بَه چقدر زیبایی !
چه سری چه دمی عجب پایی !

پر و بالت سیاه رنگ و قشنگ
نیست بالاتر از سیاهی رنگ !

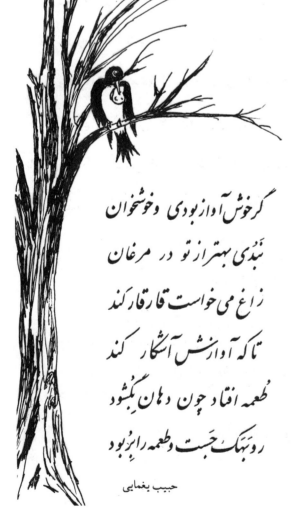

گر خوش آواز بودی و خوشخوان
نَبُدی بهتر از تو در مرغان

زاغ می‌خواست قارقار کند
تا که آوازش آشکار کند

طُعمه افتاد چون دهان بِگشود
روبَهَک جَست و طعمه را بِرُبود

حبیب یغمایی

گفتگوی محاوره ای

پرخوری و حیف خوری[1]

- چرا دیشب نیومدین منزل ما ؟

- معذرت می خوام، نتونستم چون حالم خوب نبود.

- ***چه تون بود*** ؟

- فکر کنم ***پرخوری کرده بودم***.

- کی ؟

- دیروز ناهار خونهٔ یکی از دوستان دعوت بودم، او ***هی*** اصرار می کرد که بیشتر بخوریم...

- خب، ولی مجبور نبودید زیاد غذا بخورید...

- راست می گین . امّا او گفت حیف است غذا زیاد بیاید. ما هم تا آخر ***حیف خوری کردیم*** .

- ***آهان***، فهمیدم ! شما به ***تعارفات ایرانی*** زیاد وارد نیستید!

- دیشب ساعت نه ***حالم بهم خورد*** !

谚语 ضرب المثل

دوست آن باشد که گیرد دست دوست در پریشان حالی و درماندگی.
患难识真交
دوست همه کس دوست هیچ کسی است.
以一切为友的人，对任何人都不是朋友。

---

[1] پرخوری 意思是吃得过饱。حیف خوری 意思是（为了不浪费而）全部吃掉，就是我们平时说的最后“打扫”餐桌上剩余的饭菜。

درس بیستم

شعر(۱)

ایران

ایرانِ عزیز، خانه‌ی ماست   میهن، وطن، آشیانه‌ی ماست

از کوروش[1] و اردشیر[2] و دارا[3]   میراث رسیده است ما را

خشتی که فتاده بر زمین است   از خونِ دلاوران عجین است

این ناموران و پاک جانان   بخشنده‌سر و جهان‌ستانان

با نام نکو جهان سپردند   رفتند و به دیگران سپردند

پس دست به دست از پدرها   گردید و رسید با پسرها

امروز که ای ستوده فرزند   هستی تو بر این سرا خداوند

غافل منشین، نه وقت بازی است   وقت هنر است و سرافرازی است

از پا منشین و جا نگه دار

گر سر بدهی، سرا نگه دار

«حبیب یغمایی»

---

1 کوروش [koorosh] 居鲁士，伊朗阿契美尼德王朝奠基人(殁于公元前 529 年)

2 اردشیر [ardesheer] 阿尔德希尔，伊朗萨珊王朝的奠基人(公元前 424 年—公元前 466 年)

3 دارا [dārā] 阿契美尼德的亡国之君(殁于公元前 330 年)

واژه ها

وطن	[vatan]	(名)	祖国、家乡、故乡
آشیانه	[āshiyāne]	(名)	巢、窝、
دلاور	[delāvar]	(名、形)	勇士、勇敢的、无畏的
عجین	[ajeen]	(名)	和好的面团
پاک جان	[pākjān]	(形)	内心纯洁的、心灵高尚的
بخشیدن(بخش)	[bakhsheedan]	(动)	给、献给
جهان ستان	[jahānsetān]	(名)	世界征服者
نکو	[nekoo]	(形)	好的、 = نیکو
سپردن(سپر)	[sepordan]	(动)	交给、托付
ستوده	[sotoode]	(形)	被称赞的
سرا	[sarā]	(名)	房子、房间 (转)国土、土地
نگه داشتن	[negah ～]	(动)	守护、保护

اسم های خاصّ

کوروش	[koorosh]	(人名)	居鲁士
اردشیر	[ardesheer]	(人名)	阿尔德希尔
دارا	[dārā]	(人名)	达拉

شعر(۲)

رنج و گنج

برو کار می کن مگو چیست کار — که سرمایهٔ جاودانی است کار

نگر تا که دهقان دانا چه گفت — بفرزندگان چون همی خواست خُفت

که میراث خودرا بدارید دوست — که گنجی ز پیشینیان اندراوست

من آن را ندانستم اندر کُجاست — پژوهیدن و یافتن با شماست
چو شد مِهرمَه کِشتگه بَرکَنید — همه جای آن زیر و بالا کنید
نمانید ناکَنده جایی ز باغ — بگیرید از آن گنج هرجا سُراغ
پدر مُرد و پوران به امّید گنج — به کاویدنِ دشت بُردند رنج
به گاوآهن و بیل کَندند زود — هم اینجا، هم آنجا و هرجا که بود
قضا را در آن سال از آن خوب شُخم — ز هر تخم برخاست هفتاد تخم
نشد گنج پیدا ولی رنجشان — چنان چون پدر گفت شد گنجشان

(ملک الشّعرای بهار)

واژه ها

سرمایه	[sarmāye]	（名）		财产
نگریستن(نگر)	[negareestan(negar)]	（动）		看、观看
خفتن(خواب)	[khoftan]	（动）	= درانیجا یعنی مردن	平息、静息、
میراث	[meerās]	（名）		遗产
پیشینیان	[peesheeniyān]	（名）	= گذ شتگان	先驱者、前辈
اندر	[andar]	（介）	= در	在……
پژوهیدن(پژوه)	[pajhooheedan(pajhooh)]	（动）	= جستجو کردن	寻找、打听、调查、探求、搜索
مهرمه	[mehrmah]	（名）	= ماه مهر	伊朗历七月
کشتگه	[keshtgah]	（名）	= کشتزار	田地、庄稼地
بر کندن(بر کن)	[bar kandan(bar kan)]	（动）		掘起、挖出、刨出、铲除
نمانید	[namāneed]	（动）	= نگذارید	
پوران(单پور)	[poorān]	（名）	= پسران	男孩、儿子
رنج بردن	[ranj bordan]	（动）		劳苦、受苦、受难、受折磨
کاویدن(کاو)	[kāveedan]	（动）	= کندن ، جستجو کردن	
گاو آهن	[gāv āhan]	（名）		挖掘、开凿、发掘、犁铧
بیل	[beel]	（名）		铁锹、铲、锄头、犁铧
قضا	[ghazā]	（名）	= از قضا، اتفاقاً	偶然地、意外地
شخم	[shokhm]	（名）		耕耘

تمرین

۱- شعر را به نثر در بیاورید.

۲- شعر را حفظ کنید.

متن خواندنی (۱)

افسانهٔ آرش[1]

در افسانه های ایرانی چنین گفته اند:

سال ها بود که سربازان ایران و توران[2] باهم می جنگیدند. عاقبت برای این که کینه ها و دشمنی ها تمام شود، پادشاهان ایران و توران پذیرفتند که توسط ایرانیان تیری به سوی شرق پرتاب شود. هر جا که تیر به زمین افتاد، آنجا مرز ایران و توران باشد.

آرش قهرمان ایرانیان بود. فرشتهٔ زمین نزد او آمد و گفت: " تیر و کمانت را بردار و به سوی مشرق زمین تیری پرتاب کن."

آرش فهمید که مرزهای سرزمین ایران به نیروی او بستگی دارد. پس برهنه شد، بدنش را به شاه و سربازان نشان داد و گفت: " ببینید، بدن من سالم است. امّا تیری از کمان رها خواهم کرد که به نیروی این تن و بدن حرکت خواهد کرد. من جانم را به ایران زمین هدیّه می کنم."

آرش تیر و کمانش را برداشت و به بالای قلّهٔ دماوند[3] رفت. تیری در کمان گذاشت و آن را به سوی مشرق زمین نشانه گرفت. آنگاه با همهٔ نیرو تیر را رها کرد. تیر از کمان رها شد و بدن بی جان آرش بر زمین افتاد.

---

1. افسانهٔ آرش [afsāne-ye ārash] 阿拉什神话是琐罗亚斯德教经书中的神话故事，阿拉什是神话中的勇士。
2. توران [toorān] 土兰是地名，位置在阿姆河以北的广大地区。
3. دماوند [damāvand] 达玛温德山，位于伊朗北部，是伊朗最高的山。它最高的山峰海拔 5471 米。

هرمزد،[1] خدای بزرگ، به فرشتهٔ باد دستور داد تا از تیر مراقبت کند. تیر از صبح تا ظهر در آسمان پرواز کرد. از کوه ها و دشت ها و درّه ها گذشت و سرانجام در درخت گردویی در ساحل رود جیحون[2] بر زمین نشست. آنجا را مرز ایران و توران قرار دادند و هر سال به یاد آن روز جشن گرفتند.

متن خواندنی (۲)

گنج کشاورز

کشاورز پیری سه پسر داشت. پسران او هیچ کاری انجام نمی دادند و عمرشان را بیهوده می گذاراندند. کشاورز از این بابت خیلی نگران بود. وقتی که کشاورز در بستر مرگ افتاد، پسرانش را پیش خود خواند و به آنان گفت: " فرزندان من! باید راز مهمّی را به شما بگویم. در ملکی که برای شما به ارث می گذارم، گنج بزرگی زیر زمینش پنهان است ..." پسران کشاورز با خوشحالی فریاد زدند: " آن گنج کجا ست ؟ " کشاورز پیر گفت: " من جای آن را درست نمی دانم، شما باید برای یافتن آن همهٔ مزرعه را بکنید. " کشاورز بعد از گفتن این سخنان درگذشت.

بعد از مرگ پدر، پسران به امید یافتن گنج، با بیل و کلنگ شروع به کار کردند و خاک همهٔ ملک را زیرورو کردند، امّا گنجی پیدا نکردند. چون گنج را پیدا نکردند، زمین را کاشتند و به امید محصول آن نشستند. وقتی که زمان برداشت

---

[1] هرمزد [hormozd] 即阿胡拉·马兹德，是琐罗亚斯德教的天神。
[2] رود جیحون [jeehoon] 是阿姆河，位于土库曼斯坦和哈萨克斯坦交界处，流入咸海。

محصول فرا رسید، محصول خیلی زیاد بود، زیرا آنان به امید یافتن گنج ، زمین را خیلی خوب شخم زده بودند. پسران کشاورز از فروش محصول خود پول بسیاری بدست آوردند. آن وقت بود که فهمیدند منظور پدر خردمند شان از گنج پنهان ، کار و کوشش بوده است.

تمرین

تمرین برای متن خواندنی (۱)

۱- عبارتها و کلمات زیر را ترجمه کنید.

افسانهٔ ایران	کینه و دشمنی	تیر را به سوی ... پرتاب کردن
تیر و کمان	مرزهای سرزمین ایران	چیزی به... بستگی داشتن
قلّهٔ دماوند	از ... مراقبت کردن	جان خود را به ... هدیّه کردن
تیر را رها کردن	تیر را به... نشانه گرفتن	تیر بر ... نشستن

۲- سؤال و جواب

۱) چرا ایران و توران با یکدیگر جنگیدند؟

۲) برای معین کردن مرزهای بین دو کشور ایران و توران چه تصمیم گرفتند؟

۳) آرش چه کسی است؟

۴) چه کسی به آرش دستور داد که تیر پرتاب کند؟ او به آرش چه گفت؟

۵) آرش به شاه چه گفت؟

۶) آرش برای رها کردن تیر به کجا رفت ؟

۷) چه کسی و چگونه به آرش کمک کرد؟

۸) تیر چه مدّتی در آسمان بود؟

۹) تیر در کجا به زمین افتاد؟

۱۰) چرا بدن بی جان آرش بر زمین افتاد؟

۱۱) انتهای مرز بین ایران و توران کجا بود؟

۱۲) جشن تیرگان چگونه به وجود آمد؟

تمرین برای متن خواندنی (۲)

۱- عبارتهای زیر را به چینی ترجمه کنید:

| به ارث گذاشتن | مزرعه را شخم کردن | زمین کاشتن |
| کلنگ و بیل | ملک را زیرورو کردن | برداشت محصول |

در بستر مرگ افتادن

۲- سؤال جواب

۱) چرا کشاورز پیر نگران بود ؟

۲) پسران کشاورز چطور زندگی را می گذراندند؟

۳) کشاورز در بستر مرگ به پسرانش چه گفت ؟

۴) کشاورز برای پسرانش چه چیز به ارث گذاشت ؟

۵) پسران برای یافتن گنج چکار کردند؟

۶) آیا پسران گنج را پیدا کردند؟

۷) چرا کشاورز به پسرانش گفت گنجی در زیر زمین پنهان است ؟
۸) چرا محصول پسران خیلی زیاد بود ؟
۹) منظور کشاورز از گنج پنهان چه بود ؟
۱۰) آیا پسران کشاورز عاقبت منظور پدرشان را فهمیدند؟

پسته
یکی از مهمّترین محصولات کشاورزی ایران

خرما
در بیشتر مناطق گرمسیری ایران

گنبد و مدرسه آقابزرگ از بناهای مجلل و با شکوه دوره قاجاریه در کاشان می باشد که درسال ۱۲۶۸ ه . ق ساخته شده است.

语法指南

波斯语句子的类型

波斯语的句子有两大类：简单句和复合句。

简单句可分为：
- 陈述句（肯定句、否定句）、
- 疑问句（一般疑问句、特殊疑问句、反意疑问句）
- 祈使句
- 感叹句

复合句可分为：并列复合句和主从复合句。

主从复合句中有：
- 主语从句
- 表语从句
- 宾语从句（包括宾补从句）
- 定语从句
- 状语从句
  - 时间状语从句
  - 地点状语从句
  - 原因状语从句
  - 目的状语从句
  - 程度状语从句
  - 结果状语从句
  - 条件状语从句
  - 方式状语从句
  - 让步状语从句
  - 比较状语从句

درس بیست و یکم

متن (۱)

یک دنیای گرمتر به معنای آن است که ...سطح دریاها و اقیانوس ها بالا می آید .... بر اثر بالا آمدن آب دریا ها بسیاری از جزائر ممکن است به زیر آب رفته و از بین بروند .

اثر گلخانه ای

بعضی از دانشمندان معتقدند که انسان با آلوده کردن هوا موجب گرم تر شدن زمین می شود . این درست شبیه اثر یک گلخانه می باشد. نور خورشید از طریق شیشه داخل گلخانه شده و هوای گلخانه کم کم گرم می شود ، امّا گلخانه اجازه نمی دهد که گرما از آن خارج شود ؛ بنا بر این گلخانه گرم تر و گرم تر می شود .

ماشینهای سواری ، کامیونها و کارخانجات همگی دی اکسید کربن بر گازهای آلوده کنندهٔ هوا می افزایند . دی اکسید کربن همراه با گازهای مختلف دیگر در هوا ، به صورت یک لایهٔ آلوده کننده غلیظ در می آید. این لایهٔ آلوده کننده ، زمین ما را مثل یک پتو می پوشاند. بدین جهت زمین ما به حالت یک

گلخانه در می آید که نور خورشید از این پتو داخل می شود ، در حالی که گرمای آن حبس می گردد.[1] این جریان موجب گرم شدن زمین می گردد.

یک دنیای گرمتر به معنای آن است که برف و یخ قطب های شمال و جنوب ذوب می شود و سطح دریاها و اقیانوس ها بالا می آید . شهرهایی چون بمبئی و نیویورک که هم سطح دریا هستند ، بر اثر بالا آمدن آب دریا ها دچار سیلاب می شوند و بسیاری از جزائر ممکن است به زیر آب رفته و از بین بروند .

واژه ها

گلخانه	[golkhāne]	（名）	温室
آلوده	[āloode]	（形）	弄脏的、污染的
~ کردن		（动）	弄脏、污染
فرار	[farār]	（名）	逃跑、逃走
~ کردن		（动）	
بنابراین	[banābar een]	（连）	因此
کامیون	[（英）Cāmion]	（名）	卡车、运输卡车
همگی	[hamegee]	（名）	全体、全部、总和
همراه	[hamrāh]	（名）	同路人、旅伴、和……一起
دی اکسید کربن	[dee okseed karbon]	（名）	二氧化碳
گاز	[gāz]	（名）	（化）气、煤气、瓦斯
لایه	[lāye]	（名）	层、地层
آلوده کننده	[~ konande]	（形）	使……污染的
پتو	[patoo]	（名）	毯子、被子
حبس	[habs]	（名）	封闭、禁闭、入狱、查封
~ کردن		（动）	
قطب	[ghotb]	（名）	极（点）、磁极、电极、轴
ذوب	[zowb]	（名）	溶化、溶解
~ شدن		（动）	

[1] ... در حالی که ...，这个连词除了“一面……，一面……”表示两个同时进行的动作这个用法以外，另一种用法是“…… ，而…… ”，用来表达两个相反作用的动作。 “太阳光透过毯子进入暖房， 而它的热气却被锁住。”

面、表面、水平、水平线	（名）	[sath(sotooh)]	سطح(سطوح复)
洋、大洋	（名）	[oghyānoos]	اقیانوس
遭受到……的、遇到……的	（形）（动）	[dochār]	دچار ~ شدن
洪水、水灾	（名）	[seylāb]	سیلاب
岛、岛屿	（名）	[jazāyer(jazeere)]	جزایر(جزیره单)

اسم های خاصّ

孟买	(地名)	[bambayee]	بمبئی
纽约	(地名)	(英)New York	نیویورک

复合句(一)

◆ 并列复合句

متن (۲)

بحران انرژی

بیشتر برق ما از نفت و زغال و گاز به دست می آید. این منابع سریعاً در حال تمام شدن هستند. کارشناسان پیش بینی می کنند که ذخایر انرژی در نیمه اول قرن ۲۱ تمام می شوند و انسان با بحران انرژی مواجه خواهد شد.

بعضی از کشورها از نیروی آب برای تولید برق استفاده می کنند امّا این کار فقط درجاهایی امکان پذیر است که باران فراوان ببارد و زمین مناسب داشته باشد. بعضی ها انرژی هسته ای را پیشنهاد می کنند. ولی استفاده از آن مشکل و خطرناک است و به دشواری می توان از شرّ زواید ماده های رادیواکتیو خلاص شد. بدین

جهت نمی شود زیاد روی آن حساب کرد.

اکنون دانشمندان در پی یافتن راه حل هایی[1] برای استفاده از انرژی خورشیدی و باد هستند. به هر حال ، هر کس باید بطور معقول انرژی را حفظ و از آن استفاده کند . تنها در چنین صورتی است که می توانیم به جلوگیری از بحران انرژی در آینده کمک کنیم.

واژه ها

危机	（名）	[bohrān]	بحران
能源	（名）	[enerjhee]	انرژی
煤、炭	（名）	[zoghāl]	زغال
专家、行家	（名）	[kārshenās]	کارشناس
预见、预料、预报	（名）	[peeshbeenee]	پیشی بینی
	（动）		~ کردن
面临……的、面对……的	（名）	[movājeh]	مواجه
遇到、碰到、面临	（动）		~ شدن
贮藏、贮存、蕴藏	（名）	[zakhā'er (zakheere)]	ذخائر(ذخیره单)
世纪、年代	（名）	[gharn (ghoroon)]	قرن(قرون复)
可能的	（形）	[emkānpazeer]	امکان پذیر
（化）核子的、原子的	（形）	[haste-ee]	هسته ای
建议、提议	（名）	[peeshnahād]	پیشنهاد
	（动）		~ کردن
恶意、邪恶、不幸、灾难、危害、祸害、损失	（名）	[sharr(ashrār)]	شرّ (اشرار، 复)
恶的、坏的、恶劣的	（形）		
剩余、过剩、余额	（名）	[zavāyed (zāyede)]	زوائد/ زواید(زایده单)
放射引起的、（原子）放射性的	（形）	[(英)Radioactive]	رادیواکتیو
解救、拯救、结束、解脱	（名）	[khalās]	خلاص

[1] راه حل هایی 解决的途径。这是一个词，راه 和 حل هایی 之间没有耶扎菲。它的意思等于 "... راه هایی برای حل کردن"。

被解放的、被拯救的	（形）		~ شدن
解救、拯救、解脱、结束	（动）		
计算、算账、账目	（名）	[hesāb]	حساب
计算、核算、认为、看作	（动）		~ کردن
合理的、聪明的、通情达理的	（形）	[ma'ghool]	معقول

دستور زبان

并列复合句

并列复合句是由两个或两个以上的简单句用并列连词相互连接起来的句子。

并列复合句按其表达的意思可分为：表示并列关系、表示转折关系、表示选择关系和表示因果关系的四类。现将我们学到的并列连词说到做到列举如下。

1．表示并列关系

و (和) ، **سپس** (然后) ، **نه تنها ... بلکه ...**(不仅……而且……)，…

هم ... هم... (既…又…) ، **نه ... نه ...** (既不……又不……) ، …

خواه... خواه.../ چه...چه... (不论/不管……还是……) …

例句 ：

و من چراغ را روشن کردم و به کار خود ادامه دادم.

我打开灯，继续工作。

سپس باید اول درخت کاشت ، سپس به آن آب داد.

应当先种树后浇水。

نه تنها ... بلکه ... آن دختر نه تنها باهوش است بلکه خوشگل هم هست.

那个姑娘不仅聪明还很漂亮。

هم ... هم ... آن روز ما هم کوهنوردی کردیم هم شنا .

那天我们既爬了山，又游了泳。

نه ... نه ...   او به من نه تلفن کرد نه نامه نوشت.

他既不给我打电话，也不给我写信。

چه ... چه ...   چه این شلوار بلند را بخرید چه آن کوتاه را ، قیمت هر دو یکی است.

不管你买这条长裤，还是买那条短裤，两种价格都一样。

خواه ... خواه ...   خواه بیایی خواه نیایی باید به من خبر بدهی.

不管你来还是不来都得给我一个信儿。

2. 表示转折关系

ولی / امّا / لیکن (لیک) (但是)، وگرنه (否则) ،...

... در حالی که ... (......然而/却......)، نه تنها ... بلکه ... 不仅......反)، (而......)،...

例句：

ولی / امّا / لیکن   قرار بود که ساعت هفت یکدیگر را ببینیم ولی او نیامد.

我们约好七点钟见面，但他没有来。

وگرنه   ما باید همین حالا حرکت کنیم، و گرنه دیر می شود.

我们应当现在就出发，否则我们就晚了。

در حالی که ...   من با زحمت زیاد برای او یک دامن قشنگ انتخاب کردم در حالی که او به آن حتی یک نگاه هم نکرد.

我辛辛苦苦地给她挑了一条漂亮的裙子，而她却看都不看。

نه تنها ... بلکه ...   او نه تنها با خوردن آن دارو خوب نشد بلکه بدتر هم شد.

他吃了那种药，不仅没有好转，情况反而更糟糕了。

3. 表示选择关系

یا (或者)，**یا ... یا ...** （或者/要么…… 或者/要么……）...

例句：

یا به نظر شما بهتر است ما با دوچرخه برویم یا پیاده ؟

依你看我们骑车去呢还是走去？

یا ... یا ... یا من نزد شما می آیم یا شما نزد من بیایید . برای من فرقی ندارد.

或者我去你那里，或者你到我这里来，对我来说都一样。

4. 表示因果关系

常见的连词有：

بدین جهت / **بنابر این ...** （因此）

例句：

بدین جهت / **بنابر این** پسرش بموقع به خانه بر نگشت ، بدین جهت او خیلی نگران شد.

由于他的孩子没有按时回家，因此他很着急。

گلخانه از خارج شدن گرما جلوگیری می کند ، بنابر این هوای گلخانه گرم تر و گرم تر می شود.

由于温室阻止热气散发出去，因此温室越来越热。

تمرین

۱- جمله های زیر را به فارسی ترجمه کنید.

1）把这杯水喝下去，否则你会渴的。
2）他很少说话，但事情干得很多。
3）那位老先生不仅很健康，而且还是个篮球运动员。
4）他白天在学校读书，而晚上在一家餐馆干活。

5）不管你愿意不愿意，你都得在这里待着等你的妈妈过来。
6）我既不想吃饭也不想喝水。
7）这次他不仅没有迟到还比谁都来得早。
8）我给他做了很多好吃的东西，而他连一口（[loghme]لقمه）都没有吃。
9）我不但不冷而且还很热。
10）他又会唱歌又会跳舞。

۲- جمله های زیر را مطابق مثال بازنویسی کنید.

مثال :

گریه کردن (گریستن) —— گریه کنان (گریان)
بچه در حالی که گریه می کند ، بسوی مادرش می دود.
بچه گریه کنان بسوی مادرش می دود.

۱) شب او در حالی که سوت می زد ، از آن کوچهٔ تنگ و تاریک عبور کرد.

۲) او در حالی که فریاد می زد، برای ما دست تکان می داد.

۳) ورزشکاران در حالی که می دویدند ، وارد میدان شد ند.

۳- تمرین کلمات

موجب شدن

۱) پرخوری و کم ورزش کردن موجب می شود که شما روز بروز چاق تر شوید . (胖的 [chāgh])

۲) بُریدن (砍伐 [boreedan]) بیش از حدّ درختها موجب شد که زمین اینجا خشک و کم آب شود .

۳) کم خوابی موجب خستگی و سردرد می شود .

همراه

۱) سال گذشته خانم صدری همراه شوهرش به فرانسه رفت .

۲) چقدر پول همراه دارید ؟

۳) در ماه اوت توفان همراه با سیلاب بعضی شهرهای ساحلی را در کام خود فرو برد .

دچار شدن

۱) زمستان امسال عدّهٔ زیادی از مردم ،بخصوص بچه ها و سالخوردگان دچار سرماخوردگی واگیردار([vāgeerdār] 传染的、流行的) شدند .

۲) این محل به علّت آلودگی آب دچار کمبود آب آشامیدنی شده است .

۳) سال گذشته بسیاری از شهرهای جنوب دچار سیلاب شدند.

پیشنهاد کردن

۱) (رو به خدمتکار) آقا، شما چه غذایی پیشنهاد می کنید ؟

۲) او پیشنهاد کرد که هر هفته یک بار بجای رانندگی با ماشین شخصی ، از وسایط نقلیّه عمومی استفاده کنیم تا هوای شهر مان را کمتر آلوده کنیم.

۳) شما چه رنگی را برای اتاق جدید ما پیشنهاد می کنید؟

خلاص شدن (از)

۱) بیماران پس از معالجه های ابو علی سینا ، از درد و رنج بیماری های سخت خلاص شدند.

۲) پس از اینکه پسرهای آنها بزرگ شدند و توانستند به کاری مشغول شوند ،

خانواده آنها پس از سال ها از فقر خلاص شدند.

۳) قطعنامه ۵۹۸ شورای امنیت باعث شد ایران و عراق پس از ۸ سال از جنگ خلاص شوند.

مواجه شدن (با)

۱) ذخایر فعلی زغال سنگ تا ۳۰۰ سال دیگر تمام می شود وانسان با بحران سوخت مواجه خواهد شد.

۲) در بحران اقتصادی (经济的[eghtesādee]) بعضی از جوانان با بیکاری مواجه می شوند.

۳) مردم آسیب دیدهٔ (遭灾的[āseeb deede]) این محل در فصل زمستان با مشکلات بیشتری نسبت به تابستان مواجه شده اند.

... تنها+ در چنین صورتی/ از این طریق ... + بودن که ...توانستن ...

۱) ما باید قبل از همه مسئلهٔ آلودگی هوا را حل کنیم . تنها در چنین صورتی است که می توانیم از اثر گلخانه ای جلوگیری کنیم.

۲) دانش آموزان در مدرسه بغیر از یادگیری درسهای مختلف ، باید درس دوستی و محبت را هم یاد بگیرند. تنها از این طریق است که می توانند در یک محیط راحت تر و بهتر درس بخوانند.

۳) سنگ پشت باید هر چه مرغابی ها می گفتند می پذیرفت ؛ تنها در چنین صورتی بود که مرغابی ها می توانستند او را با خود ببرند.

۴ـ عبارت های زیر را به فارسی بنویسید.

温室效应　空气污染　二氧化碳　污染层　太阳能
太阳光　南极　北极　海洋水平面　冰雪融化
能源危机　能源储藏　21 世纪上半叶　煤的储藏
核能源　放射性物质　寻找解决的途径　合理利用能源

۵- جمله های زیر را با انتخاب کردن یکی از کلمات زیر کامل کنید

... در حالی که	در حال ... بودن	پیش بینی کردن
دچار شدن	موجب شدن　مواجه شدن	پیشنهاد کردن

۱) بعضی از کارشناسان ___ که بجای رانندگی بیشتر از دوچرخه استفاده کنیم.

۲) این شهرستان در زمستان امسال ____ آسیب و برف شدید _____ .

۳) آنها در نیمه راه با ریزش کوه ____ .

۴) او رانندگی می کرد ، _____ به رادیو گوش می داد.

۵) بُریدن بیش از حدّ درختها، ______گسترش (扩大[gostaresh]) مساحت صحرا _____ .

۶) به علّت آلودگی آب و رودخانه،انسانها___ تمام شدن آب آشامیدنی_____ .

۷) آلودگی صوتی_____ سردرد و بی خوابی او _____.

۸) چرخیدن پی در پی ____ سرد شدن کرهٔ زمین _____ .

۹) بعضی ها ____ که در نتیجه گرم شدن هوا ، برف و یخ قطبها ذوب می شود و سطح دریا ها و اقیانوسها بالا می آید .

۱۰) باران شدیدی بارید . هنگامی که از یک رودخانه عبور می کردیم ، ماشین ما ما با مشکلات فراوان _____ .

۶- با استفاده از کلمه " نیم " یا " نیمه " جای خالی را پر کنید .

_____ ساعت　　　یک ساعت و _____　　　_____ کرهٔ شمال

_____ پخته　　　_____ روز　　　_____ راه

_____ پرس　　　_____ مرطوب　　　_____ تمام

۷- جمله های زیر را با ترجمهٔ قسمت چینی به فارسی کامل کنید.

۱) ما باید دست به دست هم به پیش برویم ، (只有这样我们才能通过这条崎岖的(پرفراز و نشیب [por farāz o nasheeb] 山路) .

۲) این روزها ما باید بیشتر کار کنیم ، (只有这样我们才能按时完成任务) .

۳) شما باید دائماً در جستجوی دانشهای مدرن باشید، (只有这样你们才能把工作做好).

۴) شما هرروز باید بموقع تکلیفهای خود را انجام دهید، (只有这样你才能通过考试).

۹- با الگوی " ··· درحالی که... " جمله های زیر راترجمه کنید.

1）我摔了一跤，痛得直哭，而他们却哈哈大笑。
2）我们热得大汗淋漓，他却盖着被子冷得发抖。
3）天气十分寒冷，所有的人都穿着厚厚的衣服，而他们却穿着游泳衣在冰冷刺骨的湖水中游泳。
4）我们都为这个激动人心的消息兴奋不已，而他却坐在一旁沉默不语。

۹- به سئوالات زیر جواب دهید :

۱) گلخانه چیست ؟

۲) چرا گلخانه همیشه گرم است ؟

۳) نظریه اثر گلخانه ای چه می گوید ؟

۴) به نظر شما ، زمین ما روز بروز گرم تر می شود یا سرد تر ؟ مثالی دارید که نظر خود را ثابت کنید ؟

۵) لایهٔ آلوده کنندهٔ غلیظ اطراف جو زمین از چه چیزهایی تشکیل شده است ؟

۶) آیا می توانید جریان گرم شدن زمین را توضیح دهید ؟

۷) گرم تر شدن هوا در زندگی انسان چه اثری می گذارد ؟

۸) ذخایر انرژی ممکن است کی تمام شود ؟

۹) چرا نفت و زغال و گاز برای ما مهمّ است ؟

۱۰) آیا استفاده از نیروی خورشیدی و باد بهتر از نیروی آب و یا انرژی است ؟ چرا ؟

۱۰- جمله های زیر را به فارسی ترجمه کنید :

1）人类将面临煤炭危机，因为煤的储藏即将用完。
2）由于温室效应，地球变得越来越热。
3）由于空气污染和二氧化碳增加，污染层就像一个厚厚的毯子覆盖在地面上。
4）他们不允许人们带孩子进入电影院。
5）母亲为你担忧是自然的，因为她只有你这一个儿子。
6）去年夏季这里遭受了一场水灾，许多城市被大水淹没。
7）记住你去买票时，必须带上自己的身份证。
8）这些城市与海平面同高，当江河水迅速上涨时，很可能被淹没。
9）你这一番话可能造成他对你的不满。
10) 冬季他们利用太阳能洗澡和取暖。
11) 人类正在寻找新的能源，以摆脱能源危机带来的恶果。
12) 我们必须首先阻止对水的污染，只有这样才能解决好缺水的问题。

متن خواندنی

از پاکت های کاغذی استفاده کنید

موقعی که ما پس از خرید از یک سوپرمارکت بر می گردیم ، ممکن است که تعداد زیادی کیسهٔ پلاستیکی کوچک و بزرگ را به خانه بیاوریم . آیا هرگز به این اندیشیده اید که میلیارد ها کیسهٔ پلاستیکی که هر ساله مورد استفاده قرار می گیرند ، چه نتیجه ای به دنبال خواهند داشت؟

ظاهراً استفاده از کیسهٔ پلاستیکی برای ما راحت تر از پاکت کاغذی است ، امّا در حقیقت برای ما بسیار زیان آور است. کیسه های پلاستیکی پس از مدّت های طولانی به صورت نیمه سالم یا تکّه تکّه همچنان در محیط زیست ما باقی می مانند . این کیسه ها نه تنها پس از سالیان دراز از بین نمی روند ، بلکه زمین و رودخانه ها را هم آلوده می کنند . علاوه بر این ، استفادهٔ مجدّد از آنها هم غیر ممکن است . باید توجّه داشته باشید که پلاستیک از نفت ساخته شده و مانند سایر فرآورده های نفتی دیگر سمی است . زیرا تعداد زیادی از کیسه های پلاستیکی بالاخره به رودخانه ها و دریا ها راه پیدا می کنند . اگر ماهی ها یا سایر حیوانات دریایی آنها را بخورند ، کیسه ها در نای آنها گیر می کند و تلف می شوند.

معمولاً بیشتر کیسه های پلاستیکی دارای اشکال رنگی یا نوشته هایی هستند که در مرکب آنها عناصر فلزی بسیار سمّی به کار رفته است . موقعی که این کیسه ها بسوزند، این عناصر فلزی سمّی هم به هوا راه پیدا می کنند .

سعی کنید همیشه از پاکت های کاغذی استفاده کنید ،آنها نه تنها زمین و هوا را آلوده نمی کنند ، بلکه می توان دوباره از آنها استفاده کرد.

ضرب المثل 谚语

هر کاری چاره ای دارد جز مرگ. 天无绝人之路

با نیک نشینی نیک شوی، با دیگ نشینی سیاه.

近朱者赤，近墨者黑

یکی از کارگاههای ثالیبافی در شهرستان کاشان

یکی از قالیهای زیبای ایران

درس بیست و دوم

متن

مشرّف الدّین سالیان دراز به جهانگردی پرداخت و به شهرهای بسیار سفر کرد و با اشخاص گوناگون آشنا شد. در این سفرها چیزهای فراوان یاد گرفت...،

سعدی (۱)

هفتصد سال پیش، دانش آموزی به نام مشرف الدّین در شیراز زندگی می کرد. مشرف الدّین بزودی پدر خود را از دست داد و بی سرپرست ماند، امّا دست از تحصیل علم برنداشت، او هر وقت که از درس و مطالعه فراغتی می یافت، به گشت و تماشا در گردشگاههای اطراف شیراز می پرداخت. مشرف الدّین طبیعت را دوست داشت و زیباییها را می پرستید. نسیم بامدادی، آواز بلبل و دیدار گل به او جانی تازه می بخشید و هر وقت فرصتی می یافت در وصف زیبایی ها شعر می سرود.

مشرف الدّین پس از تحصیلات مقدّماتی در شیراز، برای کسب دانش بیشتر به بغداد رفت، سالیان دراز به جهانگردی پرداخت و به شهرهای بسیار سفر کرد و با

اشخاص گوناگون آشنا شد. در این سفرها چیزهای فراوان یاد گرفت و سرانجام به شیراز باز گشت، در این وقت او شاعری بزرگ و مشهور شده بود و همه او را به نام سعدی می شناختند.

سعدی پنجاه ساله بود که کتاب «گلستان» را نوشت. گلستان کتابی است به نثر آمیخته به نظم. بیشتر نوشته های سعدی در گلستان ساده و روان است. گلستان حکایتها و داستانهایی دارد که حاصل دیده ها و شنیده های سعدی است. گاه سعدی در گلستان حکایتی را در چند جملهٔ کوتاه بیان می کند که هم زیباست و هم آموزنده.

کتاب دیگر سعدی «بوستان» است که سراسر آن به نظم است و در آن اندرزها و نکته های اخلاقی و اجتماعی بسیار به صورت حکایت آورده شده است.

سعدی جز «بوستان» و «گلستان» آثاری دیگر نیز دارد.

主从复合句（一）

◆ 时间状语从句
◆ 地点状语从句

واژه ها

无人监护的、无人照管的	（形）	[~ sarparast]	بی سرپرست
放弃、丧失、失掉	（动）	[~]	از دست دادن
空闲、闲暇、休息	（名）	[farāghat]	فراغت
散步、场所、公园、休憩处	（名）	[gardeshgāh]	گردشگاه
崇拜、崇敬	（动）	[parasteedan]	پرستیدن(پرست)
和风、微风	（名）	[naseem]	نسیم

早晨、黎明	（名）	[bāmdād]	بامداد
在早晨、在黎明时	（副）		
机会、时机	（名）	[forsat]	فرصت
描写、描绘、形容	（名）	[vasf]	وصف
预先的、事先的、初步的、预备的、初等的	（形）	[moghaddamātee]	مقدّماتی
周游（世界）、环游、旅游	（名）	[jahāngardee]	جهانگردی
人、个人、本人	（名）	[ashkhās (shakhs)]	اشخاص (شخص单)
散文	（名）	[nasr]	نثر
混合、掺和、加入	（动）	[āmeekhtan]	آمیختن(آمیز)
诗、韵文；次序、纪律	（名）	[nazm]	نظم
收获、收成、收入、收益、结果；获得的	（名）（形）	[hāsel]	حاصل
有教育意义的	（名）	[āmoozande]	آموزنده
忠告、劝告、嘱咐、箴言	（名）	[āndarz]	اندرز
点、要点、论点	（名）	[nokte]	نکته(نکات复)
道德、道义、品德、品行	（名）	[akhlāgh]	اخلاق
除、除…之外	（介）	[joz]	جز
作品、痕迹、印象	（名）	[āsār(asr)]	آثار(اثر单)

اسم های خاصّ

穆西列夫·丁（萨迪）	（人名）	[moshrref o ddeen]	مشرّف الدّین

چند سخن از سعدی(۲)

چند سخن از سعدی

دو کس رنج بیهوده بردند و سعی بی فایده کردند، یکی آن که اندوخت و نخورد و دیگر آن که آموخت و نکرد :

علم چندان که بیشتر خوانی   چون عمل در تو نیست نادانی

***

یکی را گفتند: عالِمِ بی عمل به چه ماند؟ گفت: به زنبورِ بی عسل.

***

لقمان را گفتند: ادب از که آموختی؟ گفت: از بی ادبان. هرچه از ایشان در نظرم ناپسند آمد، از آن پرهیز کردم.

***

مُشک آن است که ببوید، نه آن که عطّار بگوید. دانا چون طبله‌ی عطّار است خاموش و هنرنمای و نادان چون طبل غازی، بلند آواز و میان تهی.

از گلستان سعدی

آرامگاه سعدی

واژه ها

无益的（地）、无用的（地）、徒劳无益的（地）	（形、副）	[~ fāyede]	بی فایده
积蓄、积累	（动）	[andookhtan]	اندوختن(اندوز)
笨的、无知的、愚昧的、愚蠢的 愚昧无知的人	（形） （名）	[nādān]	نادان
有学问的（人）、知识渊博的（人）、学者	（形、名）	[ālem]	عالم
路格曼（古阿拉伯传说中的智者）	（名）	[loghmān]	لقمان
礼仪、礼貌、礼节、教养、涵养	（名）	[adab]	ادب(آداب复)
不恰当的、不体面的	（形）	[~ pasand]	نا پسند
避免、节制	（名）	[parheez]	پرهیز
麝香	（名）	[moshk]	مشک
嗅、闻	（动）	[booyeedan]	بوییدن
卖香料的、香料商、药材商	（名）	[attār]	عطّار
小鼓、圆盘子	（名）	[table]	طبله
显示艺术才能的、有技艺的	（形）	[honarnemā(y)]	هنرنما(ی)
鼓	（名）	[tabl]	طبل
勇士、战斗者	（名）	[ghāzee]	غازی
空的、真空的	（名）	[tohee]	تهی

دستور زبان

主从复合句（一）
——时间状语从句
جملهٔ پیروِ زمان

时间状语从句是说明主句动作发生时间的从句，我们接触到的引导时间状语从句的连接词主要有以下这些。

1. 在……之前 (قبل از این (آن) که ، پیش از این (آن) که)

   由这个连接词引导的从句中的谓语动词应用现在假定时。

   قبل از این که به اینجا برسد ، سخنرانی استاد شروع شده بود .

   他到这里之前，教授的讲话已经开始了。

   قبل از آن که من از خواب بیدار شوم ، او به میدان ورزش رفته بود .

   我醒来前，他已经去操场了。

2. 在……之后 (بعد از این (آن) که ، پس از این (آن) که)

   بعد از آن که من به پکن آمدم ، دیگر نامه ای از او در یافت نکردم .

   我来到北京后，一直未收到他的信。

3. 每当…… (هر وقت که ، هر زمان که ، هر بار که)

   هر بار که او را در خیابان می دیدم ، بچه اش همراهش بود .

   每次我在大街上遇到他，他总是带着他的孩子。

   هر وقت که تکلیفهای مدرسه ام تمام شود ، به پدرم کمک می کنم .

   每当我完成了学校的作业，总是去帮助我父亲干活。

4. 当……时候 (وقتی که ، موقعی که ، هنگامی که ، چون)

   وقتی که سرم را بلند کردم ، دیدم او جلوی میز من ایستاده است .

   当我抬起头来时，看见他站在我的桌子前。

   موقعی که خواستم با او حرف بزنم ، او سرش را برگرداند .

   当我想同他谈话，他把头扭了过去。

وقتی که کتابم را از روی میزبر داشتم ، نامه ای زیر آن دیدم .

当我从桌子上把书拿起来的时候，看见一封信。

وقتی که شام می خوردم ، شنیدم که کسی مراصدا می زد .

当我正吃晚饭时，听见有人叫我。

هنگامی که در خیابان راه می رفتم ، با او برخورد کردم .

当我在大街上走路时，遇见了他。

موقعی که او وارد شد ، ما غذا می خوردیم .

当他进来时，我们在吃饭。

وقتی که من شیشهٔ پنجره را پاك می کردم ، فاطمه زمین را جارو می کرد .

当我擦窗子的时候，法蒂玛在扫地。

چون 和 وقتی ، وقتی که ……等用法一样。例如：

چون کار را بدان منوال دید ، او هم بدنبال سگ رفت و دم رفیق خود را چسبید .

当他看到这个情况，就来到狗的后面，抓住了自己同伴的尾巴。

5．一……就……（ به محض این که...، همین که...، تا... ）

به محض این که او بیاید ، به او می گویم .

等他一来，我就告诉他。

همین که به خانه رسیدم ، باران شروع شد .

我一到家，就下起雨来了。

——地点状语从句
جملهٔ پیرو مکان

地点状语从句常见的连接词主要有：

همین جائی که ، در جایی که ، جایی که ، هر جا که، ...

1．地点状语从句的时态没有特殊的要求，根据上下文需要来确定。

هر جا که کتاب تازه ای می دید ، می خرید و آنرا با دقت می خواند و در کتابخانه اش

نگاه می داشت .

他随时随地看到新书就购买，仔细地阅读并收藏在自己的图书馆里。

همین جائیکه الان ایستاده ایم ، تالار آپادانا ست .

我们现在站的地方就是阿波达纳大厅。

رفقای ما هر جا که می روند ، باید با توده های مردم مناسبات خوبی بر قرار سازند .

我们的同志无论去什么地方都要和人民群众建立良好的关系。

2. 地点状语从句有时兼有抽象条件的含义，这时应用现在假定时态。例如：

هر جا که برویم ، بی تو به ما خوش نمی گذرد .

无论我们到何处去，没有你，我们就不会过得愉快。

ما در هر جا که زندگی کنیم ، جزو ملّت چین هستیم و میهن خود را دوست خواهیم داشت .

我们不论到那里，都是中国人，我们热爱自己的祖国。

تمرین

۱- اسم مشتق ، صفت مفعولی ، اسم مرکّب و صفت مرکّب موجود در متن درس را پیدا کنید و اجزاء تشکیل دهندهٔ آنها را هم مشخص کنید.

۲- جمله های زیر را به صورت جملهٔ مرکّب با پیروی زمان بازنویسی کنید .

۱) مشرف الدّین از بچگی پدر خود را از دست داد .

۲) سعدی پنجاه ساله بود که کتاب ((گلستان)) را نوشت.

۳) مشرف الدّین پس از تحصیلات مقدماتی در شیراز ، برای کسب دانش بیشتر به بغداد رفت .

۴) او همیشه در وقت فراغت به تماشا در گردشگاه های اطراف شیراز

می پرداخت.

۳- تمرین کلمات

فراغت

۱) شما معمولاً اوقات فراغت خود را چگونه پر می کنید ؟

۲) سینما و هنر و موسیقی اهمیّت زیادی در پر کردن ساعتهای فراغت جوانان دارد.

۳) برنامهٔ آقای محمّدی همیشه فشرده است . حتی در روزهای تعطیل هم وقت فراغت ندارد.

پرهیز کردن (از)

۱) مادر به او سفارش کرد که از سیگار و نوشیدنی های الکلی (酒精[alkol]) پرهیز کند.

۲) بهترین راه حل برای دو طرف آن است که از زد و خورد با یکدیگر پرهیز کنند.

۳) پزشک به او دستور داد که از غذای شور و چرب پرهیز کند.

فرصت

۱) امروز آقای مدیر خیلی گرفتار است ، شاید فرصت نکند که با شما ملاقات کند.

۲) به دلیل بیماری سخت ، او فرصت شرکت در کنکور را از دست داد.

۳) این بار من فقط دو روز آنجا بودم ، فرصت نداشتم که بدیدن او بروم.

آمیختن

۱) ازآمیختن رنگ زرد با رنگ آبی ، رنگ سبز حاصل می شود.

۲) توجه داشته باشید که این دو پودر(粉末[poodr]) را نباید باهم بیامیزید.

۳) آیا می شود این دو مایه را با هم آمیخت ؟

از دست دادن

۱) حیف شد که فرصت تماشای مسابقهٔ آنها را از دست دادم.

۲) به علّت ورشکست شدن(倒闭[varshekast shodan]) کارخانه ، پدرم کار خود را از دست داد.

۳) در اثر ضربه ای که بر سر او اصابت کرد ، او حافظه اش را از دست داد.

حاصل

۱) از خواندن این کتاب چه چیزی حاصل کرده اید ؟

۲) در نتیجهٔ خوب شخم زدن زمین، پسران کشاورز در پاییز و تابستان آن سال محصول فراوان حاصل کردند.

۳) موفّقیّت او حاصل زحمات و کوشش های او در این سالها ست.

۴- عبارت های زیر را به فارسی بنویسید.

放弃学业　　丧失父母　　清晨的微风　　写诗

۵ - جمله های چینی زیر را به فارسی ترجمه کنید و در جای خالی جملهٔ مناسب برای کامل کردن این جملهٔ مرکّب بنویسید.

1）每当他学习和工作之余，________________ .

2）在萨迪去设拉子之前，________________ .

3）每当我听到那首熟悉的歌谣(نغمه [naghme])时，________________ .

4）在我上网的时候，________________ .
5）等老王一到，________________ .
6）等绿灯一亮，________________ .
7）狐狸一听到那是只猎狗，________________ .
8）火车一停下来，________________ .

۶- جمله های مرکب زیر را با ترجمهٔ جملهٔ پیرو مکان از چینی به فارسی کامل کنید.

۱) ______________ (在有疑问的地方) علامت بگذارید.

۲) ______________ (在阳光雨水充足的地方) غلّات خوب می روید.

۳) شما می توانید ______________ (想去哪里，就去哪里) .

۴) ______________ (他们在中国不论走到哪里) پذیرائی می شدند.

۵) ______________ (就在我们第一次见面的地方) منتظر من باش.

۶) ________(不管他去哪里) ، لپ تاپ（笔记本电脑）به همراه خود می آورد.

۷- جمله های زیر را به چینی ترجمه کنید.

۱) زن و شوهرهای جوان زندگی در آپارتمان را بیشتر می پسندند.

۲) پروین بیشتر کتاب های داستان را می پسندد.

۳) اگر می پسندی ، امشب به سینما برویم.

۴) رنگ آبی را می پسندی یا سبز ؟

۸- شعرهای سعدی را حفظ کنید و به نثر بنویسید.

درس بیست و دوم

۹- سؤال و جواب

۱) سعدی چند سال پیش می زیسته است ؟

۲) سعدی ایّام فراغت را چگونه می گذرانید ؟

۳) چه چیزهایی به سعدی جانی تازه می بخشید ؟

۴) سعدی پس از کسب دانش به چه کاری پرداخت ؟

۵) سعدی چه کتابهایی نوشته است ؟

۶) گلستان چگونه کتابی است ؟

۷) بوستان چگونه کتابی است ؟

۸) به مجموعهٔ آثار سعدی چه می گویند ؟

۹) مراد از این شعر چیست :

((سعدیا مرد نکونام نمیرد هرگز   مرده آن است که نامش به نکویی نبرند)) ؟

۱۰) کسی که خرمن می خواهد باید چه کار بکند ؟

۱۱) آرامگاه سعدی در کجاست ؟

۱۲) چه شعری بر در آرامگاه سعدی نوشته شده است ؟

۱۰- جمله های زیر را ترجمه کنید

1) 他在闲暇的时候，喜欢在屋前的小花园里种种花草。
2) 萨迪的诗集《蔷薇园》的语言朴素流畅，句子简短优美。
3) 他把自己的所见所闻都记下来，写成了简短的故事，既有趣，又有教益。
4) 奥托终于用自己制作的翅膀，第一次稳稳地在空中飞行了一些时候。这次的成功是他无数（بیشمار [beeshomār]）次失败和试验的结果（حاصل... بودن）。
5) 狐狸找不到机会靠近公鸡，就想用甜言蜜语把公鸡骗下树来。

6)幸亏司机刹车及时，才避免了一场可怕的车祸。
7)他只要一有机会就到处旅行，他认识了各种各样的人，学到了许多书本上没有的知识。正因为如此，他才能写出那么多有教育意义的故事。
8)他热爱大自然，迷恋清晨的微风，清新的空气和鸟儿的歌唱。
9)“失败是成功之母”，他遭到过许多失败，但从来没有失去过希望，放弃过努力。
10)萨迪的一些诗句已成为伊朗人的言行的准则（معیار [me'yār]）。

متن خواندنی

یکی از حکایتهای 《گلستان》 ——

دو درویش

دو درویش در خراسان باهم به سفر رفته بود ند. یکی لاغر بود و هر دوروز یک وعده غذا می خورد. در حالی که آن دیگری فربه بود و هر روز سه بار غذا می خورد. روزی در جایی مردم به آنها بد گمان شدند و هر دو را گرفتند و به زندان انداختند. پس از مدّتی، دانستند که آنها بی گناهند . در زندان را باز کردند تا آنها را آزاد کنند. دیدند آن مرد فربه مرده و مرد لاغرزنده مانده است.

مردم از این که مرد قوی مرده بود و مرد ضعیف زنده مانده بود تعجّب کردند. دانایی گفت در این به هیچ وجه جای تعجّب نیست. آن مرد فربه چون تن پرور بود ، همینکه غذایش کم شد، نتوانست تحمّل کند و مرد؛ و این مرد لاغر که خیلی خویشتن دار و اندك خوار بود، توانست گرسنگی را تحمّل کند و زنده بماند.

چو کم خوردن طبیعت شد کسی را   چو سختی بپیش آید سهل گیرد
و گر تن پرور است اندر فراخی   چو تنگی بیند از سختی بمیرد.

گفتگوی محاوره ای

ازت توقع نداشتم [1]

معلم: اینکار ازت بعیده ، کاوه ؟

کاوه : *تقصیر من نبود* ! اوّل علی بهم مشت زد.

معلم : *ازت توقع نداشتم* ! حرف بدی زدی.

کاوه : عذر می خوام ، دیگه تکرار نمیشه .

ضرب المثل   谚语

وجود ناقص بهتر از عدم است.	聊胜于无
هر که بامش بیش برفش بیشتر	树大招风

---

[1] ازت توقع نداشتم   真没想到你会这样干！在这里也可译为：真没想到你会说脏话！

درس بیست و سوّم

متن

استفاده از نفت به صورت امروزی مدّت بسیاری نیست که معمول گردیده است و هنوز از حفر نخستین چاههای نفت در امریکا بیشتر از صد سال نمی گذرد. امروزه نفت در دنیا اهمّیّت فراوانی یافته است.

نفت

ایرانیان قدیم آتش را مقدّس می دانستند و در تمام عبادتگاهها که به آنها آتشکده می گفتند، آتش روشن می کردند. یکی از آتشکده های بزرگ و مشهور ایران قدیم آذرگشسب نام داشت. گویند در این آتشکده هفتصد سال آتش روشن بود و هرگز خاموش نمی شد و هیچ وقت خاکستر به جا نمی گذاشت. دانشمندان می گویند آتشکدهٔ آذرگشسب را بر روی چاهی که از آن گاز نفت بیرون می آمده است ساخته بوده اند.[1] همچنین مورّخان می گویند که ایرانیان قدیم از نفت در جنگها استفاده

[1] ساخته بوده است ... (ماضی ا بعد) 这个时态与现在完成时态很相像，与现在完成时态不同的是：动作发生的时间在十分遥远的过去，其结果或状态影响或延续到现在。

می کرده اند.

★★★★★★★

استفاده از نفت به صورت امروزی مدّت بسیاری نیست که معمول گردیده است و هنوز از حفر نخستین چاههای نفت در امریکا بیشتر از صد سال نمی گذرد.

امروزه نفت در دنیا اهمّیّت فراوانی یافته است. اتومبیلی که بر آن سوار می شویم، تراکتوری که آن را در کارهای کشاورزی بکار می بریم، کشتیهایی که در دریا حرکت می کنند، هواپیمایی که در آسمان پرواز می کند، بیشتر ماشینها و بعضی از کارخانه ها با موادّ نفتی کار می کند، از آن گذشته ، صدها ماده دیگر از نفت بدست می آید. بسیاری از وسایل پلاستیکی مانند بطری، لوله، صفحهٔ گرامافون، انواع اسباب بازی، کف پوش اتاق و چیزهای دیگر از موادّ نفتی ساخته می شود. وقتی که در روی جادّه ها و خیابانهای آسفالت شده راه می روید، هیچ فکر می کنید که آنچه در زیر پای شما ست با مادّهٔ نفتی ساخته شده است؟ آنچه در آسفالت بکار می رود قیر است. قیر مادّهٔ سیاه رنگی است که از نفت خام بدست می آید، آن را با شن و ماسه مخلوط می کنند و بر سطح جادّه ها و خیابانها می ریزند و می کوبند یا فشار می دهند، تا پوشش سختی تشکیل شود.

نفت چگونه بوجود آمد ؟ هنوز دانشمندان به درستی چگونگی تشکیل شدن نفت را نمی دانند. همین قدر می دانند که نفت در جاهایی یافت می شود که زمانی دریا بوده است. از این رو تصّور می کنند که نفت از جانوران و شاید گیاهان

بسیار کوچکی که زمانی در این دریاها می زیسته اند، به وجود آمده باشند.

نفت را از کجا بدست می آورند؟ در بعضی از نقاط زمین بخصوص در اعماق آن نفت به مقدار فراوان یافت می شود. برای استخراج آن چاههای عمیق حفر می کنند. نفت خامی را که از چاه استخراج می شود، در پالایشگاه تصفیه می کنند و موادّ مختلف آن را جدا می سازند.

در بیشتر نقاط کشور ایران، نفت در اعماق زمین وجود دارد. کشور ایران از سرزمینهای نفت خیز جهان بشمار می رود و هر سال مقدار فراوانی از نفت ایران به کشورهای دیگر صادر می شود. بیشتر چاههای نفت ایران در خوزستان است. نفتی که از چاههای خوزستان استخراج می شود، با لوله به آبادان فرستاده می شود تا در پالایشگاه این شهر تصفیه شود. پالایشگاه آبادان یکی از بزرگترین پالایشگاههای جهان است. در چند شهر دیگر ایران از جمله درکرمانشاه و تهران نیز پالایشگاه وجود دارد.

سابقاً نفت را از آبادان به وسیلهٔ ماشینهای نفتکش به تهران می آوردند امّا اکنون از آبادان تا تهران لوله کشی شده است. این لوله که از پستیها و بلندیها و تونلها و جلگه ها عبور می کند و نفت را

پالایشگاه تهران

به تهران می رساند از شاهکارهای صنعت بشمار می رود.

主从复合句(二)

◆ 主语从句

◆程度状语从句

واژه ها

神圣的、圣洁的	（形）	[moghaddas]	مقدّس
祈祷的地方、寺院	（名）	[ebādatgāh]	عبادتگاه
火神庙	（名）	[ātashkade]	آتشکده
灰	（名）	[khākestar]	خاکستر
井	（名）	[chāh]	چاه
历史学家	（名）	[movarrekhān]	مورّخان(单مورخ)
挖、钻掘	（名）	[hafr]	حفر
	（动）		~ کردن
拖拉机	（名）	[tractor]	تراکتور
塑料的	（形）	[pelāsteekee]	پلاستیکی
瓶	（名）	[botree]	بطری
管子	（名）	[loole]	لوله
唱机	（名）	[gerāmaphone]	گرامافون
玩具	（名）	[asbāb bāzee]	اسباب بازی
沥青	（名）	[āsfālt]	آسفالت
焦油、焦油沥青、柏油	（名）	[gheer]	قیر
沙子、砂石、石砾、小碎石	（名）	[shen]	شن
细沙、沙子	（名）	[māse]	ماسه
混合的、掺和的、混杂的	（形）	[makhloot]	مخلوط
混合、掺和	（动）		~ کردن
外壳、遮盖物、罩	（名）	[pooshesh]	پوشش
（详细）情况、情节、来龙去脉、方式	（名）	[chegoonegee]	چگونگی

تصوّر	（名）[tasavvor]	想象、猜测、设想
~ کردن	（动）	想象、猜测、设想、考虑、以为、打算
جانور	（名、形）[jānevar]	有生命的、动物、野兽、牲畜
نقاط(نقطه单)	（名）[noghāt(noghte)]	点、地点
اعماق(عمق单)	（名）[a'māgh(omgh)]	深度、深远
استخراج	（名）[estekhrāj]	开采、采掘
~ کردن	（动）	
پالایشگاه	（名）[pālāyeshgāh]	炼油厂
تصفیه	（名）[tasfeeye]	提炼、过滤、澄清、净化
~ کردن		
شمار	（名）[shomār]	数、计算
به ~ رفتن/آمدن	（动）	被算作、计算、被列入
صادر	（形）[sāder]	出口的、输出的、发行的、发出的、发布的
~ شدن	（动）	被出口、被发行、被发布
نفت کش	（名）[naft kesh]	油船、油车
جلگه	（名）[jolge]	平原
شاهکار	（名）[shāhkār]	杰作、名著
صنعت(صنایع单)	（名）[san'at(sanāye)]	工业

اسم های خاصّ

آذرگشسب	（名）[āzargoshasb]	古伊朗一个火神庙的名称
خوزستان	（地名）[khoozestān]	胡泽斯坦省（是伊朗南方的一个省，在波斯湾沿岸）
آبادان	（地名）[ābādān]	阿巴丹市（在伊朗东南方波斯湾沿岸）
کرمانشاه	（地名）[kermānshāh]	克尔曼沙赫省（在伊朗西部与伊拉克交界处）

دستور زبان

主从复合句(二)
——主语从句
جملهٔ پیروِ نهاد

在句子中起主语作用的从句为主语从句。

主语从句从结构上可分为两类：一类是后置，另一类为前置。

1. **后置的主语从句句型**

   主语从句 + 连接词 + 主句谓语部分

   主句的主语部分

   لازم است که به او خبر بدهیم ؟

   例如：

   خوب است که قدری استراحت کنیم .

在主语从句后置的复合句中：

1) 主句的主语是后面的从句，而在 که 前面不出现主语从句的先行词。

2) 主句谓语部分通常为 " بودن + 形容词 " 的结构。主句的谓语总是第三人称单数。例如：

显然	بدیهی است که ......
是对的	درست است که ......
足够了	کافی است که ......
显而易见的	واضح است که ......
很清楚	معلوم است که ......
是值得的	شایسته است که ......
不是无益的	بیفایده نیست که ......

3) 主句谓语部分也可由 " بودن + 表示时间长度的词 " 组成。主句的谓语总是第三人称单数。例如：

مدّتی است که شما را ندیده ام .

很久没见到你了。

بیست دقیقه است که او اینجا منتظر شما ست .

他在这里等你已有 20 分钟了。

4) 主句谓语部分还可以由除 بودن 外的其他系动词构成。主句的谓语也只用第三人称单数。例如：

موجب افتخار ما خواهد بود که جناب عالی در کنفرانس ما شرکت کنید .

阁下能参加我们的会议，将使我们感到十分荣幸。

مایهٔ خوشوقتی من می شود که در آیندهٔ نزدیك بتوانم شما را در ایران ببینم .

不久将在伊朗见到你，这会使我感到十分高兴。

به نظر می رسد که آنها به آسانی پیشنهاد ما را قبول نمی کنند .

看起来他们不会轻易采纳我们的建议。

یادم آمد که قلم خود را در کلاس جا گذاشته ام .

我想起来了，我把钢笔遗忘在教室里了。

2. 前置的主语从句句型

主句的谓语部分 + 主句从句 + که 主语从句的连接词

主句的主语部分

前置主语从句的连词有：

آن که ، این که ، آنچه که ، هرچه ، هرکس که ، ...

例如：

آن که به شما نشان دادم ، عکس منظرهٔ زیبای دریاچهٔ شی هو است .

我给你看的是西湖美丽景色的照片。

هر چه می در خشد ، طلا نیست .

发亮的不一定都是金子。

آنچه شنیدید ، واقعی نیست .

你听到的不是事实。

هر کس این کار را بکند ، اوّلین عضو کتابخانهٔ کلاس خواهد بود .

谁要是这样做了将成为班图书馆的第一位成员。

——程度状语从句
جملهٔ پیروِ میزان

表明主句行动程度的从句为程度状语从句，引导程度状语从句常见的连接词有：

تا آنجا که ، هر قدری که ، بقدری که ، ...

例如：

من بقدری که شما می دانید نمی دانم .

我不如你懂得多。

هر قدری که می خواهید ، نوش جان بفرمائید .

你要喝多少就喝多少。

او تا آنجا که ممکن بود ، تند می دوید .

他尽力快跑。

تا آنجا که می دانید ، به من بگویید .

你知道多少就告诉我多少。

تمرین

۱- جمله های زیر را با جملهٔ پیروِ نهاد کامل کنید .

۱) قرار(بودن) که ...

۲) مدّتی (بودن) که ...

۳) امکان (داشتن) که ...

۴) به نظر می رسد که ...

۵) کافی (بودن) که ...

۲- جمله های زیر را به چینی ترجمه کنید

۱) هرچه می درخشد ، طلا(金子[talā]) نیست .

۲) آنچه شنیدید ، شاید واقعی نباشد .

۳) آنچه خود دوست ندارید ، به دیگران ندهید.

۴) آن چه که ابوریحان بیرونی در واپسین لحظات عمر از دوست دانشمندش خواهش کرد ، باز گفتنِ یکی از مسائل علمی بود .

۵) آنچه او می نوشت ، حاصل شنیده ها و دیده ها یش بود .

۶) آنچه امروز من می خواستم به شما بگویم ، برداشتهای من در بارهٔ تحقیق و مطالعهٔ دین های مختلف و سنتهای گوناگون ملّت ایران است .

۳- جمله های مرکّب زیر را که جملهٔ پیروِ میزان را در بر دارد ، به فارسی ترجمه کنید.

1）他希望尽早给他答复。
2）这间房已经破旧得不能继续住下去了。（破旧的 کهنه وخراب）
3）医生要求他尽量卧床休息。
4）海水是咸的，越喝越渴。

۴- تمرین کلمات

تصوّر

۱) نمی توانم تصوّر کنم که آنها چطور می توانستند برِ آن همه دشواری و سختی فایق بیایند.

۲) تصوّر می کنم که او الان با شادی و خوشحالی با خانواده اش دور هم نشسته اند و دارند صحبت می کنند یا باهم شام می خورند.

درس بیست و سوّم

۳) مشکلاتی که ما در راه به آن ها بر خورد کردیم ، برای شما غیر قابل تصوّر است .

به شمار رفتن / آمدن _____

۱) این ساختمانِ سر به آسمان کشیده یکی از بلندترین ساختمانهای جهان به شمار می رود.

۲) در دبیرستان او جزو دوازده شاگرد برجسته به شمار می رفت.

۳) عید بهاره در چین ، عید گرد هم آیی اعضاء خانواده به شمار می آید.

فشار دادن / آوردن _____

۱) این دستگیره (把手[dastgeere]) را به طرف راست فشار دهید تا در باز شود.

۲) در ساعتهای کاری بخصوص در زمستان اتوبوس بسیار شلوغ است . داخل اتوبوس مردم مجبور می شوند که به هم فشار بیاورند .

۳) در هنگام امتحان شفاهی به خود فشار نیاورید و گرنه در نتیجهٔ امتحان تأثیر می گذارد.

۴- در جمله های زیر مصدرهای داخل پرانتز را به صورت صیغه های مناسبی در آورید و در جای خالی بنویسید.

نفت به شکل مایه ای سیاه رنگ و غلیظ در زمین _____ (یافتن) که آن را نفت خام _____ (نامیدن). این نفت را از زمین بیرون _____ (آوردن) و با لوله به تصفیه خانه _____ (فرستادن) . در آنجا از نفت خام موادّ گوناگونی _____

درس بیست و سوّم

(به دست آمدن) . آیا _____ (دانستن) که از نفت خام چه موادّی _____ (گرفتن)؟ یکی از این موادّ ، گازی است که در بعضی از خانه ها برای پختن غذا _____ (بکار رفتن). آیا _____ (دانستن) که نام آن چیست؟ این گاز که در ظرفهای فلزی محکم به حالت مایع _____ (نگهداشتن) ، بوتان نام _____ (داشتن).

کشور ایران یکی از بزرگترین کشورهای نفت خیز جهان _____ (بودن).

منابع بزرگی از نفت در جاهای مختلف کشور به ویژه در خوزستان _____ (وجود داشتن) و از آنها _____ (استفاده کردن).

۵- جمله های زیر را با نوشتن یک کلمهٔ مناسب در جای خالی کامل کنید.

بدست آوردن	بدست آمدن	گذشته از این	استفاده کردن
حفر کردن	تصوّر کردن	تصفیه کردن	فشار
به شمار رفتن	به جا گذاشتن	مخلوط کردن	تصوّر کردن
لوله کشی کردن	اهمّیّت		

۱) هوای تمام تونل را می توان با این دستگاه در حدود پانزده دقیقه _____ .

۲) آنها در نزدیکی شهر خود نخستین چاه نفت را _____ .

۳) کارگران قیر را با شن و ماسه _____ و بر سطح جادّه ها و خیابان ها می ریزند.

۴) مسافران عزیز، قطار ما به ایستگاه پکن رسید. دقت کنید تا وسایل خود را _____ .

۶) آزمایشها و مطالعات ما که هم اکنون به آنها می پردازیم، دارای _____

فراوان است.

۷) آنها از شمال به سمت شهرهای جنوب ______ .

۸) این دانشمند بزرگ در گذشت ولی تجربیات و ثمرات (成果[samarāt]) گرانبها ی مطالعاتش را به _____ .

۹) تاب بازی (荡秋千) هم یکی از ورزش مهمّ این منطقه ______ .

۱۰) هنگام کندن چاه ، گازبسیار زیادی از آن خارج می گردد . از این گاز می توان برای سوخت _____ .

۱۱) به علّت ____ زندگی خانوادگی او مجبور شد به کار خرید و فروش بپردازد.

۱۲) او ____ که مادرش از دیدن او چقدر خوشحال می شود.

۱۳) بسیاری از کارخانه ها با نفت و یا نفت گاز بکار می افتند. ____ ، بیشتر وسایل زندگی ما نیز از موادّ نفتی ____.

۶- عبارتهای زیر را به فارسی بر گردانید.

天然气　油井　开采石油　提炼石油　原油　塑料制品
唱片　房间的地板　柏油马路　油罐车　铺设管道
高低不平　盛产石油的国家　出口石油　包括

۷- جمله های چینی زیر را با الگوی " هنوز از + مصدر + وقت + گذشتن " به فارسی ترجمه کنید.

مثال:

... هنوز از ... نمی گذشتن .
(石油像今天这样被广泛利用的时间并没有多长) و هنوز
از حفر نخستین چاه های نفت در امریکا بیشتر از صد سال
نمی گذرد.

درس بیست و سوّم

۱) (那家店铺才开张不过一个月). سود (利润[sood]) زیادی به دست آورده است .

۲) (吃过早饭不过一个小时)، که من گرسنه شدم .

۳) (那课书刚学过不到三天) ، با این حال من بعضی از واژه های آن را فراموش کرده ام .

۴) (从监狱里放出来才不过两个月) ، که او دوباره به زندان برده شد.

۵) (他从南方出差回家不过一个星期) ، که دوباره به مأموریت (出差[ma' mooriyyat]) فرستاده شد.

۸- جمله های پیروی نهاد زیر را به فارسی ترجمه کنید

1) 在我们脚下的东西不是别的，而是从石油中提取出来的。
2) 在这展览馆里给你们展示的东西是属于二三千年以前的文物（آثار باستانی [āsār-e bāstānee]）。
3) 工人们正在制作的是什么？
4) 我唯一能做的是把他送回家。
5) 我想要的不是这个。
6) 这个看上去黑乎乎的东西是从石油中提取的。

۹- سؤال و جواب

۱) عقیدهٔ ایرانیان قدیم نسبت به آتش چه بود ؟

۲) عبادتگاه های ایران قدیم چه نام داشت؟

۳) یکی از مشهورترین آتشکده های ایران چه نام داشت؟

۴) طبق عقیدهٔ مورّخان چرا آتش آتشکدهٔ آذرگشسب صد ها سال روشن بود و هرگز خاکستری از آن به جا نمانده بود ؟

درس بیست و سوّم

۵) چه وسائلی با مواد نفتی کار می کنند؟

۶) از نفت چه موادّی به دست می آید؟

۷) نفت از کجا به دست می آید؟

۸) بیشتر چاه های نفت ایران در کدام استان هستند؟

۹) نفت چگونه از آبادان به تهران می رسد؟

۱۰) نفتی که از چاه های خوزستان استخراج می شود، به چه طریق به آبادان می رسد؟

۱۰- جمله های زیر را به فارسی برگردانید.

1）看来石油对各国的经济（اقتصادی [eghtesādee]）建设具有十分重要的意义。
2）凡是去过大庆（داچین）的人都有机会看到工人们是如何钻井和开采石油的。
3）在阿扎尔果夏斯伯火神庙上燃烧的不是别的东西，而是天然气，所以千百年来始终不灭，也不留灰烬。
4）你们所听到的同我所见到的大不一样。
5）用来做沥青的东西是焦油，而焦油是从石油中得到的物质。
6）伊朗是盛产石油的国家之一，每年向其他国家出口大量的石油。
7）像今天这样普遍地使用电脑和手机时间并不长。
8）从美国打出第一口油井到今天已有一百多年的历史了。
9）输送石油不是一件简单的事。原来是用油罐车运送，现在是铺设管道将石油输送到需要的地方。
10）有许多漂亮的东西是用塑料做成的。你可曾想过塑料制品来自于石油。

متن خواندنی

مریخ اسرار آمیز

آیا در مریخ حیات وجود دارد؟

از زمانی که دانشمندان اروپای شمالی دست به پژوهش و مطالعه در مورد

مریخ زده اند، جهانیان بر این معتقدند که درمریخ زندگی از نوع زندگی انسان های جهان وجود ندارد، چون در کره زمین انسان ها به اکسیژن احتیاج دارند، ولی درمریخ بغیر از متسین[1]، اکسیژن وجود ندارد. زندگی مریخ به زندگی در کوهستان شباهت دارد. آنجا هوا بسیار کم است ، در هنگام ظهر حرارت هوا به ۵۰ درجه سانتیگراد می رسد و در شب تا صد درجه زیر صفر پایین می رود. اکنون می دانیم که در مریخ عنصر کربن موجود است. در وجود همهٔ نباتات و حیوانات در کره زمین کربن وجود دارد .

هنگامی که ما با تلسکوپ مریخ را نگاه می کنیم، رنگش مختلف است. گاهی به سفید مایل به خاکستری و گاهی رنگ خاکستری به رنگ سبز و گاهی به رنگ قرمز تبدیل می شود. اکنون دانشمندان کوشش می کنند که علّت تغییر رنگ مریخ را بدست بیاورند. این در حالی است که بسیاری از عناصر مریخ برای ما هنوز ناشناخته مانده اند.

مدّتی پیش ، در یکی از اعلامیه های مؤسّسه فضا پیمایی آمریکا گفته شده است که یک دستگاه جدید بنام سیمرغ ، برای انجام تحقیق در مورد مریخ در ماه اوت سال ۲۰۰۸ به فضا پرتاب خواهد شد و در ماه مه سال بعد در مریخ پیاده خواهد گردید.

هدف کار تحقیقاتی دستگاه سیمرغ آن است که ببینند آیا در مریخ موجودات و یا آب منجمد وجود دارد یا نه . دستگاه در منطقهٔ قطب شمالی مریخ پیاده خواهد

---

[1] متسین （英）methane，甲烷.

درس بیست و سوّم

شد. محل دقیق پیاده شدن آن در بین مدار ۴۵ تا ۷۵ درجهٔ عرضی مریخ است. علّت انتخاب این مکان آن است که در گذشته در خاک این منطقه یخ کشف شده و این احتمال وجود دارد که در مریخ آب وجود داشته باشد . وجود قشر یخ آنجا بیانگر این است که در نتیجهٔ تغییر هوا در فصل های مختلف ، ممکن است خاک آنجا حاوی جسم مرکّب ارگانیکی باشد که حیات بدان احتیاج دارد .

دستگاه سیمرغ دستگاه ثابتی می باشد که می تواند با استفاده از دست های روبوتی خود قشر یخی را بکند و نمونهٔ خاک را از عمق نیم متری زیر قشر یخ در بیاورد و با استفاده از تجهیزات خود آن را بررسی کند .

تمرین

۱- عبارتهای زیر را به چینی ترجمه کنید.

فضای پیمایی تحقیقاتی مریخ   مؤسّسهٔ کیهان پیمایی   دستگاه " سیمرغ " در مریخ پیاده شدن   منطقهٔ قطب شمالی   تجهیزات   قشر یخ   کار تحقیقی   سفید مایل به خاکستری   در آیندهٔ نزدیک   دست روبوتی   دستگاه ثابت   جسم مرکب ارگانیک

۲- به سؤال های زیر جواب دهید

۱) آمریکا تا به حال چند دستگاه تحقیقاتی به مریخ پرتاب کرده است؟

۲) قرار است که دستگاه سیمرغ چه وقت پرتاب شود؟

۳) وظیفهٔ دستگاه سیمرغ چیست ؟

۴) قرار است که دستگاه سیمرغ در کجای مریخ پیاده شود؟

درس بیست و سوّم

۵) چرا آن منطقه را برای پیاده شدن سیمرغ انتخاب کردند ؟

۶) برای انجام تحقیقات دستگاه سیمرغ در مریخ چه خواهد کرد ؟

گفتگوی محاوره ای

دلم شور میزنه

خانم شیرین : منیژه خانم ، شوهرم **باید می رسید** ، امّا تا حالا خبری ازش نیست . **نکنه اتّفاقی براش افتاده باشه؟**

خانم منیژه : چه فکرهایی میکنی ! نگران نباش، حتماً پرواز تأخیر داشته یا توی خیابون توی **ترافیک گیر کرده** .

خانم شیرین : نمی دونم ، ممکنه . امّا مطمئن نیستم. *دلم شور میزنه* !

ضرب المثل   谚语

فکر نان کن خربزه آب است.
甜瓜是一包水，解饿还得面包。
滥竽充数   پیاز هم جزو میوه ها شد.

درس بیست وچهارم

متن

مردی که دردم مرگ نیز تشنهٔ فراگیری و دانش اندوزی بود ابوریحان بیرونی یکی از بزرگترین ریاضیدانان و فیلسوفان ایرانی است. او از بزرگترین افتحارات کشور ایران است.

زگهواره تا گور دانش بجوی

پیرمردی که سالهای عمرش به هفتاد و هشت رسیده بود ، در بستر بیماری واپسین لحظات زندگی را می گذرانید. بستگانش با چشمان اشکبار نگران حال وی بودند. آنگاه که نفس او به شماره افتاد ، دوستی دانشمند بربالین وی حاضرشد و با اندوهی بسیار دست نوازش به سر و رویش کشید.

مرد بیمار با کلماتی بریده و کوتاه از دوست دانشمندش خواهش کرد که یکی از مسائل علمی را که زمانی با وی درمیان گذاشته بود، بازگوید. دانشمند گفت: " ای دوست گرامی! اکنون در چنین حالت ضعف و بیماری چه جای این پرسش است؟ "

بیمار با ناراحتی پاسخ داد:

" کدام یک از این دو بهتر است: این مسئله را بدانم و بمیرم یا نادانسته و جاهل در گذرم؟ "

مرد دانشمند مسئله را بازگفت و سپس از جای برخاست و دوست بیمار را ترک کرد. هنوز چند قدمی دور نشده بود که شیون از خانه بیمار برخاست. چون سراسیمه بازگشت، بیمار چشم از جهان فروبسته بود !

مردی که دردم مرگ نیز تشنهٔ فراگیری و دانش اندوزی بود ابوریحان بیرونی یکی از بزرگترین ریاضیدانان و فیلسوفان ایرانی است. او از بزرگترین افتخارات کشور ایران است. همهٔ زندگی ابوریحان در تألیف و تحقیق و در جستجوی دانش گذشت.

تا سال ۶۲۷ هجری که شصت و پنج سال از عمرش می گذشت ، یکصد و سیزده جلد کتاب نوشته بود. این کتابها دربارهٔ مسائل گوناگون از قبیل ستاره شناسی ، پزشکی ، ریاضیّات ، تاریخ ، جغرافیا ، روان شناسی ، آداب و رسوم ملل مختلف و دیگر دانشها ست.

با وجود آن که نزد یک به هزار سال از عصر ابوریحان می گذرد ، بیشتر نوشته ها و کتابهای او از جهت فکری تازه می نماید. به نظر می رسد که اندیشه و روش تحقیق او در مسائل علمی به اندیشه و روش دانشمندان امروز بیشتر نزد یک بوده تا به روش و فکر دانشمندان زمان خود.

وی پیوسته به علل حوادث می اندیشید و به تحقیق و مطالعه و کشف چیزهای ناشناخته عشق می ورزید. دربارهٔ دینهای مختلف و سنتهای ملّتهای گوناگون تحقیق می کرد و اطّلاعاتی را که بدست می آورد، به صورت کتاب می نوشت. دشمن سرسخت جهل و دوستدار دانش و بینش بود. از این لحاظ در قرون گذشته کمتر می توان برای او نظیری پیدا کرد.

主从复合句(三)

- ◆ 宾语从句
- ◆ 直接引语与间接引语

واژه ها

گور	[goor]	（名）	坟、坟墓、陵墓
واپسین	[vāpaseen]	（形）	最后的、最末的
بستگان(بسته单)	[bastegān(baste]	（形、名）	关上的、封闭的、亲友、亲属
اشکبار	[ashkbār]	（形）	流泪的
شماره	[shomāre]	（名）	数、数目、数字
بالین	[bāleen]	（名）	枕头、床边（尤指病人床边）
اندوه	[andooh]	（形）	悲哀的、伤心的、悲痛的
جویا ~ گشتن/شدن	[jooyā]	（形）	寻找……的、探求……的、打听……的、询问……的
نوازش	[navāzesh]	（名）	抚爱、喜爱
بریده	[boreede]	（形）	上气不接下气的、断断续续的、破裂的、断裂的
باز	[bāz]	（副）	再、又、还
~ گفتن	[～ goftan]	（动）	再说一次、复述、转述

亲爱的、敬爱的、受尊敬的	（形）	[gerāmee]	گرامی
质问、疑问、询问、问题	（名）	[porsesh]	پرسش
回答、回应	（名）	[pāsokh]	پاسخ
	（动）		~ دادن
无知的、未受教育的、愚昧的	（形）	[jāhel]	جاهل
离开、停止、断绝、戒除（烟、酒等）	（名）	[tark]	ترک
	（动）		~ کردن
号啕大哭、哀号	（名）	[sheevan]	شیون
笼罩、包围、遍及；掌握	（名）	[farāgeeree]	فراگیری
积累知识	（名）	[dāneshandoozee]	دانش اندوزی
数学家	（名）	[riyāzeedān]	ریاضیدان
哲学家、思想家	（名）	[feelsoof]	فیلسوف
光荣、骄傲、自豪	（名）	[eftekhār]	افتخار
	（动）		~کردن
编著、编辑	（名）	[ta'aleef]	تألیف
种类、类别	（名）	[ghabeel]	قبیل
像……这种的、诸如……之类的	（形）		از ~
天文学家、占星家	（名）	[setāre ~]	ستاره شناسی
医生的、医学	（形、名）	[pezeshkee]	پزشکی
地理、地理学	（名）	[joghrāfiyā]	جغرافیا
药物学、药理学	（名）	[dāroo ~]	داروشناسی
行为、方式、方法、态度	（名）	[ravesh]	روش
未知的、不认识的、不熟悉的	（形）	[~ shenākhte]	ناشناخته
爱、热爱、爱慕	（动）	[~ varzeedan]	عشق ورزیدن
宗教、信仰、信教	（名）	[deen]	دین
顽固的、固执己见的、顽强的	（形）	[sarsakht]	سرسخت
傻、愚笨、无知	（名）	[jahl]	جهل
爱……的、对……有好感的	（形）	[doostdār]	دوستدار
眼力、视力、看法、见解	（名）	[beenesh]	بینش
观点、看法、目光、眼光	（名）	[lahāz]	لحاظ
类似的、相似的、类似物	（形、名）	[nazeer]	نظیر

اسم خاصّ

阿布雷杭·比伦尼 （人名） [abooreihān beeroonee] ابوریحان بیرونی

دستور زبان

主从复合句（三）
——宾语从句
جمله ی پیرو مفعولی

在复合句中起宾语作用的从句叫宾语从句。引导宾语从句的连接词是 كه 。

1. 当主句的谓语动词是及物动词时，主句才能带宾语从句。

2. 宾语从句以连接词 كه 引导。

3. 宾语从句的时态以现在说话的时刻为基点，不受主句谓语动词的影响。

آن روز دیدم که شما در ردیف اوّل نشسته اید.

那天我看见你坐在第一排。

روباه گفت که اکنون تمام حیوانات باهم دوست شده اند.

狐狸说现在所有的动物都成朋友了。

شنیده ام که مردم آن شهربسیار شجاع و نیرومند هستند.

我听说那个城市的人都十分勇敢、强悍。

من می دانم که شما با او صحبت کردید.

我知道你跟他谈过话了。

ما اصلاً اطّلاع نداشتیم که شما بیمار شده اید.

我们从未听说你病了。

4. 在某些动词后的宾语从句应该用现在假定时态。

这些动词多数表示建议、请求、命令、决定、猜测、推断等意思。

例如 ：

تصمیم گرفتن ، گمان کردن ، خواهش کردن ، پیشنهاد کردن ، گذ اشتن (让)

اجازه دادن ، اصرار کردن ، خیال کردن ، دستور دادن ، فرمان دادن...

5. 有的宾语从句是由特殊疑问句或一般疑问句转化来的，语法上称为间接疑问句。这样的宾语从句有时可省略连接词 **که** 或一般疑问句。例如：

من نمی فهمم (که) دیروز چرا آن قدر عصبانی شدید.

我不明白你昨天为什么这么气愤。

من نمی دانم (آیا) نامه ام به او رسیده است یا نه.

我不知道他是否收到我的信了。

هنوز به من خبر نداده اند (که) هواپیما چه وقت در فرود گاه پکن می نشیند.

他们还没有通知我飞机何时在北京机场降落。

6. 有一些不及物动词也带宾语从句。

有一些不及物动词在形式上是不及物的，而在实际意义上却是及物的。例如：

معتقد بودن ، مطمئن بودن ، مجبور شدن ، یقین داشتن ، ...

例如：

مطمئن هستم که او پسر صادق و خوش اخلاقی است.

我肯定他是个诚实的、品质优良的孩子。

او مجبور شد که به حرفهٔ پدرش بپردازد.

他不得不从事父亲的行业。

——直接引语和间接引语

نقل قول مستقیم و غیر مستقیم

直接引语和间接引语是指说话者转述当事人讲话时所运用的两种形式。下面举例说明。

例如当事人 پرویز 说的话是：

دیروز من به شهر رفتم.

1. 直接引语

在波斯语中，当说话者转述当事人讲的话用直接引语时，引语不放在引号中，也没有连词 که 连接；有时用冒号引出当事人的话。引语的时态不变。

以当事人 پرویز 说的话为例：

پرویز گفت دیروز من به شهر رفتم .

پرویز گفت : دیروز من به شهر رفتم .

2. 间接引语

当说话者转述当事人讲的话用间接引语时，用连接词 که 引出，引语有时态变化。转述形式如下：

او گفت که دیروز او به شهر رفته است .

↓
پرویز 指

3. 间接引语中时态变化

当事人说的话	转述当事人说的话
一般过去时态 →	现在完成时态
过去完成时态 →	现在完成进行时态
过去进行时态 →	现在完成进行时态

除以上三种时态需转换外，其他时态在间接引语中不作改变。

تمرین

۱ـ جمله های زیر را کامل کنید.

۱) ما پیشنهاد کردیم که _____ .

۲) او پیش بینی می کند که _____ .

۳) پزشک به من دستور داد که _____ .

۴) آیا شما تصوّر می کنید که _____ .

۵) مادرم نمی گذاشت که _____ .

۶) آنها تصمیم گرفتند که _____ .

درس بیست و چهارم

۲ـ جمله های مستقیم زیر را به دو شکل جمله غیر مستقیم تغییر دهید.

نمونه:
او گفت: " (علی نزد من نیامد.) "
او گفت که (علی نزدش نیامده است.)

۱) مجید به من گفت: " به جنوب سفر کرده است. "

۲) روباه به خروس گفت: " چرا بالای درخت رفتی؟ مگر از من می ترسی؟ "

۳) خروس به روباه گفت: " من دربارهٔ تو چیزی نشنیده ام "

۴) نادر گفت: من در یک شرکت آلمانی استخدام شده ام "

۵) عموی علی گفت: ما فردا به تخت جمشید می رویم. "

۶) خانم محمّدی گفت: " از شما بسیار متشکّریم که ما را به این شهر زیبا و تاریخی دعوت کردید.

۷) دوست ابوریحان بیرونی به او گفت: " کدام یک از این دو بهتر است: این مسئله را بدانم و بمیرم یا نادانسته و جاهل در گذرم؟ "

۳ـ تمرین کلمات

ترک کردن

۱) ترک عادت موجب مرض است.[1]

۲) او شهر خود را ترک کرد تا شغل بهتری پیدا کند.

۳) دکتر به او دستور داد که عرق خوردن و سیگار کشیدن را ترک کند.

---

[1] 这是一句谚语，其原意是"改掉老嗜好会生病"。意思是"江山易改本性难移"。

تشنه ی ... بودن

۱) پس از مدّت ها جنگ طولانی ، مردم اینجا تشنهٔ آرامش و صلح هستند.

۲) از بس تشنه بودم صدایم گرفت .

۳) پس از فارغ التحصیل شدن از دانشگاه توکیو او تشنهٔ بازگشت و خدمت به کشور خود بود.

در میان گذاشتن (با کسی)

۱) او نظرات خود دربارهٔ آن حادثه تصادف را با من در میان گذاشت .

۲) استاد یکی از نکته های مهمّ برای حل این مسئله را با ما در میان گذاشت .

۳) آن دختری که شما با من درمیان گذاشته بودید، دانشجوی چه رشته ای است؟

کمتر توانستن ...

۱) او همیشه به مأموریّت (出差[ma'mooriyyat]) می رود؛ شما کمتر می توانید او را در خانه اش پیدا کنید.

۲) چون خواهران و برادران من در شهرهای مختلف زندگی یا کار می کنند ، کمتر می توانیم همه یک جا گرد هم بیاییم .

۳) انسانها می توانند خانه های محکم بسازند خانه هایی که باد یا باران ، زلزله یا طوفان کمتر می تواند آنها را خراب کند .

چه جای ... بودن / داشتن ؟

۱) سنگ پشت پر و بال ندارد، چه جای آن دارد که خیال پرواز کند ؟

۲) تو انگلیسی بلد نیستی، چه جای دارد که شغلی در آن شرکت بدست بیاوری؟

۳) تو خوب کار نکردی ، چه جای در خواست جایزه است ؟

۴- ترکیب و عبارتهای زیر را به فارسی برگردانید.

断断续续的话语   探求和获取知识   床前   掌握知识   与世长辞

奄奄一息   濒临死亡   打听…状况   愚昧无知的

۵- جمله های زیر را به چینی ترجمه کنید.

۱) ز گهواره تا گور دانش بجوی.

۲) به نظر می رسد که اندیشه و روش تحقیق او در مسائل علمی به اندیشه و روش دانشمندان امروز بیشتر نزدیک بوده تا به روش و فکر دانشمندان زمان خود.

۳) از این لحاظ در قرون گذشته کمتر می توان برای او نظیری پیدا کرد.

۴) با وجود آن که نزدیک به هزار سال از عمر ابوریحان می گذرد ، بیشتر نوشته ها و کتابهای او از جهت فکر تازه می ماند .

۶- با توجه به مثال ها، جمله های زیررا ترجمه کنید.

چه جای (کاری) است ؟

1) 你的身体如此虚弱，怎么谈得上外出旅游？
2) 狐狸是公鸡的敌人，他们之间哪里有什么友谊？
3) 我只是打了几个电话而已，哪里谈得上什么辛苦？

تشنه ی ... بودن

درس بیست وچهارم

1) 他在临死前渴望见到他的亲人们。
2) 他渴望为家乡的失学儿童建立一所小学。
3) 他渴望得到儿子在伊拉克战场的消息。

۷- طبق مثال با الگوی " به نظر رسیدن " برای هر یک از کلمات داده شدهٔ زیر دو جمله بنویسید که یکی جملهٔ ساده و دیگری جملهٔ مرکّب با پیرو نهاد باشد .

> مثال : خسته
> ۱) شما خیلی خسته به نظر می رسید .
> ۲) به نظر می رسد که شما خیلی خسته اید.

۱) کسل کننده

۲) مهربان

۳) سخت گیر

۴) ضعیف

۵) ناراحت

۸- طبق مثال جمله های زیر را با ترجمهٔ جملهٔ چینی کامل کنید.

> مثال ۱ : (他还没有走几步远，就(突然)......) شیون از خانهٔ بیمار برخاست.
> او هنوز چند قدمی دور نشده بود که شیون از خانهٔ بیمار برخاست.

۱) (他还没唱完就)، صدای دست زدن حضّار[hazzār](在场者) از سالن تآتر برخاست.

۲) (乌龟还没有开始说话就) از بالا به زمین افتاد.

۳) (我话还没有说完就) او تلفن را به زمین زد.

درس بیست وچهارم

۴) (火车还没有完全停住就) مسافران از قطار بیرون ریختند.

۵) (护士还没有给他打针就) بچه با صدای بلند به گریه افتاد.

مثال۲: (... ، کمتر می توان ...)

من هرگز آقای خردمند را فراموش نمی کنم ، (因为几乎 很难遇到像他那样又好又称职老师)

من هرگز آقای خردمند را فراموش نمی کنم ، چون <u>کمتر می توان</u> معلم خوب و شایسته ای مانند او پیدا کرد.

۱) این کتاب را بارها خواندم و میل دارم که به شما معرفی می کنم .(因为现在几乎很少能找到这么好的书)

۲) این شهر به سرعت غیرقابل تصوری پیشرفت کرده است . (在城里 几乎很难找到同以前完全一样的房子)

۳) دکتر به سیون کانادا در چین بسیار مشهور است (在中国几乎没有人不知道他)

۹- سؤال و جواب

۱) مرد بیمار چه کسی بود؟

۲) آیا حال مرد بیمار خوب بود؟ او چطور بود ؟

۳) مرد بیمار چند سال داشت؟

۴) مرد بیمار از دوستش چه خواست؟

۵) هنگامی که بیمار مرد، آیا دوستش بر بالین او بود؟

۶) آیا بیمار هنگام مرگ تشنهٔ آب بود؟

۷) آیا ابوریحان بیرونی شاعر بود؟

۸) ابوریحان چه چیزی را دوست داشت و از چه چیزی بدش می آمد؟

۹) ابوریحان در چه سالی به دنیا آمد؟

۱۰) کتابهای ابوریحان دربارهٔ چه موضوعاتی است؟

۱۱) آیا نوشته ها و کتابهای ابوریحان امروز قدیمی و کهنه به حساب می آیند ؟

۱۲) روش مطالعه و تحقیق ابوریحان چگونه بوده است؟

۱۰- جمله های زیر را ترجمه کنید

1）比仑尼是伊朗，乃至世界最伟大的学者之一，他不仅是伊朗的骄傲，而且全人类都因他而感到自豪。
2）比仑尼渴望学习和掌握各种知识，他的许多思想在现在看来仍然没有过时。
3）他在生命垂危时刻，还在向朋友询问对一个科学问题的看法。
4）你现在连走路的力气都没有，哪谈得上去旅游？
5）他到处旅行，与许多不相识的人交谈，收集信息，积累经验，探求他不知道的东西。
6）比仑尼的一生都是在探求和获取知识中度过，他是愚昧无知的永不妥协的敌人。
7）他与弟弟失散已久，他到处打听弟弟的下落。
8）我怎么也忘不了我中学的老师 خردمند 先生，因为直到现在都很难找到像他那样称职的好老师。
9）海亚姆（ خیام ）既是数学家、哲学家，又是诗人，他的四行诗被翻译成各种文字，为世人所传诵。
10）他从小酷爱音乐，在他短暂的一生中写下了几百首美妙的乐曲（ آهنگ ），受到广大音乐爱好者的喜欢。

شعر

بشنو ای فرزانه فرزند

نصیحت بشنو ای فرزانه فرزند — که بادا یارت از هر بد خداوند
زِ هر پندت بود این بهره مندی — که در وقت ضرورت کاربندی

درس بیست و چهارم

اگر خواهی سعادت ، دانش آموز   شوی تا بر مراد خویش فیروز

هوای عیش و نوش از سر بدر کن   به سنِّ کودکی کسب هنر کن

گر آموزی هنر اندر جوانی   کنی در وقت پیری کامرانی

چو کسب علم کردی، در عمل کوش   که علم بی عمل، زَهریست بی نوش

اگر باشد شبِ تاریک ، اگر روز   قبولِ رنج فرما، دانش آموز

(جامی)

واژه ها

فرزانه	[farzāne]	(形)	聪明的、有学问的
نصیحت	[naseehat]	(名)	忠告、劝告
بادا	[bādā]	(动)	= باشد
ضرورت	[zaroorat]	(名)	必要性
سعادت	[sa'ādat]	(名)	幸福
مراد	[morād]	(名)	希望、愿望、意图、目的
فیروز	[feerooz]	(形)	پیروز =
عیش	[eysh]	(名)	享乐、娱乐、欢乐
نوش	[noosh]	(名)	吃、喝
به در کردن	[bedar ~]	(动)	赶出、撵出、排挤出
زهر	[zahr]	(名)	毒药
فرما	[farmā]		动词فرمودن的词根

تمرین

۱- سؤال و جواب

۱) پدر به فرزند چه پندی داد؟

۲) چرا پدر از فرزند خواست عیش و نوش نکند ؟

۳) چرا پدر از فرزند خواست که در جوانی دانش بیاموزد؟

۴) علم بی عمل به چه تشبیه شده است ؟

درس بیست وچهارم

گفتگوی محاوره ای

قصه اش درازه

- علی ، *چی شده* ؟
- هیچی ... چه طور مگه ؟
- آخه ناراحت *به نظر می رسی* ؟
- خانمم با مادرم دعوا کرده !
- خب ، *سر چی* ؟
- سر تربیت بچه ام . *قصه اش درازه* !
- بالاخره یه راه حلی براش پیدا می شه . مهمّ اینه که دو طرف صبر و حوصله داشته باشن .

ضرب المثل   谚语

一个巴掌拍不响	یک دست صدا ندارد .
活到老学到老	ز گهواره تا گور دانش بجوی .

درس بیست و پنجم

شعر (۱)

باران

بازباران،
با تَرانه،
با گُهرهای فراوان،
می‌خورد بر بامِ خانه.
یادم آرد روزِ باران،
گردشِ یک روزِ دیرین،
خوب و شیرین،
توی جنگل‌های گیلان.

کودکی ده ساله بودم
شاد و خرّم،
نرم و نازک،
چُست و چابُک.
با دو پای کودکانه
می دویدم همچو آهو،
می پریدم از سرِ جو،

دور می‌گشتم ز خانه.
می شنیدم از پرنده،
از لبِ بادِ وزنده،
داستان‌های نهانی،
رازهای زندگانی.
برق چون شمشیرِ بُرّان،

پاره می‌کرد ابرها را،
تُندُرِ دیوانه، غرّان،
مشت می‌زد، ابرها را.
جنگل از بادِ گریزان،
چرخ‌ها می‌زد چو دریا،
دانه‌های گِردِ باران،
پهن می‌گشتند هر جا.

سبزه در زیر درختان،
رفته رفته گشت دریا،
توی این دریای جوشان،
جنگل وارونه پیدا.
بس گوارا بود باران،
به! چه زیبا بود باران!
می‌شنیدم اندر این گوهرفشانی
رازهای جاودانی، پندهای آسمانی:
- «بشنو از من، کودک من!

پیش چشمِ مردِ فردا،

زندگانی -خواه تیره، خواه روشن-

هست زیبا، هست زیبا، هست زیبا.»

گلچین گیلانی

واژه ها

گهر= گوهر	[gohar]	（名）	珍珠
دیرین	[deereen]	（名）	过去的、古老的
چست = چابک	[chost]	（形、副）	伶俐的（地）、敏捷的（地）
چابک	[chābok]	（形、副）	敏捷的（地）、灵活的（地）
کودکانه	[koodakāne]	（形、副）	小孩的、儿童的、幼稚（地）

这样的、类似的	（形/副）	[hamcho]	همچو
鹿	（名）	[āhoo]	آهو
بادی که می وزد =		[~ vazande]	باد وزنده
秘密、机密	（名）	[rāz]	راز
剑	（名）	[shamsheer]	شمشیر
大麦	（名）	[joo]	جو
尖锐的、锐利的	（形）	[borrān]	برّان= برنده، تیز
撕碎、撕破	（动）	[pāre ~]	پاره کردن
雷	（名、形）	[tondar]	تندر= غرّش ابر
疯狂的（人）	（形、名）	[deevāne]	دیوانه
吼叫的、怒吼的	（形）	[ghorrān]	غرّان= غرّش کننده
拳头	（名）	[mosht]	مشت
用拳头打	（动）		~ زدن
逃跑的、逃避的	（形）	[goreezān]	گریزان= فرارکننده
沸腾的、激昂的	（形）	[jooshān]	جوشان= جوشنده
上下颠倒的（地）	（形、副）	[vāroone]	وارونه= سرنگون
令人满意的、令人愉快的	（形）	[govārā]	گوارا
撒珠子	（名）	[gowharfeshāne]	گوهر فشانی
撒珠子般的（形容下雨）	（形）	[gowhar feshān]	گوهر فشان = گوهربار
永恒	（名）	[jāvdānee]	جاودانی =همیشگی

اسم خاصّ
_____

伊朗北部的一个省份	（地名）	[geelān]	گیلان

تمرین
_____

۱- سؤال و جواب

۱) شاعر صدای باران را به چه تشبیه کرده است ؟

۲) شاعر دانه های باران را به چه تشبیه کرده است؟

۳) روز بارانی چه چیز را به یاد شاعر می آورد؟

۴) شاعر دویدن خود را به دویدن چه حیوانی تشبیه کرده است؟

۵) شاعر از پرنده و باد چه می شنیده است؟

۶) شاعر برق را به چه تشبیه کرده است؟

۷) چرا شاعر تندر را دیوانه نامیده است؟

۸) چرا سبزهٔ زیر درختان رفته رفته دریا شد؟

۹) منظور شاعر از این که می گوید : " توی این دریای جوشان، جنگل وارونه پیدا " چیست؟

۱۰) به نظر شاعر رازهای جاودانی و پندهای آسمانی چیست؟

شعر (۲)

کسری و دهقان

شاه اَنوشیروان به موسم دی   رفت بیرون ز شهر بَهرِ شکار
در سر راه دید مزرعه‌ای   که در آن بود مردم بسیار

اَندر آن دشت پیرمردی دید   که گذشته است عُمر او ز نَوَد
دانهٔ جوز در زمین می کاشت   که به فصل بهار سبز شود

گفت نوشیروان به آن دهقان   که چرا حِرص می زنی چندین؟
پایهای تو بر لبِ گور است   تو کنون جوز می کُنی به زمین؟

جوز دَه سال عمر می خواهد که قوی گردد و ببار آید
تو که بعد از دو روز خواهی مُرد گردکان کِشتَنَت چه کار آید؟!

مرد دهقان به شاه کسری گفت مردم از کاشتن زیان نَبَرَند
دِگَران کاشتند و ما خوردیم ما بکاریم و دیگران بخورند

(ملک الشّعرای بهار)

واژه ها

季节、时间		(名)	[mowsem]	موسم
庄稼地		(名)	[mazre'e]	مزرعه
核桃	= گرد و	(名)	[jowz]	جوز
觊觎、贪心	= طمع	(名)	[hers]	حرص
核桃	= گردو	(名)	[gerdakān]	گردکان

اسم های خاصّ

=خسرو،پادشاه ساسانی،انوشیروان	(人名)	[kesrā]	کسری
阿努希拉旺	(人名)	[anowsheervān]	انوشیروان

تمرین

سؤال و جواب

۱) در چه فصلی انوشیروان به شکار رفته بود؟

۲) مردم در کجا جمع شده بودند؟

۳) انوشیروان چه کسی را در میان مردم دید ؟

۴) چرا امواشیروان از کار دهقان تهجّب کرد ؟

۵) پیر میرد چه جوابی به انوشیروان داد ؟

متن خواندنی

نامه نویسی

وقتی که شما به مسافرت رفته اید و از خانواده و دوستان خود دور هستنید، خویشان و دوستان شما منتظرند تا نامه ای از شما برسد و از خواندن آن خوشحال شوند.

هنگامی که یکی از کسان شما در بیمارستان است، وقتی که عید نوروز فرا می رسد و شما نمی توانید برای گفتن تبریک به دیدار دوستان و خویشان خود بروید، نوشتن یک نامهٔ احوالپرسی یا تبریک عید، هر قدر هم که مختصر باشد، باعث می شود که از حال یکدیگر بی خبر نمانید و وظیفهٔ دوستی و خویشاوندی را بجای آورید. همچنین وقتی که با اداره ای یا سازمانی کاری دارید بیشتر مطلب خود را می نویسید و به آن اداره یا سازمان می فرستید و جواب آن را می خواهید.

برای نوشتن نامه ، فقط با سواد بودن و داشتن کاغذ و قلم و پاکت و تمبر کافی نیست. اینها وسیلهٔ نامه نویسی و فرستادن یک نامه است. امّا نامه نویسی راه و رسمی دارد که باید آنها را بکار بریم.

نامه خوب باید دارای تاریخ ، نام و نام خانوادگی و نشانی نویسنده، عنوان گیرندهٔ نامه ، متن نامه ، عبارت پایان نامه و امضای نویسندهٔ نامه باشد.

تاریخ نامه را معمولاً در بالای نامه ، گوشهٔ سمت چپ آن می نویسیم. تاریخ نامه را باید همیشه کامل بنویسیم ، مثلاً پنجشنبه — ۲ دی ماه ۱۳۸۵ .

در بعضی شرکتها یا اداره ها ، برای اینکه در وقت صرفه جویی کنند ، تاریخ را باختصار چنین می نویسند: 85/۲/۱۰ .

اگر برای کسی نامه می نویسیم که ما را خوب می شناسد او با خواندن نام ما ، در آخر نامه ، می تواند بفهمد که این نامه را چه کسی نوشته است ، امّا اگر برای کسی نامه می نویسیم که چندان با ما آشنا نیست ، یا بار اوّل است که برای او نامه می نویسیم ، حتماً باید نام و نشانی خود را ، علاوه بر روی پاکت ، در زیر نامه هم بنویسیم. این نام و نشانی برای این است که کسی که می خواهد جواب نامه را بدهد ، بداند آن را به اسم چه کسی و به کجا بفرستد.

بعضی ار مردم نام و نشانی خودشان را فقط پشت پاکت می نویسند. اگر پاکت نامه گم شود، یا نام و نشانی پشت پاکت ، به علّتی پاک یا سیاه شود ، دیگر نشانی نویسندهٔ نامه را نمی توان خواند.

بهتر است همیشه نام و نشانی خود را در نامه هم بنویسیم. جای نوشتن نام و نشانی نویسندهٔ نامه در پایین نامه است.

نام گیرندهٔ نامه و هرچند کلمه ای که به آن اضافه می کنیم همیشه در اوّل نامه نوشته می شود و به آن ، عنوان نامه می گویند. کلمات محبّت آمیز و محترمانه ای که بر نام گیرنده اضافه می کنیم نشانهٔ علاقه و احترام ما نسبت به او ست. در زیر چند نمونه از عنوانهایی را برای خویشان یا دوستان خود بکار می بریم می خوانید :

پسر عزیزم	دختر مهربانم
نورچشم عزیزم	فرزند گرامی
خواهر گرامیم	پدر بزرگوارم
برادر عزیزم	مادر عزیز و بزرگوارم
عمّهٔ مهربانم	دوست عزیزم

اگر بخواهیم نامه ای به یکی از اداره ها یا سازمانهای دولتی و ملّی بنویسیم ، عنوانهای دیگر بکار می بریم . یا نام آن اداره یا سازمان را می نویسیم، یا نام و شغل گیرندهٔ نامه را می نویسیم، مانند این عنوانها :

ریاست محترم ادارهٔ آموزش و پرورش شهرستان خاش

شهردار محترم آبادان

ریاست محترم بانک ملّی جهرم

بهتر است عنوان نامه را با کمی فاصله زیر تاریخ نامه بنویسیم چنانکه از لبهٔ راست کاغذ چند سانتیمتر فاصله داشته باشد.

شنبه ۳ اردیبهشت ماه ۱۳۷۰

مدیر محترم دبستان ایمان

با سلام و احترام فراوان به اطلاع می رساند که ما دانش آموزان
کلاس پنجم مشتاقیم در اردوی تربیتی اداره آموزش و پرورش شرکت کنیم.
بدین وسیله آمادگی خود را اعلام می داریم و منتظریم که راهنمایی های لازم را از آن
مدیر محترم دریافت کنیم.

با تقدیم احترام، نماینده کلاس پنجم دبستان ایمان

متن نامه مهمّترین قسمت نامه است. برای این نامه می نویسیم که خبری را به کسی بدهیم، یا مطلبی را از کسی بپرسیم یا تقاضایی داریم که می خواهیم به آن توجّه کنند. اگر کسی که می خواهیم به او نامه بنویسیم در پیش ما باشد، مطلب را زبانی به او می گوییم و نیازی به نوشتن نامه نیست. پس متن نامه همان مطلبی است که باید به گیرندهٔ نامه بگوییم. در حرف زدن ممکن است مطلب را پس و پیش بگوییم یا مطلبی را تکرار کنیم و گاهی ممکن است کلمه هایی مناسب برای بیان مطلب نیابیم. در نوشتن چون فرصت بیشتری داریم، می اندیشیم و برای بیان مطلب کلمه های خوب انتخاب می کنیم و از تکرار می پرهیزیم. نوشتن متن نامه را همیشه پایین تر از عنوان نامه شروع می کنیم. فاصلهٔ عنوان تا سطر اوّل همیشه باید بیش از فاصلهٔ سایر سطرها باشد.

یک کار دیگر در نامه نویسی، حاشیه گذاشتن برای نامه است. یک نوشتهٔ

خوب باید از دو طرف کاغذ حاشیهٔ سفید داشته باشد. حاشهٔ سفید، نوشته را زیبا و خواندن آن را آسان می کند. در نامه های فارسی حاشیهٔ سمت راست از حاشیهٔ سمت چپ بیشتر باید باشد.

در نامه ممکن است از چند موضوع سخن بگوییم. هر موضوع تازه را باید از سر سطر شروع کنیم و وقتی که آن موضوع تمام شد، باید موضوع بعدی را دو باره از سر سطر آغاز کنیم. سطر اوّل هر موضوع تازه را هم که در نامه می نویسیم، باید تقریباً به اندازهٔ یک سانتیمتر از سایر سطرها فاصله داشته باشد.

عبارت پایان نامه را برای هرکس مناسب با مقام وسنّ و شخصیت او می نویسیم. جای نوشتن این عبارت، معمولاً یک سطر پایین تر از متن نامه، در سمت چپ آخرین سطر متن نامه است. در زیر چند عبارت پایان نامه را بطور نمونه می خوانید:

دوستدار تو	با سپاسگزاری فراوان
ارادتمند	با تقدیم صمیمانه ترین احترامات
به امید دیدار	با تقدیم احترام
در انتظار نامهٔ شما	با حق شناسی و سپاسگزاری بسیار
به امید موفّقیّت	دوست همیشگی تو

وقتی که نامه را تمام کردیم باید آن را امضا کنیم. جای امضای نامه، زیر یا سمت چپ پایان نامه است.

پس از آنکه نامه را نوشتیم، یک بار بدقّت می خوانیم و در پاکت

می گذاریم. همیشه روی و پشت پاکت را پیش از آنکه در آن را بچسبانیم، می نویسم. در روی پاکت نام و نشانی و نام شهر گیرندهٔ نامه و در پشت آن نام و نشانی خود را می نویسیم.

تمرین

سؤال و جواب

۱) در چه موقعی نامه می نویسیم ؟

۲) نامهٔ خوب باید دارای چه چیزی باشد ؟

۳) تاریخ نامه را معمولاً در کجا می نویسیم ؟

۴) تاریخ نامه را باختصار چگونه می نویسیم ؟

۵) آیا نوشتن نام و نشانی در زیر نامه هم لازم است ؟ چرا ؟

۶) عنوان نامه چیست ؟

۷) کلمه هایی که بر نام گیرنده در عنوان اضافه می کنیم، نشانهٔ چیست ؟

۸) عنوان را در کجای نامه می نویسیم ؟

۹) مهمّ ترین قسمت نامه کدام قسمت است ؟

۱۰) چرا در نامه باید حاشیه گذاشت ؟

۱۱) موضوع تازه را از کجا شروع می کنیم ؟

۱۲) عبارت پایان نامه باید مناسب با چه چیزی باشد ؟

۱۳) به نظر شما چرا باید روی و پشت پاکت را پیش از چسباندن در آن

درس بیست و پنجم

بنویسیم؟

۱۴) در روی پاکت نام شهر و نشانی و نام گیرنده را در کجا می نویسیم؟

۱۵) نام و نشانی خود را در کجا می نویسیم؟

یکی از بازارهای ایران

درس بیست و ششم

متن

راه آهن

در روزگاران قدیم دنیا چنین نبود. این همه وسایل حمل و نقل که امروزه می بینیم بوجود نیامده بود. مردم کشورها و شهرها و حتّی دهکده های نزدیک از حال یکدیگر کمتر خبر داشتند. مسافرت با کندی انجام می گرفت. مسافران با رنجهای فراوان در روز چند کیلومتر با اسب و شتر یا با پای پیاده راه می پیمودند. شامگاه خسته و کوفته با گرد و غبار راه به منزلی می رسیدند تا استراحت کنند و صبحگاه به مسافرت ادامه دهند. امروز دنیا چهرهٔ خود را عوض کرده است. هواپیماهای غول پیکر در مدّتی کم مسافران را از این سو به آن سوی جهان می برند. اتومبیل، کشتی و قطار نیز هر کدام بنحوی شهرها

درس بیست و ششم

و کشورها را به هم نزدیک کرده اند. راههای آهن مانند رگهای بدن سراسر جهان را به هم پیوسته اند. قطارهای بزرگ و مهیب، سوت زنان در روی رشته های آهن می لغزند، بیابانها و جنگلها و کوهها را پشت سر می گذارند، از روی رودخانه ها و درّه ها عبور می کنند و از شهری به شهری دیگر و از کشوری به کشور دیگر می روند، در حالی که مسافران با آسایش خیال در روی صندلیهای راحت به گفتگو مشغولند، روزنامه و کتاب می خوانند یا در سالن غذاخوری قطار غذا صرف می کنند. چه بسا مسافرانی که پس از سوار شدن به قطار در روی تختخوابهای راحت قطار بخواب فرو می روند و وقتی چشم می گشایند که به شهر دیگر رسیده اند.

راه آهن و قطار را بهتر بشناسیم:

راه آهن دو خطّ موازی است که از قطعه های آهن ساخته شده است. این قطعه ها را ریل می نامند. قطار در روی ریلها پیش می رود و با خود مسافر و بار حمل می کند. قطار از یک لوکوموتیو و چند واگن تشکیل شده است. لوکوموتیو، واگنها را به دنبال خود می کشد.

بعضی از قطارها فقط مسافر می برند. در این قطارها هر واگن از چند اتاق کوچک تشکیل شده است. بعضی از قطارها مخصوص حمل بار یا حیوانات است. در طول راه آهن در فاصله های معیّن، ایستگاههایی برای قطار درست کرده اند. در ایستگاه به جای یک رشته راه آهن، دویاچند رشته راه آهن وجود دارد. وقتی که قطاری به ایستگاه می رسد، می ایستد تا مسافران را پیاده یا سوار کند و

درس بیست و ششم

در ضمن قطاری که از روبرو می آید، به ایستگاه برسد. اگر این کار را نکند، در راه با قطاری که از روبرو می آید، تصادف می کند.

اگر از جایی بلند به قطاری که در حال حرکت است نگاه کنیم آن را مانند ماری می بینیم که در لابلای کوهها و درّه ها پیچ و تاب می خورد و پیش می رود. گاه داخل جنگل می شود و گاه در دل کوه نهان می گردد. در این وقت قطار داخل تونل شده است. تونل دالان یا راهرویی است که در کوه می کنند تا راه آهن را از آن عبور دهند و مجبور نشوند آن را از بالای کوه بکشند یا کوه را دور بزنند.

نخستین راه آهن در حدود دویست سال پیش ساخته شد. قبل از آن ریلهایی از چوب ساخته بودند و واگنها را با اسب در روی آنها می کشیدند. این وسیلهٔ نقلیّه برای حمل زغال سنگ از معدن به خارج آن بکار می رفت. کم کم نیروی بخار جای اسب را گرفت و ریلها نیز آهنی شدند.

نخستین راه آهن ایران هشتاد سال پیش ساخته شد. طول این راه آهن هشت کیلومتر بود و تهران را به شهر ری مربوط می ساخت. از آن پس در چند نقطهٔ ایران نیز راه آهنهایی ساخته شد. اکنون راه آهن سر تا سری ایران شمال کشور را به جنوب و مشرق را به مغرب متّصل کرده است.

主从复合句（四）
◆ 定语从句
◆ 目的状语从句

درس بیست و ششم

واژه ها

时间、年月、岁月	（名）	[roozegār]	روزگار
搬运、运输、装载	（名）	[haml]	حمل
移、挪、搬、搬运、运输	（名）	[naghl]	نقل
旅行、游览	（名）	[mosāferat]	مسافرت
联结、连接	（动）	[peyvastan (peyvand)]	پیوستن(پیوند)
傍晚、晚间、晚饭	（名）	[shāmgāh]	شامگاه
灰尘、尘土	（名）	[ghobār]	غبار
早晨、大清早 = صبح دم	（名）	[sobhgāh]	صبحگاه
脸、面容、面貌	（名）	[chehre]	چهره
方式、方法、途径、样式、形式	（名）	[nahv]	نحوی
脉、血管	（名）	[rag]	رگ
很多的、许多、多少、常常	(形、副)	[basā]	بسا
平行的、相等的	（形）	[movāzee]	موازی
片、块、部分	（名）	[ghat'e]	قطعه
火车头	（名）	[英 locomotive]	لوکوموتیو
车厢、车辆	（名）	[英 waggon]	واگن
（空间或时间的）距离、间距	（名）	[fāsele]	فاصله
确定的、指定的、规定的	（形）	[mo'ayyan]	معیّن
站、车站、停车处	（名）	[eestgāh]	ایستگاه
内部、中央、中间	（名）	[zemn]	ضمن
蛇	（名）	[mār]	مار
弯曲、弯处、蜿蜒、盘绕	（名）	[peech]	پیچ
弯曲、蜿蜒、盘绕	（动）	[~ o ~]	پیچ وتاب خوردن
躲藏起来、隐藏起来	(形、副)	[penhān]	پنهان
隧道、地道、坑道、隧洞	（名）	[(英)Tunnel]	تونل
走廊、门厅、前厅	（名）	[dālān]	دالان
过道、通道、走廊	（名）	[~ row]	راهرو
矿、矿山、矿井、矿物	（名）	[ma'dan]	معدن
连接起来的、相连的、挨着……	（形）	[mottasel]	متّصل
的合在一起地、不断地	（副）		
把……连接起来	（动）		~ کردن

دستور زبان

主从复合句(四)
——定语从句
جملهٔ پیرو معیّن

1. 定语从句由连接词 که 来引导。

در روزگاران قدیم این همه وسایل حمل و نقل که امروز می بینیم به وجود نیامده بود.

过去没有我们今天所见到的这些交通工具。

مادری که بچه اش را گم کرده بود، از ناراحتی گریه می کرد.

丢失了孩子的母亲伤心得直哭。

2. 被定语从句修饰的词的后缀 "ی" 的用法

1）在定语从句之前，一般都有表示与从句关系的不定 "ی"。例如：

کتابی که اکنون در دست شما ست، جلد اوّل از دورهٔ ده جلدی "قصّه های خوب" است.

现在在你们手里的书，是 10 本一套的《优秀故事集》的第一本。

دهقان به مرد می که آنجا جمع شده بودند، رو کرد و گفت . . .

农夫转向聚集在那里的人们，说……。

2）被修饰词有时不带 "ی"。

具体情况有：

① 当被修饰的词是人称代词 من ، تو ، او ، ما ، شما ، آنها[1] 时，通常不加 ی 。

ما که از نقاط مختلف کشور هستیم، به خاطر هدفی مشترك اینجا گردهم جمع شده ایم .

我们来自五湖四海，为了一个共同的目标走到一起来了。

② 当被修饰词是专有名词和独一无二的事物时，不加 "ی"；

برعکس در ناحیهٔ استوا که نور خوشید راست به زمین می تابد، هوا گرم است.

相反，在赤道太阳直射，天气十分炎热。

---

[1] آنها 有时可加不定 "ی"，主要由其具体替代的名词情况而定。

صبح زود روز بعد ما به کشور چین که بیش از یک میلیارد جمعیّت دارد رسیدیم.

第二天清晨我们到达了有十多亿人口的中国。

③ 当被修饰词是指示代词或被指示代词修饰的词，例如被 این、آن或 همین 、 همان 等修饰时，不加 "ی" 。

این نشانه ها که تو می گوئی، نشانه های سگ است.

你说的这些特征是属于狗的。

این ابرسیاه که آسمان را پوشانده است، روی خورشید را می گیرد.

密布天空的乌云将太阳光都遮住了。

بیا با یك یك آنها آشنا بشو، از همین برادر که کنار من نشسته است شروع می کنیم.

来，同他们一一认识一下，就从坐在我旁边的这位兄弟开始。

3. 定语从句作用

可以修饰主语、宾语、介词宾语、表语。例如：

修饰主语

سلمانی که مردی شوخ بود، خواست با مشتری خود شوخی کند.

理发师是个爱开玩笑的人，他想和自己的顾客开个玩笑。

修饰宾语

علی روزهائی را که به تماشای قطار می رفت، به یاد آورد.

阿里想起了观看火车的那些日子。

修饰介词宾语

دهقانی با ارابه ای که گاوی آنرا می کشید، به شهر آمد.

一个农民赶着一辆牛拉的大车进城来了。

修饰表语

این زیبا ترین جایی است که به عمر خود دیده ام.

这是我一生中见到的最美的地方。

——目的状语从句

جمله ی پیرو ِ مقصود

引导目的状语从句的连词分前置和后置两类。

1. 引导前置目的状语从句的连词

例如：

به منظور آن که ، به منظور این که ، برای آن که ، برای این که ، ...

او برای این که بهتر ببیند ، در ردیف اوّل نشست .

他为了看得清楚在第一排坐了下来。

او به منظور این که هر چه زودتر آن خبر را به مادرش بدهد ، به او تلگراف زد .

他为了尽快把那个消息告诉母亲，给家里打了电报。

2. 引导后置目的状语从句的连词

例如： تا این (آن) که ، تا ، که ، ...

همهٔ دهقانان می کوشند که حاصل دسترنجشان را هر چه زودتر به شهر برسانند .
所有的农民都把收获物尽快地送进城去。

شاگرد ان هر کلاس جلسه تشکیل داده اند تا نماینده گان خود را انتخاب کنند .

每个班的同学都召开了会议选举自己的代表。

3. 连词 برای این / آن که 的用法

注意 برای این/آن که 是目的状语从句的连词，也是原因状语从句的连词。原因状语从句一般后置，而这两种从句的区别主要看从句的时态。目的状语从句必须用假定时态。例如：

او نمی توانست به مدرسه برود ، برای اینکه پدرش پول نداشت . (原因状语从句)

他无法上学，因为他父亲没有钱。

برای آن که او بتواند در پول گرفتن به پدرش کمک کند ، مدرسه را ترک کرد و شروع به کار کرد. (目的状语从句)

4. 连词 تا 的用法

注意 تا 只在后置时引导目的状语从句，而在前置时引导时间状语从句。例如：

تا او برمی گردد ، من می روم بخوابم.

他回来了，我就去睡觉。

تا آهن گرم است ، باید آنرا کوبید .

趁热打铁。

تمرین

۱- کلمات زیر را طبق مثال به نویسید.

مثال : سرپرستی

سر (اسم) + پرست (ستاک گذشته) + -ی (نسبت)

سرگرم جمع آوری پهناور شگفت انگیز اسرار آمیز دیرباز

شاهنامه انجام پذیر رویداد دور دست بند دانستنی

۲- جمله های زیر را با جملهٔ " که " موصولی کامل کنید.

مثال : میدان ورزش

میدان ورزش جایی است که مردم در آنجا ورزش می کنند.

۱) تختخواب ۲) سینما

۳) پیاده رو ۴) قطار مسافربری

۵) بیمارستان ۶) مدرسه

درس بیست و ششم

۳- هر یک از دو جملهٔ زیر را با استفاده از " که " موصولی به صورت یک جمله باز نویسی کنید.

آن مرد نزدیک پنجره (نشستن)   آن مرد معلّم تازه ما (بودن)

آن مرد که نزدیک پنجره نشسته است ، معلّم تازه ما ست.

مثال :

۱) دهقان فداکار لباسهای خود را از تن (در آوردن)

او از سرما (لرزیدن)

۲) او فیلم را در دانشگاه (دیدن)

او از داستان فیلم برای آنها تعریف (کردن)

۳) پدر برایم دامن قشنگی (خریدن)

الان آن را به شما نشان (دادن)

۴) علی روزها را به یاد (آوردن)

علی در آن روزها به تماشای قطار (رفتن)

۵) پدر حمید جلو در خانه منتظر حمید (ایستادن)

پدر حمید نگران (شدن)

۶) من در زندگی سختی (کشیدن)

من از مشکلات (نترسیدن)

۷) او تنها در خیابانهای پاریس گردش (کردن)

صدری دختر جوانی نوزده بیست ساله را جلو خود (دیدن)

۸) حوادثی در خانهٔ ما اتّفاق (افتادن)

من آن را برایش (گفتن)

۴- جمله‌های چینی زیر را که ترجمه کنید و یک جملهٔ پیروِ مقصود مناسبی در جای خالی بنویسید.

1）他立刻跳下车，为了 ________。
2）为了________，他独自坐火车到北京打工。
3）为了________，他没有在信上提起自己的病情。
4）他日夜操劳，为了________。
5）在铁路线上建立多个车站，为了________。

۵- تمرین کلمات

چه بسا ...

۱) چه بسا بچه هایی که در زلزله پدر و مادر خود را از دست داده و یتیم شده اند.

۲) چه بسا افرادی که دچار آن مرض واگیردار شده و بعضی از آنها حتّی جان خود را از دست دادند.

۳) چه بسا اتّفاق افتاده که ماشین ها در این جادّهٔ پر پیچ و تاب کوهستانی تصادف کرده اند.

چهرهٔ ... را عوض کردن ، تغییر کردن

۱) چهرهٔ آن دهکدهٔ کوهستانی پس از ساختن شاهراه بسرعت تغییر کرده است.

۲) پس از تزیین شدن ، چهرهٔ دکانش کاملاً عوض شده است.

درس بیست و ششم

۳) در اثر توسعهٔ کارگاه های کوچک و یا متوسط چهرهٔ آن شهرستان کاملاً عوض شده است.

صرف کردن (را)

۱) شما برای پرداخت کرایهٔ آپارتمان خود ماهانه چقدر صرف می کنید؟

۲) برای نوشتن آن پایان نامه (论文) او وقت زیادی صرف کرد.

۳) لطفاً این فعلها را به شش صیغه (六个人称变位[siyaghe]) صرف کنید.

۴) آقای محمّدی شام خود را در سلف دانشگاه صرف می کند.

متّصل کردن (را ، به)

۱) این استان به آن استان در شمال متّصل است.

۲) لطفاً این دو طناب را به هم متّصل کنید.

۳) راه آهن تبت که اخیراً به پایان رسیده ، شهر پکن و شهر لاسا را به هم متّصل کرده است.

معیّن

۱) برنامهٔ سمینار هنوز معیّن نشده است.

۲) خواهش می کنم وقت دیدار من با مدیر شرکت را معیّن کنید.

۳) تمام مسافران در جاهای معیّن خود نشستند .

۶- عبارت های زیر را به فارسی ترجمه کنید.

风尘仆仆地	铁轨	同时	蒸汽动力	弯弯曲曲	交通工具
运输工具	步行	铁路线	入睡	把……替代	一定的距离
与……连接在一起		接近……距离			

۷- طبق مثال جمله بندی کنید.

مثال ۱ :
چه بسا ...
چه بسا توریستهایی که آرزو دارند تبت را از نزدیک ببینند.

مثال ۲ :
چهره ... عوض کردن / شدن
امروزه در نتیجهٔ بوجود آمدن اینترنت ، چهرهٔ دنیا عوض شده است.

مثال ۳ :
جای... را گرفتن
به نظر می رسد که e-mail نمی تواند جای نامه نویسی را بگیرد.

مثال ۴ :
وقتی ... که ...
مسافران وقتی چشم می گشایند که قطار به شهر دیگر رسیده است.

۸- کلمات و ترکیبهای زیر از جمله های پایین افتاده است، آنها را در جای خود بگذارید.

| پیچ وتاب خوردن | چه بسا (چه بسیار) | به هم نزدیک کردن |
| متّصل کردن | معیّن | پرهیز کردن |

۱) _____ دختران و پسرانی که روزها کار می کنند و شبها درس می خوانند.

۲) اینترنت ، کشورهای مختلف سراسر جهان را _____ .

۳) پل بزرگ یانگ تسه کیانگ شهرهای دوطرف رودخانه را به هم _____ .

درس بیست و ششم

۴) برای ـــــــ تصادف قطارهای رفت و آمد ، در طول در فاصلهٔ ـــــــ رشته راه آهن ایستگاه ساخته می شود.

۵) رود با جوش و خروش (汹涌澎湃[jooshokhroosh]) تمام درمیان درّه ها و کوه ها ـــــــ و پیش می رود.

۹- سؤال های زیر را جواب دهید .

۱) در روز گاران قدیم دنیا چگونه بود؟

۲) مردم در قدیم چگونه مسافرت می کردند؟

۳) چرا امروزه مسافرت آسان و لذّت بخش است؟

۴) راه آهن از چه تشکیل شده است؟

۵) قطعه های راه آهن را چه می نامند؟

۶) قطار از چه قسمت هایی تشکیل شده است؟

۷) اگر از نقطهٔ مرتفعی به قطاری که در حال حرکت است نگاه کنیم آن را چگونه می بینیم؟

۸) قطار چه وقت در دل کوه نهان می گردد؟

۹) تونل به چه می گویند؟

۱۰) اکنون ایران چند رشته راه آهن دارد ؟

۱۰- جمله های زیر را به فارسی ترجمه کنید.

1) 便利的交通和网络通讯（ارتباط [ertebāt]）拉近了各城市和国家间的距离，世界正在变得越来越小了。
2) 火车穿山岗、过河流，而乘客们却在车厢里悠闲地聊天、看书、读报。

3) 他们利用各种运输工具，将衣服、被子和食品源源不断地送往灾区。
4) 他每隔一定的时间就上门为病人检查身体和治疗疾病。
5) 火车轮船不断地将煤炭和石油送到南方。
6) 这是一条巨龙般神奇的天路，盘山越岭，把幸福和安康（سلامت و سعادت）带给藏族人民。
7) 火车向前奔驰，把城市、乡村、田野、山谷和森林飞快地抛在后面。
8) 在这条河上建筑起一座石桥，孩子们从此在寒冬上学不用光脚徒步过河了。
9) 他们还没有登上山顶（قلّهٔ کوه [gholle-ye kooh]），一个个都已筋疲力尽了。
10) 只有拿到飞机票，才能把行程确定下来。

متن خواندنی

قطار مغناطیسی

شاید قطارهایی را که چرخ دارد و روی ریل حرکت می کنند دیده باشید. امّا امروزه قطارهایی وجود دارند که دارای چرخ نیستند و تعجب آورتر این است که این قطارها شناور هستند و به قطارهای مغناطیسی معروفند. در قطارهای مغناطیسی هم در خود ریل ها و هم در خود قطار، مغناطیس وجود دارد. موتور قطار یک میدان مغناطیسی به وجود می آورد. به علّت این میدان، قطار با

درس بیست و ششم

ریل تماس ندارد بلکه اندکی بالاتر از آن قرار دارد و در حقیقت بر روی آن شناور است. بخاطر نبودن اصطکاک، قطار می تواند با سرعت بالایی حدود ۵۰۰ کیلومتر در ساعت حرکت کند.

قطارهای مغناطیسی نرم و بی صدا حرکت می کنند. آنها در مقایسه با دیگر وسایل نقلیّه انرژی کمتری مصرف می کنند. بریتانیا، آلمان و ژاپن در حال بهبود و توسعهٔ این قطارها برای آینده هستند.

گفتگوی محاوره ای

شیشه تو پات نره !

- حواست و جمع کن !
- چطور مگه ؟
- از اون طرف برو که *شیشه تو پات نره* !
- خیلی ممنونم که گفتی !

ضرب المثل   谚语

از کاه کوه ساختن (یا یک مو را طناب کردن)

小题大做

忘恩负义   نمک خوردن نمکدان شکستن

درس بیست و هفتم

متن

عصر فضا

در عصری که ما زندگی می کنیم کشفهای مهمّ و تازه چنان پی در پی صورت می گیرد که هر چند گاه نامی تازه به این عصر می دهند. تا چندی پیش عصر ما را عصر ماشین می نامیدند. هنوز از عصر ماشین چند سالی نگذشته بود که عصر ما، عصر اتم نام گرفت. اکنون دانشمندان بسرعت سرگرم جمع آوری اطّلاعاتی در بارهٔ سفر به فضا هستند، فضایی که پهناور و شگفت انگیز و اسرار آمیز است. امّا تنها بدست آوردن اطّلاعات، دانشمندان را راضی نمی کند. آنها در فکر پیدا کردن راههایی هستند که بشر بتواند به ستارگان سفر کند و در آنها فرود آید. این است که عصر ما، نامی تازه به خود گرفته است: عصر فضا.

با اینکه عصر فضا چند سالی نیست که آغاز شده، ولی فکر رفتن به آسمانها از دیرباز وجود داشته است. در شاهنامهٔ

فردوسی، شاعر بزرگ ایران ، می خوانیم که کاووس شاه، می خواست به آسمانها برود و ماه و خورشید را از نزدیک ببیند. این بود که دستور داد تختی ساختند و به چهار طرف آن چهار نیزه بستند و بر سر هر نیزه ران گوسفندی آویختند. آنگاه پاهای چهار عقاب را با بندهایی به چهار طرف تخت بستند. بندها آنقدر بلند نبود که عقابها به ران گوسفند برسند. کاووس شاه بر روی تخت نشست و عقابها چون گرسنه بودند برای رسیدن به گوشت به هوا پریدند و کاووس شاه را با خود به آسمان بردند.

ژول ورن نویسندهٔ معروف فرانسوی نیز یک قرن پیش در کتابی به نام ((از زمین تا ماه)) مسافرت انسان به کرهٔ ماه را شرح می دهد.

این داستانها زمانی نوشته شده بود که مردم هنوز حتّی نمی توانستند تصوّر کنند که سفرهای فضایی روزی واقعاً انجام پذیر خواهد شد. هیچکس نمی دانست که روزی انسان موشکهایی خواهد ساخت و به وسیلهٔ آنها سفینه هایی به ماه و ستارگان دیگر خواهد فرستاد.

امّا چون بشر کنجکاو است، این داستانهای خیالی را دوست داشت و آنها را با لذّت فراوان می خواند. همین کنجکاوی سبب شد که دانشمندان کم کم توانستند وسایلی بسازند که با آنها اسرار ماه و خورشید و ستارگان دیگر را کشف کنند. انسان برای اینکه به جایی برود، باید قبلاً آنجا را بشناسد و راهش را بداند و وسیله ای برای رفتن داشته باشد. این بود که دانشمندان سعی کردند نخست آسمان را خوب بشناسند.

گالیله دانشمند ایتالیایی نخستین کسی بود که در این راه قدم بزرگی برداشت.

وی در چهار قرن پیش نخستین تلسکوپ را ساخت و با آن به مشاهدهٔ آسمان پرداخت. گالیله اوّلین کسی بود که ماه را با تلسکوپ مطالعه کرد.

دانشمندان قدیم گفته بودند سطح ماه کاملاً هموار است و پستی و بلندی ندارد، امّا وقتی که گالیله با تلسکوپ خود بدقّت به ماه نگاه کرد، دید که کرهٔ ماه هم مانند زمین دارای تپّه ها و درّه هاست.

از آن پس هر روزی که می گذشت دانستنیهای دانشمندان دربارهٔ ماه و خورشید و ستارگان بیشتر می شد تا آنکه دانشمندان توانستند انسان را در کرهٔ ماه پیاده کنند. پیاده شدن انسان در ماه یکی از رویدادهای بزرگ تاریخ بشمار می رود و راه مسافرت به ستار گان و فضاهای دوردست را هموار می سازد با این همه هنوز در راه مسافرت انسان به ستارگان دشواریها و موانعی وجود دارد. امّا کدام دشواری است که دانش بشری نتواند بر آن فایق شود و کدام مانعی است که ارادهٔ انسان نتواند آن را از میان بردارد؟

主从复合句(五)

- ◆ 表语从句
- ◆ 原因状语从句

واژه ها

不断地、断断续续地、不间断地	（形）	[pey dar pey]	پی در پی
原子	（名）	[atom]	اتم
忙于……的、埋头于……的、热衷于……的	（形）	[sar garm]	سرگرم
集合、收集	（名）	[jam' āvaree]	جمع آوری
广阔的、辽阔的、广大的、宽广的	（形）	[pahnāvar]	پهناور
令人惊奇的、惊人的	（形）	[shegeft angeez]	شگفت انگیز
神秘的、奥妙的、秘密的	（形）	[asrār āmeez]	اسرار آمیز
很久以前的、老早的、自古以来的	（形）	[deerbāz]	دیرباز
长矛、标枪、旗帜	（名）	[neyze]	نیزه
腿、大腿	（名）	[rān]	ران
挂起、吊起、悬着、垂着	（动）	[āveekhtan]	آویختن(آویز)
鹰、鹏、鹫	（名）	[oghāb]	عقاب
带子、绳子	（名）	[band]	بند
叙述、解说、讲解、评述、注解	（名）	[sharh]	شرح
陈述、描述、说明、介绍	（动）		~ دادن
真正地、实际上	（副）	[vāghe'an]	واقعاً
火箭、导弹	（名）	[mooshak]	موشک
飞船	（名）	[safeene]	سفینه
秘密、机密	（名）	[asrār(serr)]	اسرار(سر单)
望远镜、天文望远镜	（名）	[teleskop]	تلسکوپ
知识	（名）	[dānestanee]	دانستنی
事件、大事	（名）	[rooydād]	رویداد
远方的、遥远的、偏僻的	（形）	[doordast]	دوردست
阻碍、障碍	（名）	[mavāne' (māne')]	موانع(مانع单)
妨碍……的、阻拦……的	（形）		
困难、艰难、艰苦	（名）	[doshvāree]	دشواری
意志、意向	（名）	[erāde]	اراده

اسم های خاصّ

卡乌斯国王	（人名）	[kāvoos shāh]	کاووس شاه
法国著名作家	（人名）	[jhoolvern]	ژول ورن
伽俐略	（人名）	[gāleele]	گالیله

دستور زبان

主从复合句(五)
——表语从句
جمله ی پیروِ مسندی

表语从句由连词 که 引导，在句中起表语作用。
表语从句在主句中有相应的先行词，常见的有：

این, آن, همین, همان, چنین, چنان, این/آن, برای, دراین/آن ...

例句：

کار امروز ما این است که درختها را در دو طرف جاده بکاریم .

今天我们的任务是在公路两旁种树。

منظور من این نیست که حرف شما را باور نمی کنم ؛ منظور من این است که شنیدن به تنهایی کافی نیست ، باید خودم آن را ببینم .

我的意思不是不相信你的话。我的意思是光听是不行的，还应该自己看一看。

نوشتن این نامه برای این است که به نقاط حساس آن مسئله روشنتر اشاره کنم .

我写这封信的目的是要更明确地指出那个问题的要害之处。

فرق مهمّ این دو ماشین در آن است که یکی اصلاً هوا را آلوده نمی کند در حالی که دیگری گاز سمی رها می کند .

这两辆车的重要区别是一辆车根本不污染空气，而另一辆车却释放有害气体。

——原因状语从句
جمله ی پیروِ علّت

说明主句行动发生原因的从句叫做原因状语从句。
原因状语从句可分前置和后置两种。原因状语从句位于主句之前为前置，在主句之后为后置。

———引导前置原因状语从句的连接词有:

از این که ، به علّت این (آن) که ، از آنجا که ، (از آنجایی که) ، چون (چون که) ، ...

例如:

چون در پکن دوچرخه و ماشین روز به روز بیشتر می شود، هر روز تصادفات بیشتری اتّفاق می افتد.

由于北京自行车和机动车逐日增加，交通事故屡见不鲜。

تابستان امسال باران شدیدی می بارید. بعلّت این که بعضی از خانه های مردم سالیان دراز تعمیر نشده بود، بیشتری از آنها فرو ریخت.

入夏以来，连降暴雨，一些民房由于长年失修，倒塌不少。

بدلیل اینکه اتومبیل ما سر راه پنچر شد، تقریباً یک ساعت دیر رسیدیم.

因为我们的汽车半路撒气了，所以我们大约晚到一小时。

از آنجا که او بارها تکلیفهای خود را به موقع انجام نداده بود، معلّم او را سرزنش کرد.

由于他多次不完成作业，老师对他进行了严厉的批评。

———引导后置原因状语从句的连接词有:

چرا که ، چون ، زیرا (که) ، برای این (آن) که ...

例如:

من خودم این کار را انجام می دهم ، زیرا (که) شما نمی توانید.

这件事我自己干，因为你不会。

حالا ما می توانیم به راه بیفتیم ، چون باران قطع شده است.

现在我们可以出发了，因为雨已经停了。

شما دو نفر پس از درس اینجا بمانید ، زیرا می خواهم با شما صحبت کنم.

你们两人课后留下来，因为我想和你们谈谈。

تمرین

۱- جمله های مرکّب زیر را با جمله ی پیروِ مسندی کامل کنید .

۱) خیال کاووس شاه این بود که ________________.

۲) حفظ محیط دوستانه مدرسه برای این است که________________

۳) تصمیم من این است که ________________ .

۴) برنامهٔ مسافرت ما این است که ________________ .

۲- جمله های زیر را با ترجمه کردن جمله های فارسی کامل کنید.

۱) (因为他们想探索月亮、太阳和其他星球的秘密) ، برای سفر به فضا وسایلی می سازند.

۲) عصر ما نامی تازه یعنی عصر فضا به خود گرفته است ، (因为人类目前正热衷于寻找一条通往太空的路)

۳) (因为老鹰饿了) ، برای رسیدن به گوشت به هوا پریدند .

۴) دانشمندان اطّلاعاتی دربارهٔ فضا جمع آوری می کنند ،(因为他们想亲眼看一看月亮、太阳和其他星球)

۵) دانشمندان می تواند به سیارهٔ مریخ (火星[mereekh]) پیاده شود، (因为现在的科学技术《تکنولوژی [teknolojhee]》比以前进步多了).

۶) (由于伽利略发明了望远镜) ، انسان می توانند سطح ماه و خورشید و ستارگان دیگر را ببینند.

۳- ترکیب جمله های زیر و نقش هر یک از اجزاء آنها را از لحاظ دستور زبان شرح دهید.

۱) بندها آنقدر بلند نبود که عقاب ها به ران گوسفند برسند.

۲) با اینکه عصر فضا چند سالی نیست که آغاز شده ، ولی فکر رفتن به

آسمانها از دیرباز وجود داشته است.

۳) هنوز از عصر ماشین چند سالی نگذشته بود که عصرما،عصراتم نام گرفت .

۴) در عصری که ما زندگی می کنیم ، کشف های مهمّ و تازه چنان پی در پی صورت می گیرد که هر چند گاه نامی تازه به این عصر می دهند.

۵) در شاهنامه می خوانیم که کاووس شاه، می خواست به آسمانها برود و ماه و خورشید را از نزدیک ببیند. این بود که دستور داد تختی ساختند ...

۶) وقتی که گالیله با تلسکوب خود بدقّت به ماه نگاه کرد، دید که کرهٔ ماه هم مانند زمین دارای تپه ها و درّه هایی است.

۷) از آن پس هر روزی که می گذشت دانستنیهای دانشمندان در بارهٔ ماه و خورشید و ستارگان دیگر بیشتر می شد تا آنکه دانشمندان توانستند انسان را در کرهٔ ماه پیاده کنند.

۸) چون بشر کنجکاو است، این داستانهای خیالی را دوست داشت و آنها را با لذّت فراوان می خواند.

۹) انسان برای اینکه به جایی برود، باید قبلاً آنجا را بشناسد و راهش را بداند و وسیله ای برای رفتن داشته باشد.

۴- تمرین کلمات

فایق شدن (بر)

۱) مردم زلزله زدهٔ آن منطقه بر دشواریهای غیر قابل تصّور(难以想象的 [gheyr-e ghābel-e tasavvor]) فایق شده اند.

۲) او توانسته با فایق شدن برنقص عضو خویش ، به یک پیانو زن مشهور تبدیل شود.

۳) ما یقین داریم تا وقتی که با هم متّحد باشیم ، هیچ مشکلی نیست که نتوانیم بر آن فایق بیاییم.

۴) در مسابقهٔ فوتبال دیروز تیم آنها فقط با یک گل بیشتر بر تیم ما فایق شد.

راه را هموار ساختن

۱) کارگران راه را با ماشین صاف و هموار کردند.

۲) تنها در صورت توسعهٔ کشاورزی است که می توان راه را برای پیشرفت پی در پی اقتصادی کشور هموار ساخت.

۳) آنها اطّلاعات لازم دربارهٔ آب و هوای آن منطقه را جمع آوری کردند ، بدین جهت راه را برای کسب موفّقیّت ما همواره ساختند.

قدم (بزرگ) بر داشتن

۱) چون پاهایم درد می کرد، نمی توانستم قدم بزرگ بر دارم.

۲) اخیراً دانشمندان با پرتاب کردن قمرهای تحقیقی به سیارهٔ مریخ ، در راه شناسایی آن قدم های بزرگی برداشته اند.

۳) بچه ها با کمک ها و کوشش های آقای محمّدی در آموزش زبان فارسی قدم های بزرگی بر داشتند.

هنوز ... نگذشته بودن که ...

۱) هنوز چند روزی نگذشته بود که معلّم دو باره از ما امتحان گرفت.

۲) هنوز چند ساعتی نگذشته بود که قطار ما از یک شهر به شهر دیگری

درس بیست و هفتم

رسید.

۳) هنوز داستان را تماماً بیان نکرده بودم که او به خواب فرورفت.

سرگرم ... بودن

۱) اکنون دانشمندان سرگرم جمع آوری اطّلاعاتی درباره‌ٔ سیاره‌ٔ مریخ ([mereekh]火星) هستند.

۲) بچه ها پس از دیدن آن فیلم سرگرم درست کردن ربوت ([robot]机器人) کوچکی شده اند.

۳) در قهوه خانه ، مردم سرگرم انواع بازی ها بودند.

۵- با انتخاب یکی از کلمات زیر جای خالی را پر کنید.

| سرگرم شدن | هنوز ...نگذشته بودن | فایق آمدن |
| قدم برداشتن | بوجود آمدن | هموار ساختن | سبب |

۱) مردم سراسر کشور در شاهراه برای ساختن یک کشور نیرومند و پیشرفت _____ .

۲) انسان با علم و دانش خود می تواند بر هر مشکلی _____ .

۳) یک گروه سه نفری سه روز پیش به راه افتاد تا راه را برای کوهنوردان _____ .

۴) در کوچه و خیابان نباید طوری _____ صحبت _____ که زیر پای تان را نبینید .

۵) در سالیان دراز در نتیجهٔ بارندگی زیاد در اینجا دریچهٔ بزرگی_____ .

۶) ____ چند سال ____ که اینجا یک ساختمان سر به آسمان کشیده پیدا شده است.

۷) این بیماری _____ ضعف شدن او ______ .

۶- عبارتهای زیر را به فارسی بنویسید.

艰难险阻	《王书》	航天时代	每隔一段时间
收集情报	科幻小说	机器时代	宇宙飞船
原子时代	高低不平	人类的意志	登上月球
扫清障碍	观察月球	发现……奥秘	航天
重大的历史事件	月球表面	很早以来	取得新的名称
	迈开大步	铺平道路	克服困难

۷- طبق مثال جمله بندی کنید

۱) مثال : کدام داشواری است که ...

کدام دشواری است که دانش بشری نتواند بر آن فایق شود.

۲) مثال : ... نخستین ... که ...

گالیله دانشمند ایتالیایی نخستین کسی بود که در این راه قدم بزرگی بر داشت .

۸- جمله های زیر را به چینی ترجمه کنید و ترکیب جمله را بگویید

۱) کدام دشواری است که دانش بشری نتواند بر آن فایق شود و کدام مانعی است که ارادهٔ انسان نتواند آن را از میان بر دارد؟

۲) با این که عصر فضا چند سالی بیش نیست که آغاز شده ، ولی فکر رفتن به آسمانها از دیرباز وجود داشته است .

۳) در عصری که ما زندگی می کنیم کشف های مهمّ و تازه چنان پی در پی صورت می گیرد که هر چند گاه نامی تازه به این عصر می دهد.

۹- سؤال و جواب

۱) چرا به عصر ما عصر فضا می گویند ؟

۲) آیا فکر رفتن به آسمانها فکر تازه ای است ؟

۳) در کدام کتاب نوشته شده است که کاووس شاه می خواست به آسمان برود ؟

۴) آیا مردمان قدیم می دانستند که روزی بشر به ستارگان خواهد رفت ؟

۵) داستانهای خیالی دربارهٔ سفر به ستارگان دیگر چه فایده ای داشت ؟

۶) گالیله اهل کجا بود ؟

۷) گالیله چه کرد ؟

۸) دانشمند ان قدیم در بارهٔ ماه چه گفته بودند ؟

۹) با تلسکوپ چه می کنند ؟

۱۰) اکنون بشر در راه مسافرت به فضا ، به کجا رسیده است ؟

۱۰- جمله های زیر را به فارسی ترجمه کنید.

1) 在前进的道路上我们总会遇到各种困难和阻碍。
2) 我们相信我们能够依靠自己的力量克服一切困难。
3) 人类一直想揭开月球和宇宙的奥秘。
4) 意大利著名学者伽利略发明了望远镜。
5) 伽利略用望远镜对天空进行观察和研究。
6) 很早以来人类就想飞到天上去，如今终于实现了这个理想。
7) 古代人们怎么能想象人类有一天会乘上宇宙飞船到太空中去遨游，到月球上去旅行呢？
8) 这个县（شهرستان [shahrestān]）率先在医疗保险（بیمهٔ بهداشتی [beeme-ye behdāshtee]）方面迈出了一大步。

9) 人类早就想登上月球，亲眼看一看月球。

10) 仅仅登上月球还不能使科学家们满足，他们正在为登上火星（ستاره‌ء مریح [setāre-ye mareeh]）努力收集情报。

شعر

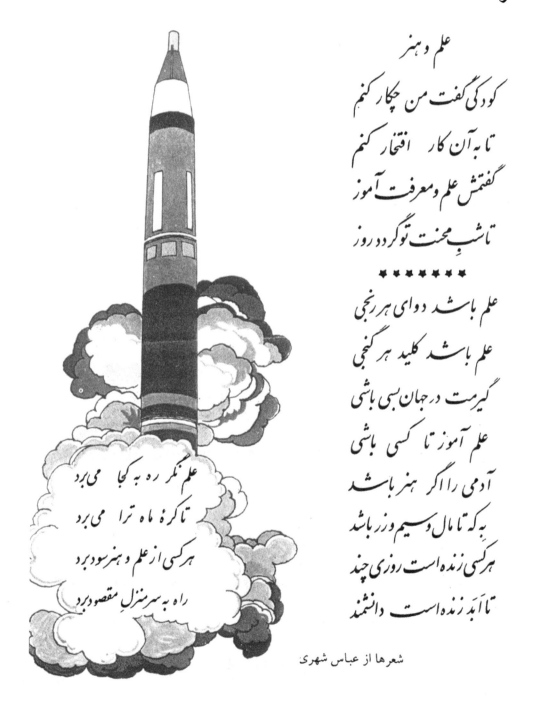

علم نگر ره به کجا می برد
تا کرهٔ ماه ترا می برد
هر کسی از علم و هنر سود برد
راه به سر منزلِ مقصود برد

علم و هنر

کودکی گفت من چکار کنم
تا به آن کار افتخار کنم
گفتمش علم و معرفت آموز
تا شبِ محنت تو گردد روز

* * * * * *

علم باشد دوای هر رنجی
علم باشد کلید هر گنجی
گیرمت در جهان بسی باشی
علم آموز تا کسی باشی
آدمی را اگر هنر باشد
بِه که تا مال و سیم و زر باشد
هر کسی زنده است روزی چند
تا اَبَد زنده است دانشمند

شعرها از عباس شهری

درس بیست و هفتم

واژه ها

افتخار	[eftekhār]	(名)	= سرافرازی
~ کردن		(动)	
معرفت	[ma'refat]	(名)	= دانش، شناختن چیزها
محنت	[mehnat]	(名)	= آزار، اندوه
به	[beh]	(形)	= بهتر
ابد	[abad]	(名)	= همیشه

توضیحات کلمات و عبارتها

گیرمت = گیرم که تو، خیال کنم که تو
بسی باشی = بسیار بمانی، بسیار زندگی کنی
هنر باشد = هنر داشته باشد
ره به کجا می برد = تا کجا می رسد
به سر منزل مقصودش برد = به مقصودش رسید، به آرزویش رسید

تمرین

سؤال و جواب

۱- در این شعر صحبت از چیست؟

۲- کودکی از شاعر چه پرسید؟

۳- شاعر چه جواب داد؟

۴- علم چگونه درد و رنج را درمان می کند؟

۵- " علم باشد کلید هر گنجی " یعنی چه ؟

۶- چرا هنر و علم بهتر از مال است؟

۷- چرا دانشمند همیشه زنده است؟

۹- علم چگونه انسان را تا کرهٔ ماه می برد؟

متن خواندنی

امام محمّد غزالی

دزدان در یک لحظه تمام کاروان را غارت کردند. در این میان، یکی از آنها توبره ای را به دست گرفته بود و فرار می کرد. مردی هم دوان دوان دنبالش می دوید و فریاد می زد: " توبره ام را به من پس دهید."

رئیس دزدان گفت: " ای مرد! بایست و بگو که در توبره چه داری؟"

مرد ایستاد و نفس نفس زنان پاسخ داد: " تمام علم من که کتابم است، در این توبره است."

رئیس دزدان گفت: " این چه علمی است که وقتی کتابش را از تو بگیرند، هیچ برایت باقی نمی ماند؟ "

مرد عالم از گفته ی رئیس دزدان به خود آمد و دانست باید چنان علم بیاموزد که نیازی به نگه داری آن در کتاب نباشد و کسی هم نتواند آن را از او بدزدد. آن مرد امام محمّد غزالی، دانشمند بزرگ ایرانی بود که در فرهنگ و تمدن ایرانی — اسلامی نقش مهمّی داشت.

غزالی در سال ۴۵۰ هجری قمری در توس متولّد شد. پدرش ریسنده (غزال) بود. محمّد تحصیلاتش را به سختی ادامه داد. به گرگان و نیشابور سفر کرد و دانش های زمانش را فرا گرفت. سی و پنج ساله بود که به پیشنهاد خواجه نظام الملک، استادی مدرسه ی نظامیه ی بغداد را پذیرفت. این مدرسه مهمّ ترین مرکز علمی در قملو اسلامی بود. چهار سال بعد، وقتی که او بزرگ ترین استاد

دنیای اسلام شد، از سراسر دنیا برای کسب علم به خدمت او می آمدند و امام محمّد غزالی در اوج شهرت بود که یکباره بر اثر تحولی روحی گوشه نشین[1] شد[2]. او مثل دکارت، فیلسوف فراسوی، اساس تفکرش را بر " شکّ " گذاشت و گفت : " نباید در برابر نام های بزرگ کورکورانه تسلیم شد. انسان باید در عین احترام به گذشتگان، احتمالِ شکّ و اشتباه را هم در کار آنان بدهد. "

امام محمّد غزالی سر انجام در سال ۵۰۵ در توس در گذشت.

ضرب المثل 谚语

ملا شدن چه آسان، آدم شدن چه مشکل ! 读书容易，做人难。

آنرا که حساب پاک است، از محاسبه چه باک است.
不做亏心事，不怕鬼敲门。

[1] گوشه نشین 隐居的，独居的 ～نشین 是后缀，可以和其它一些名词组成新词，例如：خانه نشین ، کاخ نشین ، اجاره نشین 等。

درس بیست و هشتم

متن

بهترین ارمغان

بازرگانی طوطی زیبا و سخنگویی داشت. روزی بازرگان خواست به هندوستان رود. هر یک از اهل منزل ارمغانی از بازرگان خواستند.

بازرگان به طوطی گفت: " ای مرغ خوش آهنگ، برای تو چه ارمغان همراه آورم؟ "

طوطی که مدّتها در قفس مانده و افسرده بود گفت: " من از تو هیچ ارمغانی نمی خواهم ولی خواهش من این است

که وقتی به هندوستان رسیدی و در جنگلهای خرّم و سرسبز، طوطیان آزاد را در پرواز دیدی سلام مرا به آنها برسانی و بگویی : این شرط دوستی و همجنسی نیست که شما از آزادی برخوردار باشید و به میل خود در جنگلها و باغهای خرّم پرواز کنید و من در قفس زندانی باشم. آخر از من دور افتاده و در قفس مانده هم یادی کنید و چاره ای به حال من بیندیشید. "

بازرگان پذیرفت که پیام او را برساند و جواب باز آرد. وقتی به هندوستان رسید، گذارش در جنگل به چند طوطی افتاد. پیام طوطی خود را بیاد آورد. توقّف کرد و آن را برای طوطیان آزاد باز گفت. هنوز گفتار بازرگان بپایان نرسیده بود که یکی از آن طوطیان بر خود لرزید و از بالای درخت بر زمین افتاد.

بازرگان اندوهناک شد:

شد پشیمان خواجه از گفتِ خبر   گفت: « رفتم در هلاک جانور

این چرا کردم، چرا دادم پیام   سوختم بیچاره را زین گفتِ خام

ولی پشیمانی دیگر فایده نداشت. بازرگان کار خود را به انجام رسانید و به شهر خود باز گشت و برای هر یک از اهل منزل ارمغانی آورد.

طوطی گفت: " ارمغان من کو؟ طوطیان آزاد را دیدی؟ آیا پیام مرا به آنها گفتی؟ همجنسان من در جواب هرچه گفتند بی کم و کاست برای من نقل کن. " بازرگان گفت: " ای طوطی زیبای من، از این سخن درگذر که از رساندن آن پیام سخت پشیمانم و پیوسته خود را ملامت می کنم. به خدا که آنچه دیده ام تو طاقت شنیدن آن را نداری. " طوطی گفت: " مگر چه اتفاق افتاده که ترا تا این اندازه غمگین کرده است. "

بازرگان گفت: " وقتی پیام ترا به طوطیان گفتم یکی از آنها بر خود لرزید و از شاخ بر زمین افتاد. من از گفتهٔ خود پشیمان شدم ولی پشیمانی سودی نداشت، آن طوطی نازک دل از غصّه هلاک شد. " همین که سخن بازرگان به پایان رسید

درس بیست و هشتم

طوطی در قفس بر خود لرزید و مانند مردگان افتاد و دم فرو کش کرد. بازرگان از دیدن آن حالت فریاد کشید و شیون سر داد، ولی طوطی مرده بود و با ناله و شیون زندگی از سر نمی گرفت. بازرگان ناچار در قفس را باز کرد و طوطی را بیرون انداخت. طوطی بشتاب پرواز کرد و بر شاخ درخت نشست. بازرگان دهانش از تعجب باز مانده بود و نمی دانست چه بگوید. طوطی رو به بازرگان کرد و گفت :

" از تو سپاسگزارم که بهترین ارمغان را برای من آوردی. این ارمغان، آزادی بود. آن طوطی با عمل خود به من یاد داد که چگونه خود را آزاد سازم. "

(اقتباس از مسنوی مولوی، شعر از مولوی)

主从复合句(六)
◆ 条件复合句
◆ 方式状语从句

واژه ها

（旅行后带来的）礼物	（名）	[armaghān]	ارمغان
商人	（名）	[bāzargān]	بازرگان
鹦鹉	（名）	[tootee]	طوطی
擅长讲话的	（形）	[sokhangooy]	سخنگوی
悦耳的	（形）	[khoshāhang]	خوش آهنگ
笼子	（名）	[ghafas]	قفس
沮丧的、懊丧的	（形）	[afsorde]	افسرده
请求	（名）	[khāhesh]	خواهش
共事、友好、友谊	（名）	[refāghat]	رفاقت

درس بیست و هشتم

享用的、得到的、受益的	（形）	[barkhordār]	برخوردار
同类的、同种的	（形）	[hamjensee]	همجنسی
消息、信息	（名）	[payām]	پیام
捎信儿、告诉、传达、转达	（动）		~ آوردن/ رساندن
停止、中断、停留	（名）	[tavaghghof]	توقف
停止、中断、停留	（动）		~ کردن
复述、转达	（动）	[bāz ~]	باز آوردن
讲话、话	（名）	[goftār]	گفتار
抖动、发抖	（动）	[larzeedan]	لرزیدن
悲伤的、忧愁的、忧郁的	（形）	[andoohnāk]	اندوهناک
懊悔的、后悔的	（形）	[pasheemān]	پشیمان
懊悔、后悔	（动）		~ شدن
长官、老爷	（名）	[khāje]	خواجه
毁灭、死亡、灭亡	（名）	[halāk]	هلاک
死亡、被毁灭、消亡	（动）		~ شدن
减少、缩小、减低	（名）	[kāst]	کاست
完全的（地）、一丝不差的（地）	（形、副）	[bee kam ~]	بی کم و کاست
指责、责备	（名）	[malāmat]	ملامت
指责、责备	（动）		~ کردن
程度、大小、等级、尺寸	（名）	[andāze]	اندازه
脆弱的、心肠软的	（形）	[nāzok del]	نازک دل
悲哀、悲伤	（名）	[ghosse]	غصّه
中断、停止、平息	（名）	[forookesh]	فروکش
中断、停止、平息	（动）		~ کردن
重新开始、恢复	（动）	[sar ~]	سر گرفتن
匆忙、赶紧	（名）	[shetāb]	شتاب
敞开	（动）	[bāzmāndan]	بازماندن
感谢的、感激的	（形）	[sepasgozār]	سپاسگزار
			زین = از این
呻吟、唉声叹气	（名）	[nāle]	ناله

─────────────── اسم های خاصّ

印度	（地名）	[hendoostān]	هندوستان

درس بیست و هشتم
دستور زبان

主从复合句(六)
——条件状语从句
جمله ی شرطی

条件状语从句是表示前提或条件的句子。到目前为止，我们学到的条件状语从句主要是用 اگر、بشرطی که、در صورتی که 引导的。

1. 条件状语从句可分为两大类：
   1) 真实条件状语从句表示说话者所说的话是很可能实现的。
   2) 非真实条件状语从句又称虚拟条件句，表示说话者认为所说的话实现的可能性极小，或与事实相反。对比下列句子：

(真实条件句) اگر اسب مال توست ، بگو ببینم کدام چشمش کور است؟

(非真实条件句) اگر اسب مال او بود ، می دانست که کور نیست .

2. 条件状语从句的时态：
   真实条件状语从句可用现在进行时态、现在完成时态、现在假定时态、一般过去时态和过去假定时态。
   非真实条件状语从句用过去进行时态和过去完成时态。

3. 真实条件句的时态用法：
   1) 现在进行时态用于条件状语从句中表示客观现实或说话的时刻正在进行的事。

اگر درشمال چین زندگی می کنید ، حتماً دیده اید که توده های برف تا اوایل بهار باقی می ماند.

如果你在北方生活的话，你一定看到过积雪一直到初春不化。

اگر امید زندگی هست ، در کوشیدن است .   生活的希望在于奋斗。

   2) 现在完成时态表示从句的动作发生在主句动作之前，而结果或状态持续到主句动作发生之时。

اگر آن فیلم را دیده اید ، داستان آن را برایم نقل کنید .

如果你看过那部电影的话，就给我讲讲电影情节吧。

اگر به درستی سخن من پی برده اید ، باید دست از آن کار بردارید .

如果阿里听明白了我的话，他就应当不再干那件事了。

3）现在假定时态用于条件从句中表示将来可能发生的事。

در صورتیکه اسرار را حفظ کنید ، به شما می گویم .

如果你保守秘密，我就告诉你。

سر چهار راه هم می شود عبور کرد ، البتّه به شرطی که چراغ عابرپیاده سبز باشد.

在十字路口也可过马路，当然只有在交通指挥灯的绿灯亮了的时候才行。

4）一般过去时态用于条件状语从句和现在假定时态一样，表示将来可能发生的事。区别是一般过去时态表达说话者对将来发生的事有一定的把握。

اگر این گلدان افتاد (بیفتد) ، می شکند .

如果这个花瓶掉下来，就会打碎的。（说话者认为花瓶放的地方很不合适，很可能掉下来。）

اگر باران شروع شد ، ما به دالان آن ساختمان پناه ببریم.

如果雨下起来的话，我们就在那座房子的廊檐下躲雨。（说话者估计很快就要下雨了。）

5）过去假定时态表示说话者对已经发生的事情的一种推测。

اگر مدّتی در کنار دریا زندگی کرده باشید، حتماً می دانید آب دریا به طور منظّم بالا و پایین می رود.

如果你在海边生活过的话，一定知道海水总是有规律地涨潮和退潮。

اگر علی او را دیده باشد، می داند که او مردی بسیار مهربان و مهمان نواز است .

如果阿里见过他的话，就知道他是个十分和蔼好客的人。

6）过去进行时态或过去完成时态用于非真实条件句。

اگر از اوّل می دانستم که آن کار نادرست است ، به آن دست نمی زدم .

要是一开始就知道是错的，我就不会去干了。

اگر ماه اصلاً نبود (نمی بود) ، شما از من این سؤال نمی کردید .

如果根本就没有月亮，那你就不会问我这个问题了。

اگر او خوب درس می خواند، معلّم از او انتقاد نمی کرد.

如果他好好读书的话，老师不会批评他的。

——方式状语从句

جمله ی پیرو روش

说明主句行为方式的从句叫方式状语从句。引导方式状语从句的连接词有：

بدون این (آن) که ، بی آن که ، همان طوری که ، به طوری که ، در حالی که

در حالی که سوار قطار می شد ، دست خود را برای ما تکان می داد .

他一面上车，一面向我们挥手。

در حالی که در کلاس نشسته بود ، حواسش جای دیگر بود .

他坐在教室里而心思却在别处。

همان طور که می دانید در قطب شمال و قطب جنوب کرهٔ زمین ، نور خورشید مایل تر از جاهای دیگر می تابد .

正像你们所知道的那样，太阳光在南北极是斜射的。

شتر مدّتها می تواند در صحرا راه برود ، بی آن که آبی بیاشامد و غذائی بخورد .

骆驼能长时间地不吃不喝在沙漠中行走。

او بدون آن که از پدر و مادرش اجازه بگیرد ، با دوستانش به جنوب سفر کرده است .

他没有取得父母的同意，就与同学到南方旅行去了。

注意在 بدون آن که 和 بی آن که 引导的方式状语从句中谓语动词用假定时态。

تمرین

۱ـ جمله های شرطی زیر را کامل کنید.

۱) (如果他们到 6 点半还来的话) ، ما می رویم.

۲) ما می توانیم در ردیف جلوتر بنشینیم (如果我们早点到剧院)

۳) (如果我们大家团结一致) ، می توانیم پیروزی بدست بیآوریم .

۴) (如果天气好的话) ، ما تا کنون به شهر کانتون رسیده بودیم.

۵) (如果你不在家) ، من نامه را به خانم تان می دهم.

۶) اگر تو کمی زودتر به خانه بر می گشتی ، (就会吃到妈妈做的美味的点心和蛋糕了).

۷) اگر مایل نیستی، (不必勉强和我们一起步行).

۸) (如果奥托没有制作出坚固的翅膀) ، نمی توانست مانند پرندگان پرواز کند.

۲- جمله مرکب شرطی را ترجمه کنید.

مثال ۱

به شرط آن که...

تو را می بریم ، به شرطی که هرچه گفتیم ، بپذیری .

1) 只要你听话，我就带你去公园。
2) 只要你不告诉别人，我就告诉你。
3) 要是你把那块橡皮给我，我就让你和我们一起玩球。

مثال ۲

در صورتی که...

1) 如果我没有亲眼看到，我就不会相信你的话。
2) 如果爸爸今天情绪好的话，我会向他提出这个要求。
3) 要是他好好读书的话，不会考不及格的。

۳- تمرین کلمات

<u>**پشیمان شدن (از)**</u>

۱) او از گفته خام خود پشیمان شد.

۲) او ازآنکه نسبت به دوست خود دچار سوء ظن شده بود ، خیلی پشیمان شد.

۳) پشمانی به درد نمی خورد. ما باید چاره ای بیابیم تا او را نجات دهیم.

این شرط دوستی و رفاقت نبودن که ...

۱) این شرط دوستی و رفاقت نیست که شما به دریاچهٔ بزرگی بروید، در حالی که من را تک و تنها در این استخر کوچک و کم آب بگذارید .

۲) این شرط دوستی و رفاقت نیست که پس از اینکه این کار را قبول کردید آنرا انجام ندهید.

۳) این شرط دوستی و رفاقت نیست که شما با وجود این که همه چیز را می دانستید به من هیچ نگفتید.

پیام آوردن / دادن / گفتن

۱) دیروز پدرت را دیدم و او از من خواست که پیامش را برای تو بیاورم.

۲) معلّم به ما پیام داد که همه فوراً در میدان ورزش جمع شویم .

۳) آیا پیام من را به خانم شیرین رسانده اید ؟

۴) من فراموش کردم که پیام شما را به او بگویم .

از این سخن در گذر که ... (صرف نظر کردن از)

۱) از این سخن در گذر که من از آنچه که کردم ، بسیار پشیمان شدم.

۲) از این سخن در گذر که صحبت من با او باعث ناراحتی بود.

۳) از این سخن در گذر که نمی خواستم دوباره با او دوست بشوم.

طاقت داشتن

درس بیست و هشتم

۱) آن بیمار طاقت سرما و گرسنگی را نداشت و بی هوش شد.

۲) او طاقت بد خویی (坏脾气) شوهرش را نداشت و سرانجام از او جدا شد.

۳) او از خانوادهٔ فقیری آمده است ، بدین جهت نسبت به بچه های دیگر طاقت بیشتری جهت تحمّل دشواری و سختی دارد.

۴- عبارت ها و ترکیبهای زیر را به فارسی برگردانید.

惊讶得目瞪口呆　　断气　　起死回生　　不折不扣地　　交友之道
捎口信　　浑身发抖　　享受自由　　以真主的名义（发誓）
急急忙忙地　　向……表示感谢　　自责　　为……想想办法　　向……转述
以实际行动　　没有深思熟虑的话　　号啕大哭起来

۵- جمله های زیر را طبق مثال کامل کنید.

مثال: این شرط دوستی و رفاقت نیست که _____ .
（你们自由自在飞翔，而我却关在笼子里）
این شرط دوستی و رفاقت نیست که شما آزادانه پرواز کنید، در حالی که من در قفسه زندانی ام.

1) _____ （你把我告诉你的秘密都告诉了别人。）
2) _____ （你在我不知情的情况下就把这间房子租给了一个陌生人）
3) _____ （在这么长的时间里既不给我打电话也不给我发一封信。）
4) _____ （你在这里这么长时间又吃又睡，却什么也不干。）

۶- جمله های زیر را با کلمات داده شده کامل کنید.

مثال:
از این ... در گذردن که...
رساندن آن پیام...پشیمان شدن
از این سخن در گذر که من از رساندن آن پیام پشیمان شدم.

۱) نوشتن آن نامه

۲) رفتار خام خود

درس بیست و هشتم

۳) شرکت در آن گردهم آیی

۴) حرفهای خود در آن جلسه

۷- با عبارت های " از ... برخوردار بودن / شدن" یا " از ... بهره مند بودن / شدن " جمله بسازید.

۱) دانش آموزان این مدرسه _____ .

(享受着友爱的氛围和良好的设施 تجهیزات [tajheezāt])

۲) پس از ساختن ایستگاه برق کوچک ، _____ .
(那个遥远山村的村民们将享受到电力带来的好处)

۳) باوجود آن که این بچه های یتیم خانه ای برای خود ندارند _____ .
(他们却在救助站（مرکز خیریه）得到母亲般的爱护)

۸- یکی از کلمات و یا ترکیبهای داده شده زیر را در جای خالی بنویسید.

بر خود لرزیدن	بی کم و کاست	هنوز ... نرسیدن که...دم
فرو کش کردن	طاقت داشتن	ملامت کردن پیام
گذردن ... افتادن	زندگی از سرگرفتن	برخوردار بودن

۱) او را _____ ، چون او آن کس نیست که گلدانت را شکست.

۲) ما _____ به مقصد _____ که هوا تاریک شد.

۳) بچه بمحض این که آن صدای وحشتناک را شنید ، _____ .

۴) او چگونگی تصادفی را که در راه سفر اتّفاق افتاده بود ، _____ به من

درس بیست و هشتم

گفت .

۵) در اثر کاشتن درختهای زیاد و کم کردن دی کسید کربن مردم پکن روز به روز بیشتر از هوای تازه و محیط سرسبز _____ .

۶) گریه و افسردگی نمی تواند باعث شود تا مرده _____ .

۷) مادرت به شما _____ داد و از تو خواست که فوراً به خانه بر گردی.

۸) مرد چاق به اندازهٔ مرد لاغر آنقدر _____ .

۹) وقتی ما بسمت خانه رانندگی می کردیم، _____ به یک گلخانه _____ .

۱۰) در لحظهٔ تصادف مردی از ماشین بیرون افتاد و همان لحظه _____ .

۹- سؤال و جواب

۱) وقتی که بازرگان می خواست به هندوستان برود ، طوطی از او چه خواست ؟

۲) چرا طوطی افسرده بود ؟

۳) چه فرقیست میان پرنده ای که آزاد است با پرنده ای که در قفس است ؟

۴) آیا خوب است انسان پرندگان را در قفس نگه دارد ؟

۵) آیا طوطیان آزاد به حال طوطی در قفس مانده چاره ای اندیشیدند ؟

۶) چرا یکی از طوطیان لرزید و از بالای درخت برزمین افتاد ؟

۷) چرا بازرگان گفت اگر من آنچه را که دیدم ، برایت بازگو کنم، تو طاقت شنیدن آن را نداری ؟

۸) طوطی از سخنان بازرگان چه آموخت ؟

۹) آیا بازرگان در حقیقت ارمغانی برای طوطی آورد ؟

۱۰) آیا بازرگان فهمیده بود مقصود طوطیان هندوستان از لرزیدن و افتادن چیست ؟

۱۰ـ جمله های زیر را ترجمه کنید.

1) 他要我把那天 صدری 博士的报告内容全部详细地转达给大家。
2) 他知道生气（عصبانیّت [asabāniyyat]）是没用的，但他还是气得浑身发抖。
3) 清晨他在郁郁葱葱、风景秀丽的山村散步，享受着清新的空气。
4) 后悔和懊恼是没有用的，你应当从自己的失误中吸取教训（عبرت گرفتن [ebrat gereftan]）。
5) 他用自己的行动告诉我们，一个真正的学者应当是怎样的人。
6) 孩子在玩耍时摔成了骨折，母亲不断地责备自己没有看护好孩子。
7) 向真主保证那都是我亲眼所见。
8) 你就别提起那只小狗了，自从丢了它以后我常常梦见它。现在几乎找不到像它那样聪明可爱的小狗了。

متن خواندنی

سیستم راهنمایی قمرهای مصنوعی

قمرهای مصنوعی بالای زمین در مدار خود حرکت می کنند. هواپیما ها و کشتی ها از آن برای هوانوردی و دریانوردی استفاده می نمایند. برای اتومبیل ها نیز کامپیوترهایی ساخته اند که رانندگان اتومبیل می توانند به وسیلهٔ رادیو با این قمرها ارتباط پیدا کنند. کامپیوتر اتومبیل ها از اطّلاعاتی استفاده می کند که از قمرها می گیرد تا به راننده بگوید کدام جاده ترافیک کمتری دارد. یک کامپیوتر مرکزی می تواند موقعیّت اتوبوسها و قطارها را نشان دهد و به امور حمل و نقل کمک های مفیدی انجام دهد. با استفاده از سیستم راهنمایی قمرهای

مصنوعی اتومبیل ها ، قطار ها ، اتوبوس ها ، کشتی ها یا هواپیماها می توانند سریع تر به مقصد خود برسند.

قمرهای مصنوعی کاربردهای دیگری نیز دارند. می توان از آنها برای پیش بینی وضع هوا ، پخش برنامه های رادیویی و تلویزیونی و گاهی حتی برای کارهای جاسوسی در کشورهای دیگر استفاده کرد.

گفتگوی محاوره ای

سر چی ؟

- به نظر می آد ناراحتی ! چی شده ؟
- با رئیسم **بحثم شده** .
- **سر چی ؟**
- سر حقوقم .
- خب ، چرا بحثت شده ؟
- من میگم یه سال بیشتر اینجا کار کردم ، ولی حقوق بقیه بیشتر از منه ! باید زیادتر **بهم** بده ."
- خب حالا رئیست چی میگه ؟
- میگه یا به همین قدر حقوق راضی باش یا از شرکت برو !
- پس مثل این که اختلافتون جدّیه !

ضرب المثل   谚语

او نخود هر آش است.   他到处伸手。

هر که را دست کوتاه بود، زبانش دراز است.
手短的人必然嘴长（说得多干得少）。

مسجد گوهر شاد
این بنا از مهمّترین و با شکوه ترین آثار تاریخی مشهد است.

درس بیست و نهم

متن

جبّار باغچه بان، مرد بزرگی که با قلب روشن و اندیشه والای خود دریچه ای از امید و آرزو را به دنیای تیرهٔ بسیاری از کودکان گنگ و بی زبان ایران باز کرد.

دوست بزرگ بچه ها

من کودکی کنجکاو و فعال بودم. کتاب می خواندم. شعرهای کودکانه می سرودم وبه نقّاشی عشق می ورزیدم. هر کاغذ پاره ای که به دستم می رسید ساعتی نمی گذشت که تصویری از گل و درخت یا کوه و جنگل بر آن نقاشی می کردم. پدرم به این کارهای من روی خوش نشان نمی داد و مرا به شدت از نقّاشی منع می کرد. او نقّاشی را کاری عبث می پنداشت و هروقت که مرا سرگرم نقّاشی می دید، مؤاخذه ام می کرد و نقّاشیهایم را به دور می ریخت. روزی به یاری مادر بزرگم که مرا بسیار دوست می داشت، چند مداد رنگی تهیّه کردم. وقتی که پدرم مدادهای رنگی را دید، به سختی تنبیهم کرد. مدادها را شکست و دور انداخت.

شبها، وقتی که همه می خوابیدند ، من بیدار می ماندم و در اندیشه های دور

و درازی فرو می رفتم. به سختیهایی که در زندگی می کشیدم، به فقری که مردم به آن گرفتار بودند، می اندیشیدم. در یکی از شبها، اندیشه های خود را به صورت شعری در آوردم. برای این که در جستجوی مداد و کاغذ چراغی روشن نکنم و کسی را بیدار ننمایم، با قطعه زغالی آن شعر را بر دیوار نوشتم. بامداد فردا، این کار جنجالی بر پا کرد و اگر مادر بزرگم وساطت نمی کرد، کتک سختی می خوردم.

در آن هنگام هنوز مدرسه هایی به سبک جدید و امروزی تأسیس نشده بود. من مانند کودکان دیگر در مکتب درس می خواندم. مکتب، اتاقی بود بزرگ که همهٔ شاگردان گرداگرد آن روی زمین می نشستند و درس می خواندند.

پس از آن که دورهٔ مکتب را به پایان رسانیدم، مدّتی نزد پدرم کار کردم تا حرفهٔ او را بیاموزم. آن وقت پدرم به قنّادی می پرداخت و از این راه خانوادهٔ خود را اداره می کرد. امّا قنّادی رونق نداشت و زندگی به سختی می گذشت.

نزد پدر حرفهٔ بنّایی و قنّادی را یاد گرفتم ولی هیچیک از این کارها، با این که در جای خود ارزشمند است، طبع پرشور و ذهن کنجکاو من را راضی نمی کرد. من که با سختیها بزرگ شده بودم و با دشواریها جنگیده بودم، می خواستم بیشتر بکوشم، پیشرفت کنم و به خود و دیگران بهره برسانم.

در آن زمان چند مدرسه در ایروان به سبک جدید تأسیس شده بود. من در یکی از این مدرسه ها به آموزگاری انتخاب شدم و به این کار دل بستم. در این کار شوق و شور فراوان از خود نشان دادم و در یافتم که آموزگاری شغلی

است که در آن بهتر می توان به اجتماع و به مردم خدمت کرد. چه خدمتی بهتر از این که کودکان را خوب تربیت کنیم و از آنها انسانهای مفید و فداکاری بسازیم؟

ابتدا من در مدرسه های شهر خود به معلّمی پرداختم. سپس به تبریز رفتم. من که در شعلهٔ فروزان خدمت به مردم و میهن می سوختم، در یافتم که کودکان تبریز پیش از رفتن به مدرسه یا در کوچه و بازار سرگردانند و یا آتش ذوق و قریحهٔ آنها در کنج خانه ها خاموش می شود. به این فکر افتادم که در تبریز کودکستانی دایر کنم. به اندیشهٔ خود جامه عمل پوشاندم. این نخستین کودکستان را ((باغچهٔ اطفال)) نامیدم.

در همان روزهای نخست که کودکستان را دایر کرده بودم، مادری کودک کر و لال خود را به باغچهٔ اطفال آورد و با من درد دل کرد و گفت: فرزندش کر و لال است و دلش می خواهد به مدرسه برود، امّا هیچ مدرسه ای او را نپذیرفته بودند. زیرا در این مدرسه ها نه تنها نمی توانستند به کودک کر و لال خواندن و نوشتن بیاموزند بلکه از نگهداری او نیز عاجز بودند.

تا آن هنگام کسی در ایران به فکر کودکان کر و لال نیفتاده بود و غم آنان را نمی خورد. اگر خانواده های بی نیاز بودند، سربار خانواده می شدند و اگر از نیازمندان بودند، به گدایی می افتادند.

من معتقد بودم که معلّم باید مانند شمع فروزان باشد یعنی خود بسوزد و به دیگران ، خواه توانگر و خواه بی چیز، خواه با استعداد و سالم و خواه

ناقص و کم استعداد، یکسان روشنایی بخشد. من نیز می خواستم به همهٔ کودکان حتّی آنها که گنگ و بی زبان بودند، خواندن و نوشتن بیاموزم. آن روز وقتی که پسرک کر و لال را در باغچهٔ اطفال نگه داشتم، اندیشیدم : " چگونه می توان به کودکی که نه می شنود و نه حرف می زند خواندن و نوشتن آموخت؟ " شنیده بودم که کسی در اروپا الفبایی اخراع کرده است که کودکان کر و لال را با سواد می کنند و به آنان حرف زدن می آموزند. با خود گفتم : " اگر دیگران چنین کاری کرده اند، چرا من نتوانم بکنم؟ " مگر نه این است که انسان هر کاری را که بخواهد می تواند با سعی و کوشش به انجام رساند؟ " از آن پس شبها و روزهای بسیاری را در کار ابداع الفبای کر و لالها گذراندم تا به مقصود رسم و چند کودک کر و لال دیگر را نیز در باغچهٔ اطفال پذیرفتم. آری من نه تنها کودکان کر و لال را نگاه داشتم بلکه به آنها خواندن و نوشتن و حرف زدن را هم آموختم.

آنچه خواندید، خلاصه ای بود از شرح زندگی جبّار باغچه بان، مرد بزرگی که با قلب روشن و اندیشهٔ توانای خود دریچه ای از امید و آرزو را به دنیای تیرهٔ بسیاری از کودکان گنگ و بی زبان ایران باز کرد.

باغچه بان با کوششهای پیگیر خود توانست در تهران مدرسه ای بزرگ و زیبا برای کودکان کر و لال بسازد. بر اثر زحمتها و تلاشهای دامنه دار او ست که امروز کودکان کر و لالی که به مدرسه می روند، می توانند بخوانند و بنویسند و حرف بزنند.

این انسان شریف و این دوست بزرگ بچه ها در آذر ماه ۱۳۴۵ هجری شمسی در گذشت. سر گذشت او همواره سر مشق کسانی خواهد بود که با دست خالی و با اعتماد و اتّکاء به خود، نیروی اراده، با تحمّل سختیها، و با صبر و بردباری می خواهند کارهای بزرگ انجام دهند و از این راه به مردم و میهن خود خدمت کنند.

主从复合句(七)

- 让步状语从句
- 结果状语从句

واژه ها

فعال	（形）[fa'āl]	积极的、活跃的、有生气的、精力充沛的
منع	（名）[man']	禁止、制止、阻碍
~ کردن	（动）	禁止、制止、设置障碍、阻止
تنبیه	（名）[tanbeeh]	惩罚、责备、责骂
~ کردن	（动）	惩罚、责备、责骂
عبث	（形副）[abas]	白费的、徒劳无益的
مؤاخذه	（名）[mo'akheze]	责怪、斥责、处罚
~ کردن	（动）	责怪、斥责、处罚
جنجال	（名）[janjāl]	争吵、吵嘴、口角、打架
بر پا کردن	（动）[bar pā ~]	掀起、建立、创立、把……立起来
وساطت	（名）[vasātat]	调停、调解、斡旋、调解人
~ کردن	（动）	调停、调解、斡旋
کتک	（名）[kotak]	（短而重的）棍棒；打、殴打
~ خوردن	（动）	挨揍、被殴打

۳۸۹ درس بیست و نهم

学校、私塾、小学	（名）	[maktab]	مکتب(مکاتب复)
在……周围、周围、围着	（介、副、名）	[gerdāgerd]	گرداگرد
手艺、行业、职业、工作	（名）	[herfe]	حرفه
糖果制造业、糖果点心的	（名、形）	[ghannādee]	قنّادی
管理、经营、主持	（名）	[edāre]	اداره
管理、经营、主持	（动）		~ کردن
兴旺、兴隆、繁荣、景气	（名）	[rownagh]	رونق
建筑、建造、石匠或瓦匠手艺	（名）	[bannā-ee]	بنّایی
有价值的	（形）	[arzeshmand]	ارزشمند
天性、本性、才能、天赋	（名）	[tab'(atbā')]	طبع(اطباع复)
激动的、兴奋的、热情的、活跃的	（形）	[por-shoor]	~ پرشور
理解、领悟、智力、记忆、思想、思维	（名）	[zehn]	ذهن
战斗、作战、打仗	（动）	[jangeedan (jang)]	جنگیدن(جنگ)
倾心、钟情、留恋、迷恋、对……感兴趣、向往、依靠	（动）	[del ~]	دل بستن
教育、训导、训练、培育	（名）	[tarbiyat]	تربیت
教育、训导、训练、培育	（动）		~ کردن
发光的、发亮的、闪耀的、燃烧的	（形）	[foroozān]	فروزان
流浪的、四处彷徨的、不知所措的	（形）	[sargardān]	سرگردان
爱好、兴趣、鉴赏力	（名）	[zowgh]	ذوق
才华、才能、本能、本性	（名）	[ghareehe]	قریحه
角、角落	（名）	[konj]	کنج
幼儿园	（名）	[koodakestān]	کودکستان
运行的、正在工作的、开工的	（形）	[dāyer]	دایر
运行、开工、开办	（动）		~ کردن
衣服、外衣、外套	（名）	[jāme]	جامه
实现、变为现实	（动）	[~amal~]	~ عمل پوشیدن
保护、守护、保养、保管	（名）	[negahdāree]	نگهداری
弱的、无能为力的、不能胜任的	（形）	[ājez]	عاجز
残疾人	（名）		
谈心、交心、推心置腹	（动）	[dard-e del ~]	درد دل کردن
富裕的、有钱财的、无所需求	（形）	[beeniyāz]	بی نیاز

درس بیست و نهم

的、不需要的		
需要的、祈求的	（形）[niyāzmand]	نیازمند
讨饭、乞讨	（名）[gedāyee]	گدایی
富的、富裕的、有钱的（人）	（形．名）[tavāngar]	توانگر
才能、能力、天资	（名）[este'dād]	استعداد
有缺陷的、残缺不全的、不完善的	（形）[nāghes]	ناقص
无才能的、才干少的	（形）[kam ~]	کم استعداد
哑的、无言的、哑巴	（形．名）[gong]	گنگ
发明、创造	（名）[ekhterā']	اختراع
发明、创造	（动）	~ کردن
发明、创造、创作	（名）[ebdā']	ابداع
提要、纲要、梗概	（名）[kholāse]	خلاصه
小窗、小门、天窗、气门、小口、小孔	（名）[dareeche]	دریچه
连续不断的、持续的、坚持不懈的、顽强的	（形）[pey geer]	پی گیر
广阔的、广泛的、旷日持久的	（形．副）[dāmanedār]	دامنه دار
高尚的、高贵的、尊贵的、可敬的	（形）[shareef]	شریف
伊斯兰纪元的	（形）[hejree]	هجری
太阳的	（形）[shamsee]	شمسی
经常、时常、往往、总是	（副）[hamvāre]	همواره
榜样、典范	（名）[sarmashgh]	سر مشق
相信、坚信、确信	（名）[e'temād]	اعتماد
依靠、支持、支柱	（名）[ettekā']	اتّکاء
忍耐、忍受	（名）[tahammol]	تحمّل
忍耐、耐性、坚韧性	（名）[bordbāree]	بردباری

اسم های خاصّ

埃里温（亚美尼亚共和国首都）	（地名）[eervān]	ایروان
大不里士（伊朗阿塞拜疆省的省会）	（地名）[tabreez]	تبریز
加巴尔巴格契邦	（人名）[jabbār bāghchebān]	جبّار باغچه بان

درس بیست و نهم

دستور زبان

主从复合句（七）
——让步状语从句
جمله‌ی پیرو که با حرفهای ربط از قبیل "با وجود این که ..." آغاز می شود

由表示虽然、尽管、既然、即使、不论等意思的连接词引导的从句叫做让步状语从句。

1. 常见的连接词有：

با این (آن) که... ، با وجود این (آن) که... ، ...

هر قدر که ، هر چند که ... ، هر چه ، گرچه ، اگرچه ، حتی اگر، حال که ...،...

علیرغم این / آن که ، صرف نظر این / آن که ... ، ...

2. 在主句中，可用下列表示转折意思的连接词：

ولی ، امّا ، لیکن ، لکن ، ...

例句：

با آن که ممکن است حرفم برای شما ناخوشایند باشد ، ولی من بازهم آنرا می گویم .

尽管我的话你听了可能会不高兴，但我还是要说出来。

باوجود این که در راه پیشرفت ایشان مشکلات زیادی بود ، امّا بموقع وظیفهٔ خود را انجام دادند.

虽然在他们前进道路上遇到许多困难，但他们仍然按时完成了任务。

هرچند که شمع بهتر از پیه سوز بود ، ولی نور آن بازهم کافی نبود .

尽管蜡烛比油灯要亮一些，但亮光仍然不足。

علیرغم آن که من صداقت خود را به او ثابت کردم ، ولی او همچنان به من

اعتماد نکرد.

不论我如何证明我是真诚的，他还是不信任我。

3. 在让步从句中，由连接词“即使”引导的让步从句与“既然”“尽管”引导的让步从句主要区别是前者对可能不会发生的事情作一种假设，因此谓语从句用假定时态，而后者则是叙述已经存在的事实。例如：

حال که شما تصمیم گرفتید که به تبت بروید ، من از شما جلوگیری نمی کنم ولی شما باید از خود مواظبت کنید.

既然你已决定去西藏，我就不拦你了，但你要多保重。

حتّی اگر هم بدانم ، بازهم به تو نمی گویم.

即便我知道，也不告诉你。

——结果状语从句
جمله ی پیرو نتیجه

引导结果状语从句的连接词有： چنان ... که ، آنقدر ... که ، که 等。

او آن خبر را که شنید سخت متأثر شد .

他听到这个消息十分难受。

او چنان مریض است که آب خوردن برایش هم مشکل است.

他病得连喝水都困难 。

آن روز ماشین در نیمه راه خراب شد که ما به دیوار بزرگ چین نرفتیم .

那天汽车坏了，我们没去长城。

دیشب خوب نخوابیده بودم که امروز صبح سرم درد می کرد .

昨天我睡得不好，今天早上头痛。

او آنقدر خشمگین شد که نتوانست حرف بزند .

他气得连话都说不出来。

کشتی های کلمب چنان کوچك بود که بی باکترین مردمان جرأت نداشتند در آن

بنشینند و به سفرهای دریایی بروند .

哥伦布的船小得连最勇敢的人也不敢坐它去航海。

تمرین

۱- جمله های زیر را طبق مثال با دو نوع حرف ربط یعنی یک جمله با "虽然

既然或 " و جملهٔ دیگری با "即使" بنویسید.

مثال:

زبان او را (ندانستن)، امّا (توانستن) باعلامت دست مقصود او را (فهمیدن).
۱) اگرچه زبان او را ندانم، امّا می توانم باعلامت دست مقصود او را بفهمم.
۲) با وجود آن که زبان او را ندانستم، امّا می توانستم با علامت دست مقصود او را بفهمم.

۱) حالا تب شما (فروکش کردن)، امّا شما هنوز به استراحت احتیاج (داشتن).

۲) آنها گاهی بحث (کردن) (争执[da'vā]) ، ولی بعد بزودی با هم آشتی (和解[āshtee]) (کردن).

۳) این لیوان شیشه ای به زمین (افتادن) ، ولی (نشکستن) .

۴) ما دوستان صمیمی همدیگر هستیم. حتّی گاهی او را غیر عمدی (无意地[gheyr-e amdee]) (رنجاندن) ، ولی او هرگز به دل (نگرفتن).

۵) شما با آقای رئیس کار فوری (داشتن) ولی حالا او گرفتار بودن و با هیچ

کس ملاقات(نکردن).

۶) او مجبور(شدن) چند سال در خانه (ماندن)، ولی دلش نخواستن بیکار (نشستن).

۷) هوا خوب (نبودن) ، ولی ما نیز طبق برنامهٔ اصلی حرکت (کردن).

۸) او بسیار گرفتار (بودن) ، ولی با ما ملاقات (کردن).

۲- جمله های زیر را با حرف ربط " (即使) یا (尽管) " کامل کنید.

۱) 尽管我给每一个人 都打了电话 ولی بعضی از آنها نیامدند.

۲) 即使明天气温下降到零下 ، من باز هم به شنا می روم.

۳) 尽管他自己的生活也很困难 ولی او برای بچه های فقیر لباس و یا کتاب می خرید.

۴) 尽管他不懂哑语 ولی او آن بچهٔ کر و لال را در مدرسهٔ خود قبول کرد.

۵) 他想即使达拉怀疑他 ، او باید همچنان مانند گذشته به او کمک کند.

۶) 尽管刮着刺骨的寒风 لیکن ریز علی بدون هیچ شک و تردید لباس خود را در آورد و به چوبدست بست.

۷) 既然你不相信我的话 ، من دیگر دربارهٔ آن بیشتر نخواهم گفت.

۳- تمرین کلمات

اعتماد

۱) او با سختیها و دشواریها بزرگ شده است ، بدین جهت همواره اعتماد دارد که با اتّکاء به نیروی اراده و کوششهای پیگیر خود می تواند به مقصد برسد.

۲) به بیگانه نباید اعتماد کرد.

۳) با این که انجام این کار برای او بسیار دشوار است ، من به توانایی و ارادهٔ پی گیرش اعتماد کامل دارم.

دایر کردن

۱) عمویم در ده خود یک دکان کوچک بقّالی (杂货铺 [baghghālee]) دایر کرده است.

۲) در آن روز که کتابخانهٔ کوچک کلاس دوّم دایر شد ، همهٔ معلّمین و شاگردان کلاسهای دیگر برای دیدن و تبریک گفتن آمدند.

۳) در دانشکدهٔ ما هر چهار سال یک بار دورهٔ جدید زبان فارسی دایر می شود.

درد دل کردن

۱) هر وقت که من کسل باشم یا با مشکلاتی روبرو شوم ، نزدش می روم و با او درد دل می کنم.

۲) معمولاً بچه ها دوست دارند با دوستان خود درد دل کنند ، نه با پدر و مادرشان.

۳) دلم می خواهد که با دوستان صمیمی ام درد دل کنم.

عاجز

۱) پزشکان از معالجهٔ آن مرد که دچار مرض سخت و عجیبی شده بود، عاجز ماندند.

۲) آن مادر کوشش می کرد تا به بچهٔ عاجز خود سواد یاد دهد.

۳) ما اطمینان داریم که انسان با اتکاء به پیشرفت دانش و تلاشهای دامنه دار خود، در غلبه بر دشواریها و موانعی که در راه کشف اسرار فضا و ستارگان وجود دارد، عاجز نخواهد بود.

رونق

۱) آن ده کوهستانی کوچک پس از گسترش امور توریستی رونق گرفته است.

۲) پس از بحران اقتصادی، کارگاه او از رونق افتاد.

۳) با وجود اینکه این رستوران در کوچه فرعی واقع شده است، امّا به اتّکاء بر گرمی خدمتکاران و همچنین غذاهای مخصوص و خوشمزهٔ خود، همیشه رونق دارد.

مگر نه این است که ... ، پس چرا ... ؟

۱) مگر نه این است که شما مسافرت را دوست دارید، پس چرا تاکنون هنوز به شهرهای دیگر چین نرفته اید؟

درس بیست و نهم

۲) مگرنه این است که او مادر این بچه است ، پس چرا از بچهٔ خود مواظبت نمی کند؟

۳) مگر نه این است که دکان او رونق دارد، پس چرا او می خواست آن را به دیگران بفروشد؟

۴- ترکیب ها و عبارتهای زیر را به چینی ترجمه کنید.

کوششهای پی گیر	تلاشهای دامنه دار	نیروی اداره
صبر و بردباری	اتکاء به خود	اعتماد به خود
با سواد بی سواد	شعر سرودن	افکار بچگانه
دل بستن (به)	بهره رساندن (به)	جامه عمل کردن (به)
روی خوش دادن(به)	درد دل کردن (به)	عاجز بودن / شدن (از)
جنجال بر پا کردن	غم کسی (را) خوردن	خانواده را اداره کردن
سختیها در زندگی کشیدن	از کسی (انسان مفید) ساختن	
کسی را از کاری منع کردن	تصویر از چیزی نقاشی کردن	

۵- جمله بندی

۱) معنی کلمات زیر را بگویید و با هر یک از آنها یک جمله بسازید.

دل درد کردن	درد دل کردن	به دل گرفتن
دل کسی خواستن	دل کسی آمدن	

۲) با ترکیبهای زیر جملهٔ مرکب بسازید.

خواه ... خواه...   نه... نه...   یا ... یا...

۶- با ترکیب ها و عبارتهای داده شده جاهای خالی را پر کنید.

اداره کردن	تنبیه / مؤاخذه کردن	منع شدن /کردن	
جنجالی بر پا کردن	دل بستن	دایر شدن	در جای خود
کتک خوردن	بهره رساندن	جامه عمل پوشیدن	

۱) ازسال گذشته سیگار کشیدن درمکان های عمومی بطورجدّی________ .

۲) ا و در امتحان رد شده بود. پدرش او را به سختی ______ .

۳) خانواده او همیشه بر سر شراب خواری بیش از حدِّ پدرش ______ .

۴) در مکتب های قدیمی هر شاگردی که نمی توانست متن درس را بدرستی حفظ کند، سخت ______ .

۵) جبّار باغچه بان از بچگی به معلّمی ______.

۶) معلولین (残疾人[ma'looleen]) تشنهٔ آموزش سواد هستند . آنها آرزو دارند که مانند افراد دیگر به میهن خود و مردم ______ .

۷) او در جریان اختراع کردن الفبای کر و لال ها با دشواریهای فراوان روبرو شد. هرچه بود ، او به آرزوی خود______ .

۸) پدر او با درآمد ناچیزخود به سختی زندگی خانواده را______ .

۹) ظاهراً این یک سنگ معمولی است ، _____ هیچ ارزشی ندارد. ولی پس از حکّاکی شدن (雕刻[hakkāki]) قیمتش چند برابر بالا می رود.

۱۰) دیروز یک کتابفروشی مخصوص فروش کتابهای قدیمی کنار رستوران _____ .

درس بیست و نهم

۷- جمله های زیر را با عبارت " اداره کردن یا در جای خود یا جامه عمل پوشیدن" به فارسی ترجمه کنید.

۱) تنها با درآمد ناچیزش مشکل بود که (但还是不能维持家庭生活)

۲) او با پشتیبانی دولت و کمک دوستان (在家乡开办了一所小学校)

۳) (尽管这个工作其本身很重要) امّا به علّت شرایط سخت زندگی و درآمد ناچیز هیچ کس میل ندارد آن را قبول کند.

۴) با وجود آن که او فقیر بود، _____ .
(但依靠自己的力量和坚持不懈的努力终于实现了自己的愿望).

۵) این مدیر هر چند که جوان و ظاهراً خجول است، ولی _____ .
(管理着一个具有实力的电脑公司)

۸- جمله های زیر را به چینی ترجمه کنید.

۱) او به یاری اندیشهٔ نیرومند و هوش فراوان و کوشش پی گیر توانست الفبایی برای با سواد کردن کودکان ناشنوا و گنگ اختراع کند.

۲) در نظر او تمام بچه ها خواه توانگر خواه فقیر، چه سالم و چه ناقص (残疾人[nāghes]) همه برابر بودند.

۳) جبّار باغچه بان دریچه ای از امید به جهان تاریک کودکان گنگ و بی زبان گشود.

۴) اندیشه ها و رفتارهای کودکانهٔ او که پر از ذوق و استعداد بود ، همواره سرمشق کودکان همسنّ او بود.

۵) جبّار باغچه بان مرد بزرگی که با قلب روشن واندیشهٔ توانای خود دریچه ای

از امید و آرزو را به دنیای تیرهٔ بسیاری از کودکان گنگ و بی زبان ایران باز کرد.

۶) نزد پدر حرفهٔ بنّایی و قنّادی را یاد گرفتم ولی هیچیک از این کارها، با این که در جای خود ارزشمند است ، طبع پرشور و ذهن کنجکاو مرا راضی نمی کرد.

۷) من که در شعلهٔ فروزان خدمت به مردم و میهن می سوختم. در یافتم که کودکان تبریز پیش از رفتن به مدرسه یا در کوچه و بازار سرگردانند و یا آتش ذوق و قریحهٔ آنها در کنج خانه ها خاموش می شود.

۹- طبق مثال جمله بسازید.

مثال:

شما سؤال(داشتن) ، شما از معلّم (نپرسیدن)؟
مگر نه این است که شما سؤال داشتید ، پس چرا از معلّم نپرسیدید؟

۱) این مدرسهٔ کودکان(بودن) . این مدرسه بچهٔ کر و لال من را (نپذیرفتن)

۲) کاری نشد(نداشتن). از شکست (ترسیدن)

۳) دلتان (خواستن) بیشتر به مردم خدمت (کردن) . شغل آموزگاری را دوست (نداشتن).

۴) پدرش استاد بنّایی مشهور (بودن). او (میل نداشتن) که حرفهٔ پدررا یاد (گرفتن).

۱۰- سؤال و جواب

۱) شُغل پدر باغچه بان چه بود ؟

۲) آیا پدر باغچه بان نقاشی های را دوست داشت ؟

۳) چرا پدر باغچه بان مدادهای پسرش را شکست ؟

۴) نام پدر باغچه بان چه بود ؟

۵) چرا پدر باغچه بان به شهر ایروان رفت ؟

۶) شغل پدر باغچه بان درزمستان ها چه بود ؟

۷) آیا جبّار باغچه بان حرفهٔ بنّایی را دوست داشت ؟

۸) سرانجام به چه کاری علاقمند شد ؟

۹) چرا باغچه بان از قفقاز به ایران برگشت ؟

۱۰) اولین کودکستان را درایران چه کسی تأسیس کرد ؟

۱۱) چرا کودکستانِ خود را «باغچهٔ اطفال» نامید ؟

۱۲) چه کسی درایران برای اوّلین بار به فکرِ آموزشِ کودکانِ کرولال افتاد ؟

۱۳) باغچه بان چه می خواست ؟

۱۴) باغچه بان چه چیزی را اختراع کرد ؟

۱۵) کودکان کرولال چه چیزی را یاد گرفتند ؟

۱۱- جمله های زیر را ترجمه کنید.

1）对于聋哑人来说难道还有比能够开口说话更幸福的事吗？

2）虽然他跟着父亲学会了制鞋工艺，但他自己却总想找一种对社会做更多贡献的职业。

3）他对教师这个职业情有独钟，因为他认为老师就像一支蜡烛，点燃自己，照亮别人。

4）在他的学校里聋哑儿童不仅识了字而且还学会了“说话”。

5）他下班后又找了一份餐馆的服务工作，靠着微薄的收入，艰难地养活一家六口人。

6）即使我们篮球队赢了，也不应该骄傲（[maghroor~] مغرور شدن），因为“强中更有强中手”。

7）他两手空空，一无所有，他知道要想在这个偏僻贫困的小村庄建立一所学校，只能靠自己的力量和村民的支持。

8）他是一个苦难中长大的人，难道还有什么困难能阻挡他实现自己的理想吗？

9）他唯一想做的事就是帮助聋哑儿童学会“说话”和识字。

10）由于没有任何学校能够接收聋哑儿童，所以他们的聪明才智没有得到进一步的培养。

گفتگوی محاوره ای

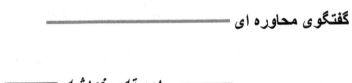

درسته، خودشه

- فرشته را می شناسی؟

- نخیر، فرشته کیه؟

- هفتهٔ پیش تو مهمونی باهاش آشنا شدم.

- چه ***جور دختریه***؟

- دختر مؤدب و قشنگیه.

- اون دختر قد بلنده، بینیش کوچیکه و قشنگ می رقصه؟

- درسته، ***خودشه*** .

- خوب، ***منظورت چیه***؟

- امشب باهاش ***قرار دارم***.

درس بیست و نهم

- خوب، کجا قراره برین؟

- قراره بریم شام بخوریم. ولی لباس مناسبی ندارم. ممکنه یکی از پیرهنهاتو به من قرض بدی؟

- *خیلی متأسفم*، فقط دو تا پیراهن مناسب دارم. اتفاقاً هر دو رو دادم *بشورند.*

ضرب المثل   谚语

چاقو دستهٔ خودش را نمی برد.
利刀不割自身的刀把（兔子不吃窝边草）。

تا تنور گرم است، نان پخت.
趁热打铁

ایل قشقایی از لستان فارس از مهمّترین عشایر کوچیده در ایران است.

درس سیم

شعر (۱)

چشمه و سنگ

جدا شد یکی چشمه از کوهسار / به ره گشت ناگه به سنگی دچار
به نرمی چنین گفت با سنگ سخت: / «کَرَم کرده راهی ده ای نیکبخت»
گران سنگِ تیره دلِ سخت سر / زدش سیلی و گفت: «دور ای پسر!»
نجنبیدم از سیلِ زورآزمای / که ای تو که پیش تو جُنبم زجای؟
نشد چشمه از پاسخ سنگ، سرد / به کَندن در اِستاد و ابرام کرد
بسی کَند و کاوید و کوشش نمود / کز آن سنگِ خارا رَهی برگشود
ز کوشش به هر چیز خواهی رسید / به هر چیز خواهی کَماهی رسید
برو کارگر باش و امّیدوار / که از یأس جُز مرگ نامد ببار

گرت پایداری است در کارها
شود سَهل پیش تو دُشوارها

ملک الشعرای بهار

واژه ها

山区、山地	（名）	[koohsār]	کوهسار= کوهستان
路	（名）	[rah]	ره = راه
突然地	（副）	[nāgah]	ناگه = ناگهان
慷慨、大方、仁慈、宽恕	（动）	[karam ～]	کرم کردن
幸福的、幸运的、安乐的	（形）	[neekbakht]	نیکبخت
有分量的、（本课词意）沉重的、大的、坚硬的	（形）	[gerān sang]	گران سنگ
顽固的、死硬的、固执己见的	（形）	[sakht sar]	سخت سر = سرسخت
嘴巴、耳光	（名）	[seelee]	سیلی
打耳光	（动）		سیلی زدن
动、颤动、摇动	（动）	[jonbeedan]	جنبیدن(جنب)
急流、洪水、水灾	（名）	[seyl]	سیل
强大的、有力的	（形）	[zoorāzmāy]	زورآزمای
坚持、抵抗（过去时第三人称单数）	（动）	[darestād]	دراستاد = ایستادگی کرد
	（名）	[ebrām]	ابرام= پافشاری ، اصرار
坚持 、固执 、不屈不挠	（动）		～کردن
= که از		[kaz]	کز
花岗石、顽石、大理石	（名）	[khārā]	خارا = سنگ سخت
正如（他）它那样		[kamāhee]	کماهی = چنانکه هست
发生作用的、有效的	（形）	[kārgar]	کارگر
灰心、失望、绝望	（名）	[ya's]	یأس
没有结果、没有成果	（动）	[nāmad bebār]	نامد ببار = ببار نیامد، حاصل نشد
坚持的、持久的	（形）	[pāydār]	پایدار
不难的、容易的、轻而易举的	（形）	[sahl]	سهل

تمرین

۱ـ شعر را حفظ کنید.

۲ـ داستان شعر را بیان کنید.

۳- سؤال و جواب

۱) چشمه از کجا جدا شد؟

۲) چشمه در راه به چه برخورد؟

۳) چشمه به سنگ چه گفت؟

۴) سنگ به چشمه چه پاسخ داد؟

۵) آیا چشمه از پاسخ سنگ دلسرد شد؟

۶) کدام جمله نشان می دهد که سنگ چشمه را حقیر شمرد؟

۷) چشمه در برابر تحقیر سنگ چه کرد؟

۸) کوشش چشمه سرانجام به کجا کشید؟

۹) از پایداری در کارها چه نتیجه ای می توان برد؟

۱۰) شاعر در این شعر سنگ و چشمه را دارای چه صفتهایی دانسته است؟

۱۱) داستان شعر را به نثر بنویسید.

۱۲) ملک الشهرای بهار کیست؟

شعر (۲)

نصیحت

می کوش به هر ورق که خوانی   کان دانش را تمام دانی

با آن که سخن به لطفِ آب است   کم گفتن هر سخن، صواب است

آب ار چه همه زُلال خیزد   از خوردن پر، ملال خیزد

کم گوی و گزیده گوی چون در تا ز اندک تو جهان شود پر

لاف از سخنِ چو در توان زد آن خشت بود که پرتوان زد

یک دسته گلِ دماغ پرور از خرمنِ صد گیاه بهتر

(نظامی)

واژه ها

نصیحت	[naseehat]	（名）	忠告、劝告
کان = که آن	[kān]		
ورق	[varagh]	（名）	页（纸张）、树叶、纸牌
صواب	[savāb]	（形、名）	正确的、恰当的、正义、正直、善行
ارچه = اگرچه	[arche]	（连）	尽管、虽然
زلال	[zolāl]	（形、名）	晶莹的、清澈的水
ملال = ملالت	[malāl]	（名）	疲乏、厌倦、烦恼
کم گوی	[kamgooy]	（名）	讲话不多
گزیده	[gozeede]	（形、名）	挑选的、选择出来的、当选人
در	[dor]	（名）	珍珠
لاف	[lāf]	（名）	吹牛、炫耀、自夸
خشت	[khesht]	（名）	砖坯
دماغ پرور	[demāghparvar]	（形）	香气扑鼻的
خرمن	[kherman/ kharman]	（名）	堆

تمرین

۱- " لطفِ آب " یعنی چه ؟

۲- چرا " کم گوی و گزیده گوی" مانند در است ؟

۳- آیا کسی که لاف می زند ، مورد قبول و پسند مردم است ؟ چرا ؟

۴- این بیت " یک دسته گل دماغ پرور از خرمن صد گیاه بهتر" را

درس سیم

به چینی ترجمه کنید.

۵- آیا در زبان چینی ضرب المثلی که به معنای این بیت مذکور نزدیک باشد وجود دارد؟

متن خواندنی (۱)

چرا سرزمین ما را ایران می نامند؟

فلات ایران از چهار سو به دریا ها و جلگه های متعدد محدود می شود و در روزگار قدیم مانند پلی آسیای مرکزی را به آسیای غربی و دریای مدیترانه مربوط می ساخت.

ایران از یک طرف با سرزمینهای حاصل خیز مانند هندوستان و بین النهرین همجوار است و از طرف دیگر با نواحی بی حاصل و کوهستانی آسیای مرکزی و عربستان همسایه هست. بدین جهت باعث می شود که ساکنان نواحی بی حاصل به سبب جمعیت زیاد و کمی جا و یا به علّت فقدان وسایل زندگی، مساکن اصلی خود را ترک کرده و به ایران مهاجرت کنند و یا برای رسیدن به هندوستان، جلگه های بین النهرین و آسیای صغیر، از ایران عبور نمایند.

بنابر سوابق تاریخی، در حدود سه هزار و پانصد سال پیش نخستین مهاجرانی که بصورت دسته جمعی به فلات ایران مهاجرت مهمّی کردند، اقوامی از نژاد سفید بود که خود را آریایی می نامیدند. آریائیان، گویا در هزاران سال پیش در نواحی دشتهای غربی و جنوبی سیبری می زیستند. هوای آن نواحی یکباره به سردی

گرایید و براثر یخبندان ، مزارع و چراگاه ها خشک و بی حاصل شد. آنها ناچار کم‌کم به مهاجرت پرداختند و به نواحی جنوبی و جنوب غربی که گرم تر بود روی آوردند. پس از رسیدن به سرزمین ایران هر کدام در قسمتی از این سرزمین ، در دشتهای سرسبز و مراتع کوهستانی آن جای گرفتند و با مردمی که در آنجا زندگی می کردند، در آمیختند. سر زمین ما از آن پس ایران نام یافت.

吕底亚人

帕提亚人

亚述人

亚述人

متن خواندنی(۲)

تاریخ ایران

تاریخ ایران به دو دوره تقسیم می شود : دورهٔ پیش از اسلام و دورهٔ اسلامی. نخستین دولت رسمی در سرزمین ایران ، در حدود دو هزار و هفت صد سال پیش در شهر همدان، توسط مردی به نام دیوکس تشکیل شد. دیوکس آرتش بزرگی به وجود آورد تا بتواند در مقابل دشمنان و قبیله های مهاجر آشوری بایستد.

در تاریخ ایران به دولت دیوکس و سلسهٔ او دولت مادها گفته می شود. امّا حدود صد و پنجاه سال بعد، دولت مادها ضعیف شد. کوروش که مادرش خانوادهٔ مادها بود، توانست قبیله های ایرانی را باهم متّحد کند. او حکومت جدیدی ایجاد کرد که به نام هخامنشی شناخته می شود. دولت هخامنشیان بزرگ ترین امپراتوری آن زمان و تاریخ آینده بوده است. پس از پادشاهان هخامنشی، پادشاهان پارتی و سپس ساسانیان در ایران حکومت کردند. سال شش صد و چهل و دو میلادی اعراب به ایران حمله کردند و دولت ساسانی را که مدّت ها بود، ضعیف شده بود، از بین بردند.

تاریخ ایران اسلامی از این هنگام شروع می شو د.

تمرین

۱- معنی کلمه ها و عبارتهای زیر را بگویید.

دریای مدیترانه	جلگه های بین النهرین	آسیای صعیر
سیبری	آسیای مرکز	فلات ایران
آسیای غربی	مواحی کوهستانی	عربستان
فقدان وسایل زندگی	ساکنان نواحی	مساکن اصلی
مهاجرت کردن	قبیله های مهاجر	مهاجر(مهاجران)
آشوری	ماد	آریایی
سلسلهٔ دیوکس	کوروش	هخامنشی
پارتی	ساسانی	امپراتور
دورهٔ اسلامی	با (مردم) در آمیختن	دورهٔ پیش از اسلام
دریای مازندران	مراتع کوهستانی	در... جا گرفتن
نژاد سفید	بطور دسته جمعی	بنام ... شهرت یافتن

۲- سؤال و جواب

۱) چرا آریاییان به سرزمین ایران و یا نواحی های هندوستان ، جلگهٔ بین النهرین و آسیای صغیر مهاجرت کردند؟

۲) این مهاجرت در حدود چند سال پیش شروع شد؟

۳) آریاییان در جریان مهاجرت به چند دسته تقسیم شدند؟

۴) این دسته ها به طرف کجا راه افتادند و در کجا مسکن انتخاب کردند؟

۵) چرا نام این سرزمین ایران می نامند؟

نَبردِ گُردآفرید با سُهراب

یکی از داستان های شاهنامه

附录（一）

阿拉伯语构词法

宋丕芳[1]

据概略统计，波斯语词汇系统中约有 60% 的词语是阿拉伯词（这是由于公元 651 年后，阿拉伯人长期占领伊朗造成的）。这些由于异族入侵而形成的外来词，或者与波斯本民族语中的词语同时存在，彼此形成同义词；或者单独存在（即没有与之意义相当的波斯本民族词语）。由于波斯语和阿拉伯语分属于不同的语系，各有其独特的语法系统，对于学习波斯语的人来说，有必要了解阿拉伯语构词方法的其本规律和特点。

阿拉伯语属于闪会语系，属于屈折语中的内部屈折语。它不像英语、俄语等所谓外部屈折语。这种内部屈折语的特点最典型的表现是：

一、它的词，尤其是动词，通常包括三个辅音音素，称为简式动词。它通过加上不同的前缀和中缀而组成一系列意义相关的不同形式的复合动词（如及物动词、不及物动词）。

二、这些意义相关的不同形式的动词通过内部屈折（即内部的元音变换）形成一个规则严格、形式固定的词语系统（即动名词→主动名词→被动名词）。

三、这种简式动词（又称词根动词）变成复合动词的样式多达 15 种。不过，有一些动词并不常用，主要是那些三个辅音字母的位置上出现元音字母的动词。下面所列的都是有三个辅音字母的所谓“健全动词”。

表一 同一词根动词变成意义相关的不同形式的复合动词

类型	格式	例词	词义特点
I	فعل	بدل	基本词义
II	تفعيل	تبديل	具有使动意义
III	مفاعله	مبادله	有相互意义
IV	افعال	ابدال	
V	تفعل	تبدل	有自动意义
VI	تفاعل	تبادل	与III略同
VII	انفعال	انفجار	
VIII	افتعال	افتخار	
IX	استفعال	استبدال	

[1] 宋丕芳教授，译审。长期从事语言文学的教学、翻译与研究。曾参与《波汉词典》的编辑工作。《列王纪》译者之一。2000 年获伊朗总统哈塔米颁发的突出贡献学者奖。

说明：

一、词根动词格式较不固定。قتل (فعل)، قتال (فعال)، سلوت (فعول)، سلونت (فعولت) 等都属于第Ⅰ类型，Ⅱ至Ⅸ等复式动词都是固定的。

二、基本字母（即辅音音素）相同的简式动词（即词根动词Ⅰ）和复式动词在含义上常有某些规律性的联系。如 علم（知道，知识），其复式动词第Ⅱ式 تعليم（使知道，教）和第Ⅴ式 تعلم（自己没法知道，学）。

三、不是每个词根动词都能按规则构成各式复式动词，如上表中的 بدل 不构成Ⅶ انبدال 和Ⅷ ابتدال 。而词根动词 قلب 则可构成Ⅶ انقلاب ，词根动词 فخر 则可构成Ⅷ افتخار 。

表二 各式动词构成主动名词和被动名词

		动词	主动名词	被动名词
Ⅰ	格式	فعل	فاعل	مفعول
	例词	قتل 杀	قاتل 杀人者	مقتول 被杀者
Ⅱ	格式	تفعيل	مفعل	مفعل
	例词	تعليم 教	معلم 教员(教者)	معلم 学生(被教者)
Ⅲ	格式	مفاعله	مفاعل	مفاعل
	例词	مسافره 旅行	مسافر 旅行者	
Ⅳ	格式	افعال	مفعل	مفعل
	例词	اخبار 告知	مخبر 记者	مخبر 受众
Ⅴ	格式	تفعل	متفعل	متفعل
	例词	تشكر 感谢	متشكر 感谢者	
Ⅵ	格式	تفاعل	متفاعل	متفاعل
	例词	تعادف 相遇	متعادف 相遇者	
Ⅶ	格式	انفعال	منفعل	منفعل
	例词	انفجار	منفجر 爆炸的	
Ⅷ	格式	افتعال	مفتعل	مفتعل
	例词	انتقاد 批评	منتقد 批评者	منتقد 被批评者
Ⅸ	格式	استفعال	مستفعل	مستفعل
	例词	استظهار	مستغام 求助者	مستظم 得助者(被助者)

说明:

一、动词同时能变成主动名词和被动名词者只应是及物动词，如：打——打者——被打者。

二、除去Ⅰ型的主动名词和被动名词形态不同，其它型的动词，其主动名词和被动名词书写相同，区别只在最后一个音节：主动名词的最后一个音节是 عل -（— el），被动名词的最后一个音节是 عل -（— al）。

附录(二)

书信写法

۱- تبریکات

۱) دوست عزیز:

اکنون که نوروز فرخنده فرا می رسد، تبریکات صمیمانهٔ مرا قبول بفرمایید سعادت، سلامتی و کامیابی شما را در سال نو آرزومندم!

ارادتمند ...

۲) دوست گرامی:

پیوند فرخنده شما را با خانم ... تبریک می گویم و خوشبختی و روزبهی برای جنابعالی و همسرتان آرزو می نمایم!

دوستدار ...

۲- دعوتها

۱) دوست گرامی:

پس از تقدیم سلام، چون امشب عده ای از دوستان برای تجدید دیدار و صرف شام به منزل ما تشریف آورند. از شما خواهش می کنم که با حضور خویش ما و دوستان را مفتخر و سرافراز بفرمایید.

بامید دیدار

ارادتمند ...

۲) آقای استاد محترم:

با عرض سلام ، بدین وسیله به اطلاع جنابعالی می رساند که روز چهارشنبهٔ این هفته در سالن جلسهٔ دانشکده، مشاوره ای در بارهٔ فرهنگ و تمدن ایران برگزار خواهد شد . بدین وسیله از جنابعالی دعوت می شود که با حضور خود ما را مفتخر بفرمایند و نظرات ارزشمند خود را در این موضوع بیان فرمایید.

شاگردان کلاس سوم بخش فارسی

۳- اطلاع در باره دعوت به کنفرانس

برای تحلیل از چهلمین سال تأسیس جمهوری خلق چین قرار است پنج شنبه ساعت ۸ در تالار دانشگاه کنفرانسی تشکیل شود، و در آن بغیر از سخرانی های رؤسا و استادان محترم نمایشهای هنری نیز از طریق دانشجویان ارائه خواهد شد. بدین وسیله از جنابعالی دعوت می شود با خضور خود مجلس ما را رونق بخشید.

گروه آمادهگی جشن چهلمین سال تأسیس
جمهوری خلق چین

۴- تقاضای تعیین وقت برای دیدار

آقای استاد گرامی:

امروز بعد از ظهر، ساعت سه و نیم برای زیارت به منزل جنابعالی آمدم،

از بخت بد تشریف نداشتید، بدین وسیله سلام می رسانم و می خواهم فردا صبح بار دیگر خدمت برسم . چناچه وقت داشته باشید در انتظار داشید.

بامید دیدار

شاگرد ...

۵- تسلیت

دوست غمزده ام:

خبر در گذشت برادرتان قلب ما را پر از غم و محنت کرده ام. داغ این مصیبت هر چه دل شکن و جانفرسا ست ، ولی امید داریم که با صبر و شکیبایی آنرا تحمل بکنید و سایر اهالی خانواده را نیز تسلی بدهید. من از این خبر بسیار متأثرم و به شما و تمام خانواده تان تسلیت می گویم.

غمگار شما ...

۶- تماس برای تکمیل معلومات

محترما :

پس از سلام، اجازه بفرمایید بدین وسیله خود را به جنابعالی معرفی کنم. اینجانب در سال گذشته از بخش زبان فارسی دانشگاه پکن فارغ التحصیل شدم و اکنون در آکادمی آسیای شرفی و جنوبی مشغول کارم. کار من ادبیات زبان و ادبیات فارسی است. می خواستم فرصتی برای آموزش در دانشگاه شما داشته باشم. اگر بتوانید سؤالات زیر جواب بدهید بسیار ممنون و متشکر خواهم بود.

۱- آیا برای یک نفر محقق خارجی مانند اینجانب، فرصت آموزش مدت کوتاه در دانشگاه شما موجود است یا نه ؟

۲- در صورت امکان، باید چه تشریفاتی را انجام داد ؟

۳- اگر راهنمایی دیگر بنظرتان می رسد اعلام بفرمایید.

با اقدیم احترامات فراوان

(امضا) ...

附录（三）

本书谚语

1	وقت طلا ست.
	شکست مادر پیروزی است
2	آب از دستش نمی چکد.
	اندک اندک به هم شود بسیار.
3	سگ زرد برادر شغال است.
	از این گوش می شنود، از آن گوش در می کند.
4	توانا بود هر که دانا بود.
	اوّل اندیشه و انگهی گفتار
6	کار امروز را به فردا میفکن.
	سالی که نکو ست از بهارش پیدا ست.
7	حرف حقیقت تلخ است.
	پرسیدن عیب نیست، ندانستن و نپرسیدن عیب است.
8	دست بالای دست بسیار است.
	کار نیکو کردن از پر کردن است.
9	یک تیر دو نشان
	خواستن توانستن است.
11	شنیدن کی بود دیدن.
	کاسه ای زیر نیم کاسه است.

12	تا نفس هست، امید هست.
	تیری که از کمان جست، بر نمی گردد.
13	عجله کار شیطان است.
	کارها نیکو شود، امّا به صبر.
14	بادمجان بم آفت ندارد.
	همان آش است و همان کاسه !
16	کبوتر با کبوتر باز با باز.
	کاسه داغ تر از آش است.
17	جوجه را در آخر پاییز بشمارند.
	هرچه بکاری همان بدروی .
18	دوستی بیگانه را خویش کند.
	کافر همه را به کیش خود پندارد.
19	دوست آن باشد که گیرد دست دوست در پریشان حالی و درماندگی .
	دوست همه کس دوست هیچ کسی است.
21	هر کاری چاره ای دارد جز مرگ .
	با نیک نشینی نیک شوی، با دیگ نشینی سیاه.
22	وجود ناقص بهتر از عدم است.
	هر که بامش بیش برفش بیشتر
23	فکر نان کن حربزه آب است .
	پیاز هم جزو میوه ها شد.

24	یک دست صدا ندارد.
	ز گهواره تا گور دانش به جوی .
26	از کاه کوه ساختن
	نمک خوردن و نمکدان شکستن (یا یک مو را طناب کردن)
27	ملا شدن چه آسان ، ادم شدن چه مشکل !
	آنرا که حساب پاک است، از محاسبه چه باک است.
28	او نخود هر آش است .
	هر که را دست کوتاه بود، زبانش دراز است .
29	چاقو دستهٔ خودش را نمی برد.
	تا تنور گرم است، نان پخت.

总生词表[1]

آ

23	阿巴丹市（在伊朗东南波斯湾沿岸)	（地名）	[ābādān]	آبادان
19	繁荣、繁华、人口稠密	（名）	[ābādee]	آبادی
1	（放有蔬菜、豆等做的）肉汤	（名）	[ābgoosht]	آبگوشت
1	果汁	（名）	[ābmeeve]	آبمیوه
4	火	（名）	[ātash]	آتش
	点火、点燃	（动）		~ زدن
	着火、起火	（动）		~ گرفتن
17	火盆、烤炉	（名）	[ātashdān]	آتشدان
23	火神庙	（名）	[ātashkade]	آتشکده
2	火焰般的、炽热的、燃烧的	（形）	[ātasheen]	آتشین
17	雅典	（地名）	[āten]	آتن
9	礼仪、礼貌、风俗、习惯、传统	（名）	[ādāb(adab)]	آداب(ادب 单)
16	人类、人性、人的美德	（名）	[ādamiyyat]	آدميّت
14	阿塞拜疆	（地名）	[āzarbāyjān]	آذربایجان
23	古伊朗一个火神庙的名称	（名）	[āzargoshasb]	آذرگشسب
16	平静、安静	（名）	[ārām]	آرام
	平静的（地)、安静的（地)、宁静的（地）	(形、副)		
5	安静	（名）	[ārāmesh]	آرامش
8	陵墓、坟墓	（名）	[ārāmgāh]	آرامگاه
16	愿望、理想、希望	（名）	[ārezoo]	آرزو
		（动）		~کردن
				~شدن
17	高尚的、大方的	（形）	[āzāde]	آزاده
19	折磨、虐待、欺负、压迫、侮辱	（名）	[āzār]	آزار
		（动）	[resāndan]	~ رساندن
15	欺负、折磨	（动）	[āzārdan]	آزاردن = آزردن
5	安宁、安静、平静	（名）	[āsāyh]	آسایش
23	沥青	（名）	[āsfālt]	آسفالت
17	休息、安息	（名）	[āsoodan(āsāy)]	آسودن(آسای)
1	粥	（名）	[āsh]	آش
13	占领、侵占	（名）	[eshghāl]	آشغال

[1] 总生词表只收集课文和会话中的生词，不包括练习、阅读以及日常口语中出现的生词。

20	巢、窝	（名）	[āshiyāne]	آشیانه
18	创造、创立、创建	（名）	[āfareenesh]	آفرینش
7	至少，最低，最小限度	（副）	[aghallan]	اقلاً
14	知道的、通晓的	（形）	[āgāh]	آگاه
	让……知道、通知	（动）		~ ساختن
13	知道、觉悟、通知、传单、广告	（名）	[āgahee]	آگهی
13	金刚钻	（名）	[almās]	الماس
21	弄脏的、污染的	（形）	[āloode]	آلوده
	弄脏、污染	（动）		~ کردن
21	使……污染的	（形）	[~ konande]	آلوده کننده
7	小学教师、教员	（名）	[amoozegār]	آموزگار
22	有教育意义的	（名）	[āmoozande]	آموزنده
17	学会、学习	（名）	[āmoozeedan /āmookht(āmooz)]	آموزیدن /آموخت(آموز)
22	混合、掺和、加入	（动）	[āmeekhtan]	آمیختن(آمیز)
2	如此……	（副）	[ānghadr]	آنقدر
27	挂起、吊起、悬着、垂着	（动）	[āveekhtan]	آویختن(آویز)
3	安静的(地)、缓慢的（地）、轻轻的（地）	（形、副）	[āheste]	آهسته
25	鹿	（名）	[āhoo]	آهو

ا

17	开始、最初	（名）	[ebtedā']	ابتداء
27	= همیشه		[abad]	ابد
29	发明、创造、创作	（名）	[ebdā']	ابداع
2	云、云彩	（名）	[abr]	ابر
8	阿布阿里·西拿人	（名）	[aboo alee seenā]	ابو علی سینا
24	阿布雷杭·比仑尼	（人名）	[abooreihān- beeroonee]	ابوریحان بیرونی
3	事故、事情、事变、一致、联合	（名）	[ettefāgh(ettefāghāt)]	اتفاق(اتفاقات 复)
29	依靠、支持、支柱	（名）	[etteka']	اتکاء
27	原子	（名）	[atom]	اتم
7	（文学）作品	（名）	[asar(āsār)]	اثر (آثار 复)
2	影响、作用、现象、痕迹、迹古	（名）	[asar (āsār/asarāt)]	اثر(آثار،اثرات 复)
9	集聚、集合、社会	（名）	[ejtemā']	اجتماع
3	尊敬、尊重	（名）	[ehterām]	احترام
13	可能、大约、大概	（副）	[ehtemālan]	احتمالاً

1	感觉、知觉	（名）	[ehsas]	احساس
	感觉、觉得	（动）		~ کردن
29	发明、创造	（名）	[ekhterā']	اختراع
	发明、创造	（动）		~ کردن
22	道德、道义、品德、品行	（名）	[akhlāgh]	اخلاق
29	管理、经营、主持	（名）	[edāre]	اداره
	管理、经营、主持	（动）		~ کردن
22	礼仪、礼貌、礼节、教养、涵养	（名）	[adab]	ادب(آداب复)
18	硬说、声称	（名）	[ede'ā]	ادعا
	硬说、声称	（动）		~ کردن
27	意志、意向	（名）	[erāde]	اراده
20	阿尔德希尔	（名）	[ardesheer]	اردشیر
7	便宜的、廉价的	（形）	[arzān]	ارزان
29	有价值的	（形）	[arzeshmand]	ارزشمند
28	（旅行后带来的）礼物	（名）	[armaghān]	ارمغان
30	尽管、虽然	（连）	[arche]	ارچه = اگرچه
4	使……消灭、使……消亡、消灭、消亡	（动）	[az beyn ~]	از بین بردن ~ رفتن
22	放弃、丧失、失掉	（动）	[~]	از دست دادن
6	失去功能	（动）	[az kār ~]	از کار افتادن
23	玩具	（名）	[asbāb bāzee]	اسباب بازی
13	雇用、聘用、聘请、招聘	（名）	[estekhdām]	استخدام
	被雇用、被聘用	（动）		~ شدن
23	开采、采掘	（名）	[estekhrāj]	استخراج
		（动）		~ کردن
16	骨	（名）	[ostokhān]	استخوان
29	才能、能力、天资	（名）	[este'dād]	استعداد
18	牢固的、巩固的、坚固的	（形）	[ostovār]	استوار
	加强、巩固、加固	（动）		~ شدن ~ کردن
27	神秘的、奥妙的、秘密的	（形）	[asrār āmeez]	اسرار آمیز
27	秘密、机密	（名）	[asrār(serr)]	اسرار(سر单)
11	错误	（名）	[eshtebāh]	اشتباه
	犯错误	（动）		~ کردن
	搞错、认错（人）	（动）		~ گرفتن
22	人、个人、本人	（名）	[ashkhās(shakhs)]	اشخاص(شخص单)
24	流泪的	（形）	[ashkbār]	اشکبار

13	占领、侵占	（名）	[eshghāl]	اشغال
8	孩子、小孩、儿童	（名）	[atfāl(tefl)]	اطفال(طفل单)
14	消息、通知、(机场)问讯处	（名）	[ettelā'āt]	اطّلاعات(اطّلاع单)
29	相信、坚信、确信	（名）	[e'temād]	اعتماد
18	成员、器官、肢体	（名）	[a'zā(ozv)]	اعضاء(عضو单)
23	深度、深远	（名）	[a'māgh(omgh)]	اعماق(عمق单)
9	多半的、大多数的；大部分、经常	（形）（副）	[aghlab]	اغلب
24	光荣、骄傲、自豪	（名）（动）	[eftekhār]	افتخار ~ کردن
18	增加、增长、增大、增进	（动）	[afzoodan(afzā)]	افزودن(افزا)
28	沮丧的、懊丧的	（形）	[afsorde]	افسرده
5	撒落、扩散、浇、洒	（动）	[afshāndan]	افشاندن(افشان)
14	投、扔、抛	（动）	[afkandan(afkan)]	افکندن(افکن)
7	至少、最低、最小限度	（副）	[aghallan]	اقلاً
21	洋、大洋	（名）	[oghyānoos]	اقیانوس
16	虽然	（连）	[agarche]	اگرچه
2	词、语	（名）	[alfāz]	الفاظ
17	字母表、字母	（名）	[alefbā]	الفباء
17	奥林匹亚	（地名）	[olempiyā]	المپیا
13	金刚石	（名）	[almās]	الماس
6	拒绝、谢绝、不干（某事）	（名）（动）	[emtenā']	امتناع ~ کردن
9	现在 如今现在的、如今的、目前的	（副）（形）	[emrooze]	امروزه
21	可能的	（形）	[emkānpazeer]	امکان پذیر
11	有希望的	（形）	[omeedvār]	امیدوار
13	少的、不多的、少量的、少时	（形）	[andak]	اندک
28	程度、大小、等级、尺寸	（名）	[andāze]	اندازه
20	در =	（介）	[andar]	اندر
22	忠告、劝告、嘱咐、箴言	（名）	[āndarz]	اندرز
22	积蓄、积累	（动）	[andookhtan]	اندوختن(اندوز)
24	悲哀的、伤心的、悲痛的	（形）	[andooh]	اندوه
28	悲伤的、忧愁的、忧郁的	（形）	[andoohnāk]	اندوهناک
14	思考、思索、考虑、沉思	（动）	[andeesheedan]	اندیشیدن(اندیش)
21	能源	（名）	[enerjhee]	انرژی
18	但愿如此	（叹）	[enshā' allah]	انشاء الله

5	葡萄	（名）	[angoor]	انگور
25	阿努希拉旺	（人名)	[anowsheervān]	انوشیروان
7	月末、下旬、近来	（名）	[avākher(ākhar)	اواخر(آخر)
10	恶魔	（名）	[ahreeman]	اهریمن
17	意义、重要性	（名）	[ahammiyyat]	اهمّیّت
14	意大利	（国名）	[eetāleeyā]	ایتالیا
29	埃里温(亚美尼亚共和国首都	(地名）	[eeravān]	ایروان
12	站、站立、站起	（动）	[eestādan(eest)]	ایستادن(ایست)
26	站、车站、停车处	（名）	[eestgāh]	ایستگاه
				ب
7	虽然	（连）	[bā ān ke]	با آن که
15	是	（动）	[bād]	باد = باشد
24	= باشد	（动）	[bādā]	بادا
10	果实、成果、重物、货物	（名）	[bār]	بار
24	再、又、还	（副）	[bāz]	باز
	再说一次、复述、转述	（动）	[~ goftan]	~ گفتن
28	复述、转达	（动）	[bāz ~]	باز آوردن
14	停住、不再做（某事）	（动）	[bāz ~]	باز ایستادن
14	返回、后退	（动）	[bāz ~]	باز گشتن
12	瓦吉尔市场	（地名）	[bāzār-e vakeel]	بازار وکیل
28	商人	（名）	[bāzargān]	بازرگان
28	敞开	（动）	[bāzmāndan]	بازماندن
1	上臂、肘	（名）	[bāzoo]	بازو
17	体育馆、健身房、俱乐部	（名）	[bāshgāh]	باشگاه
18	原因、缘故、理由	（名）	[bā 'es]	باعث
	引起……、导致……、使得……	（动）		~ شدن
1	园丁、花匠	（名）	[bāghbān]	باغبان
12	小花园、小庭院	（名）	[bāghche]	باغچه
2	留下的、剩下的、剩余的	(形、名）	[bāghee]	باقی
	留下、剩下	（动）		~ماندن(~مان)
16	翅膀	（名）	[bāl]	بال
17	顾拜旦（Balon Pierre Coubertin）（人名）			بالون پییرکوبر تین۱۹۳۷ - ۱۸۶۳
24	枕头、床边（尤指病人床边）	（名）	[bāleen]	بالین
22	早晨、黎明	（名）	[bāmdād]	بامداد
	在早晨、在黎明时	（副）		

1[illegible]	聪明的、有才智的、敏慧的	（形）	[bāhoosh]	باهوش
7	适时的、适当的、得体的	（形、副）	[bejā]	بجا
13	= بچگانه	(副)	[bachegānee]	بچگانی
21	危机	（名）	[bohrān]	بحران
2	汽、蒸汽、水蒸气	（名）	[bokhār]	بخار
15	饶恕、宽恕、原谅	（名）	[bakhshāyesh]	بخشایش
20	给、献给	（动）	[bakhsheedan]	بخشیدن(بخش)
15	= بود	（动）	[bod]	بد
18	讨厌、反感	（动）	[bad ... ~]	بد ... آمدن
6	不幸、不巧	（副）	[badbakhtāne]	بدبختانه
8	得到、取得、获得	（动）	[bedast ~]	بدست آوردن
5	籽、种子	（名）	[bazr]	بذر
17	平等	（名）	[barābaree]	برابری
17	兄弟关系、兄弟情谊	（名）	[barādaree]	برادری
25	尖锐的、锐利的	（形）	[borrān]	برّان
29	掀起、建立、创立、把…立起来	（动）	[bar pā ~]	بر پا کردن
4	相碰撞、相遇	(名）	[bar khord]	برخورد
14	与…相遇、遇见	（动）	[barkhordan]	برخورد کردن
28	享用的、得到的、受益的	（形）	[barkhordār]	برخوردار
13	相碰、相遇、遇见	（动）	[bar khordan]	برخوردن
29	忍耐、耐性、坚韧性	（名）	[bordbāree]	بردباری
4	电、闪电	（名）	[bargh]	برق
20	掘起、挖出、刨出、铲除	（名）	[bar kandan(bar kan)]	برکندن(برکن)
12	举行、安排、建立	（动）	[bargozār ~]	برگزار شدن
19	说坏话	（名）	[badgooyee]	بدگویی
14	裸体的、光着的、赤裸裸的	（形）	[berahne]	برهنه
24	上气不接下气的、断断续续的、破裂的、断裂的	（形）	[boreede]	بریده
13	足够的（地）、充分的（地）	（形、副）	[bas]	بس
26	很多的、许多、多少、常	（形、副）	[basā]	بسا
1	卧床的（病人）	（形、名）	[bastaree]	بستری
		（动）		~شدن
24	亲友、亲属、	（名）	[bastegān(baste)]	بستگان(بسته 单)
	关上的、封闭的	（形）		
17	篮球	（名）	[basketbāl]	بسکتبال
23	瓶	（名）	[botree]	بطری
10	不幸、灾难	（名）	[balā']	بلاء

总生词表

1	夜莺	（名）	[bolbol]	بلبل
2	高、高度、高低、高地、长度	（名）	[bolandee]	بلندی
15	树根	（名）	[bon]	بن
21	因此	（连）	[banābar een]	بنابراین
29	建筑、建造、石匠或瓦匠手艺	（名）	[bannā-ee]	بنّایی
27	带子、绳子	（名）	[band]	بند
17	奴隶身份	（名）	[bandegee]	بندگی
13	企业、机关、商店	（名）	[bonghāh]	بنگاه
18	亚当的子孙	（名）	[banee ādam]	بنی آدم
17	基础、根基	（名）	[bonyād]	بنیاد
22	嗅、闻	（动）	[booyeedan]	بوییدن
27	بهتر =	（形）	[beh]	به
10	榅桲、木梨（植物）	（形）	[beh]	به
14	记起、想起、回忆起	（动）	[~ khāter ~]	به خاطر آوردن
24	赶出、撵出、排挤出	（动）	[bedar ~]	به در کردن
13	对……有用	（动）	[~ dard ~]	به درد خوردن
4	启动、开始工作	（动）	[oftādan(oft)]	به کار افتادن (~افت)
7	绝对不、无论如何不	（副）	[~ vajh]	به هیچ وجه
13	春、春季	（名）	[bahārān]	بهاران
10	借口	（名）	[bahāne]	بهانه
6	改善、改良、病愈	（名）	[behbood]	بهبود
11	巴赫拉姆	（人名）	[bahrām]	بهرام
5	利益、利润、收成、收获	（名）	[bahre]	بهره
19	享有……的、受益的、获利的	（形）	[bahremand]	بهره مند
11	不伤人的、不得罪人的	（形）	[bee āzār]	بی آزار
18	无缘无故的、不适当的	（形）	[beejahat]	بی جهت
18	无缘无故的、昏迷的、失去知觉的	（形）	[beekhod]	بی خود
18	无生气的、无精打采的、无生命的、乏味的	（形）	[beerooh]	بی روح
7	哑的、不能说话的	（形）	[bee zabān]	بی زبان
7	无害的、无亏损的	（形）	[bee zeeyān]	بی زیان
22	无人监护的、无人照管的	（形）	[~ sarparast]	بی سرپرست
18	无忧无虑的、放心的	（形）	[bee gham]	بی غم
22	无益的（地）、无用的（地）、徒劳无益的（地）	（形、副）	[~ fāyede]	بی فایده

28	完全的(地)、一丝不差的(地)	（形、副）	[bee kam ~]	بی کم و کاست
12	无比的	（形）	[bee mesāl]	بی مثال
18	无的放矢的、不适当的	（形）	[bee mowred]	بی مورد
29	富裕的、有钱财的、无所需求的、不需要的	（形）	[beeniyāz]	بی نیاز
14	沙漠、荒原	（名）	[biyābān]	بیابان
5	无边无际的、无限的	（形）	[beekarān]	بیکران
20	铁锹、铲、锄头、犁铧	（名）	[beel]	بیل
8	生病的；病人	（形、名）	[beemār]	بیمار
1	医院	（名）	[beemārestān]	بیمارستان
17	国际的、世界的	（名）	[beynolmelalee]	بین المللی
24	眼力、视力、看法、见解	（名）	[beenesh]	بینش
3	无缘无故的（地）、白白的（地）、失去知觉的	（形、副）	[beehoode]	بیهوده

				پ
2	一步一步的（地）	（形、副）	[pā be pā]	پا به پا
8	国王、君主	（名）	[pādeshāh]	پادشاه
16	国王	（名）	[pādshah]	پادشه = پادشاه
16	笃信宗教的、波斯人	（名）	[pārsā]	پارسا
8	前年	（名）	[pārsāl]	پارسال
18	片断、碎片、小块、一部分	（名）	[pāre]	پاره
	被撕碎、被扯破	（动）		~ شدن
25	撕碎、撕破	（动）	[pāre ~]	پاره کردن
24	回答、回应	（名）	[pāsokh]	پاسخ
		（动）		~ دادن
20	内心纯洁的、心灵高尚的	（形）	[pāk jān]	پاک جان
18	橡皮、擦除器	（名）	[pāk kon]	پاک کن
5	心地纯洁的、好心肠的	（形）	[pākdel]	پاکدل
15	出身高贵的、贵人	（名）	[pākzād]	پاکزاد
23	炼油厂	（名）	[pālāyeshgāh]	پالایشگاه
6	大衣、外衣	（名）	[pālto]	پالتو
5	结束	（名）	[pāyān]	پایان
	结束、完成	（动）		~ یافتن
30	坚持的、持久的	（形）	[pāydār]	پایدار
21	毯子、被子	（名）	[patoo]	پتو
9	接见、接待	（名）	[pazeerāyee]	پذیرایی
		（动）		~ کردن

11	接受、接收、接见、接纳、接待、招待	（动）	[pazeeroftan(pazeer)]	پذیرفتن(پذیر)
29	激动的、兴奋的、热情的、活跃的	（形）	[por-shoor]	پرشور
19	充满	（动）	[por ~]	پر کردن
4	扔、抛、投、掷、发射	（名） （动）	[partāb]	پرتاب ~ کردن
4	光、光线、光辉	（名）	[partow]	پرتو
22	崇拜、崇敬	（动）	[parasteedan]	پرستیدن(پرست)
24	质问、疑问、询问、问题	（名）	[porsesh]	پرسش
4	鸟、飞禽；会飞的、飞翔的	（名、形）	[parande]	پرنده
11	飞、飞行	（名） （动）	[parvāz]	پرواز ~ کردن
10	培育、培植、养殖	（动）	[parvarandan]	پروراندن(پرور)
16	帕尔温	（人名）	[parveen]	پروین
22	避免、节制	（名）	[parheez]	پرهیز
6	医生、大夫	（名）	[pezeshk]	پزشک
24	医生的、医学	（形、名）	[pezeshkee]	پزشکی
20	寻找、打听、调查、探求、搜索	（动）	[pajhooheedan(pajhooh)]	پژوهیدن(پژوه)
7	归还、退还	（动）	[pas ~]	پس دادن
2	乳房	（名）	[pestān]	پستان
2	低地、低贱	（名）	[pastee]	پستی
18	走过、度过、忘掉、置之脑后	（动）	[poshte sar ~]	پشت سر گذاشتن
17	支持、保护、支援	（名） （动）	[poshteebānee]	پشتیبانی ~ کردن
15	蚊子	（名）	[pashe]	پشه
28	懊悔的、后悔的 懊悔、后悔	（形） （动）	[pasheemān]	پشیمان
23	塑料的	（形）	[pelāsteekee]	پلاستیکی
12	楼梯、阶梯、台阶	（名）	[pelle(pellekān)]	پله (پلکان 复)
19	掩蔽所、掩体、避难所	（名）	[panāhgāh]	پناهگاه
7	劝告、教导 劝告、教导	（名） （动）	[pand]	پند ~ دادن
26	躲藏起来、隐藏起来	（形、副）	[penhān]	پنهان
20	男孩、儿子	（名）	[poorān]	پوران(پور 单)
16	皮肤、兽皮、树皮、壳	（名）	[poost]	پوست
2	外层、表皮、壳、薄膜	（名）	[pooste]	پوسته

23	外壳、遮盖物、罩	（名）	[pooshesh]	پوشش
19	阔的、宽的、宽广的、扁平的	（形）	[pahn]	پهن
10	宽、宽度	（形）	[pahnā]	پهنا
27	广阔的、辽阔的、广大的、宽广的	（形）	[pahnāvar]	پهناور
4	领悟、领会、明白、理解、懂	（动）	[pey bordan]	پی بردن
27	不断地、断断续续地、不间断地	（形）	[pey dar pey]	پی در پی
29	连续不断的、持续的、 坚持不懈的、顽强的	（形）	[pey geer]	پی گیر
3	步行的、徒步的	（形）	[piyāde]	پیاده
	下车、下船、下台、下马	（动）		~ شدن
3	人行道、便道、步行者	（名）	[piyāde row]	پیاده رو
28	消息、信息	（名）	[payām]	پیام
	捎信儿、告诉、传达、转达	（动）		~ آوردن/ رساندن
26	弯曲、弯处、蜿蜒、盘绕	（名）	[peech]	پیچ
4	出现、显现、发现	（名）	[peydāyesh]	پیدایش
16	胜利、顺利、成功	（名）	[peeroozee]	پیروزی
3	遵循、遵守、跟随、学……样子	（名）	[peyravee]	پیروی
6	预见、预料、预报	（名）	[peesh beenee]	پیش بینی
	预见、预料、预报	（动）		~ کردن
17	在前边、在……之前； 从前、面对面	（介、副）	[peeshāpeesh]	پیشاپیش
1	前额、额头	（名）	[peeshānee]	پیشانی
21	建议、提议	（名）	[peeshnahād]	پیشنهاد
		（动）		~ کردن
20	先驱者、前辈	（名）	[peesheeniyān]	پیشینیان
17	乒乓	（名）	[ping pong]	پینگ پنگ
26	联结、连接	（名）	[peyvastan(peyvand)]	پیوستن(پیوند)
2	不断的（地）、连续的（地）、 连接上的（地）	（形、副）	[peyvaste]	پیوسته

				ت
8	剧院、戏院	（名）	[te'atr]	تئاتر
14	弯曲、翘曲、卷曲、铰接、打弯	（名）	[tāb]	تاب
	打弯、弯曲、蜿蜒、盘绕	（动）	[~ o ~]	پیچ وتاب خوردن
17	闪耀、发光、光泽	（名）	[tābandegee]	تابندگی
5	照耀	（动）	[tābeedan]	تابیدن(تاب)
10	皇冠、（鸟兽的）冠	（名）	[tāj]	تاج
4	黑暗的、昏暗的	（形）	[tāreek]	تاریک

4	黑暗、昏暗	（名）	[tāreekee]	تاریکی
16	创立、建立、成立、举行创建、建立、举行	（名）（动）	[ta'sees]	تأسیس ~ کردن/~ شدن
8	大厅	（名）	[tālār]	تالار
12	阿巴达纳宫殿	（建筑名）	[tālār-e āpādānā]	تالار آپادانا
24	编著、编辑	（名）	[ta'aleef]	تألیف
12	大不里士（伊朗阿塞拜疆省的省会）	（地名）	[tabreez]	تبریز
14	跳动、颤抖、悸动 （心）跳起来	（名）（动）	[tapesh]	تپش به ~ افتادن
16	山丘、岗	（名）	[tappe]	تپّه
17	实现、确信 实现、确信	（名）（动）	[tahaghghogh]	تحقق ~ یافتن(یاب)
29	忍耐、忍受	（名）	[tahammol]	تحمّل
12	御座、宝座、王位、床	（名）	[takht]	تخت
12	金銮殿	(建筑名)	[takhte jamsheed]	تخت جمشید
10	种子、籽	（名）	[tokhm]	تخم
8	渐进性、逐步、逐渐	（名）	[tadreej]	تدریج
23	拖拉机	（名）	[tractor]	تراکتور
4	歌曲、曲调	（名）	[tarāne]	ترانه = آواز
15	土、土壤	（名）	[torbat]	تربت = خاک
29	教育、训导、训练、培育	（动）	[tarbiyat ~]	تربیت کردن
7	次序 安排、编排、整理	（名）（动）	[tarteeb]	ترتیب ~ دادن
8	翻译、说明	（名）	[tarjome]	ترجمه
14	可怕的、害怕的、胆怯的	（形）	[tarsnāk]	ترسناک
4	进步、提高	（名）（动）	[taraghghee]	ترقی ~ کردن
24	离开、停止、断绝、戒除(烟、酒等)	（名）（动）	[tark]	ترک ~ کردن
14	制动器、闸、阀、刹车 刹住车	（名）（动）	[tormoz]	ترمز ~ کشیدن
10	香橼（植物）	（名）	[toranj]	ترنج
9	装饰、修饰、点缀、打扮	（名）（动）	[tazyeen]	تزیین ~ کردن
17	组织、组成、召开 组织、组成、召开	（名）（动）	[tashkeel]	تشکیل ~ دادن

		（动）		~ شدن / یافتن
17	鼓励、激励	（名）	[tashveegh]	تشویق
		（动）		~ کردن
3	相撞、相遇、冲突、（车、船、飞机等）失事	（名）	[tasadof]	تصادف
		（动）		~ کردن
23	提炼、过滤、澄清、净化	（名）	[tasfeeye]	تصفیه
				~ کردن
1	决定、决心	（名）	[tasmeem]	تصمیم
		（动）		~ داشتن/ گرفتن
23	想象、设想、猜测	（名）	[tasavvor]	تصوّر
	想象、设想、猜测、考虑、以为、打算	（动）		~ کردن
19	奇怪	（名）	[ta'job]	تعجب
	奇怪	（动）		~ کردن
3	表扬、赞扬、描述、描写、说明	（名）	[ta'reef(ta'reefāt)]	تعریف(تعریفات复)
6	修理	（名）	[ta'meer]	تعمیر
	修理	（动）		~ کردن
18	娱乐、消遣	（名）	[tafreeh]	تفریح
12	大概、大约	（副）	[taghreeban]	تقریباً
1	苦	（名）	[talkh]	تلخ
27	望远镜、天文望远镜	（名）	[teleskop]	تلسکوپ
13	接触、联系、联络	（名）	[tamās]	تماس
		（动）		~ گرفتن
17	好看的、值得看的、有趣的	（形）	[tamāshāyee]	تماشایی
17	娇滴滴的、懒惰的	（形）	[tanparvar]	تن پرور
	香橼（植物）	（名）	[toranj]	ترنج
29	惩罚、责备、责骂	（名）	[tanbeeh]	تنبیه
	惩罚、责备、责骂	（动）		~ کردن
25	雷	（名）	[tondar]	تندر= غرّش ابر
17	健康的、身体强壮的	（名）	[tandorost]	تندرست
29	富的、富裕的、有钱的（人）（形、名）		[tavāngar]	توانگر
14	一堆、堆积、小丘、群众、人民	（名）	[toode]	توده
5	干粮、行装	（名）	[tooshe]	توشه
28	停止、中断、停留	（名）	[tavaghghof]	توقف
	停止、中断、停留	（动）		~ کردن
26	隧道、地道、坑道、隧洞	（名）	Tunnel	تونل
22	空的、真空的	（名）	[tohee]	تهی

13	黑的、黑暗的、昏暗的	（形）	[teere]	تیره
2	尖、尖锐、锋利、快、迅速	（名）	[teezee]	تیزی
17	队、组	（名）	[teem]	تیم

ج

	地方、地点、地位、时宜	（名）	[jā]	جا
3	大道、公路	（名）	[jādde]	جادّه
13	扫帚	（名）	[jāroo]	جارو
	打扫、扫除	（动）		~ کشیدن(کش)
29	衣服、外衣、外套	（名）	[jāme]	جامه
11	生、生命	（名）	[jān]	جان
	死、送命	（动）		~ دادن
23	动物、野兽、牲畜；有生命的	（名、形）	[jānevar]	جانور
5	永恒的、永久的、不朽的 永久	（形、副 （名）	[jāvedān]	جاودان
25	永恒	（名）	[jāvdānee]	جاودانی = همیشگی
24	无知的、未受教育的、愚昧的	（形）	[jāhel]	جاهل
29	巴尔巴格契邦	（人名）	[jabbār bāghchebān]	جبّار باغچه بان
7	努力地、竭力地、严肃地、严厉地、认真地	（副）	[jeddan]	جدّاً
4	火星、火花	（名）	[jaraghghe]	جرقه
17	过程、流程、进程	（名）	[jarayān]	جریان
22	除、除……之外	（介）	[joz]	جز
21	岛、岛屿	（名）	[jazāyer(jazeere)]	جزایر(单جزیره)
14	寻找、找到	（动）	[jostan(jooy)]	جستن(جوی)
8	身体、躯体	（名）	[jesm]	جسم
17	身体的、躯体的	（形）	[jesmee]	جسمی
24	地理、地理学	（名）	[joghrāfiyā]	جغرافیا
23	平原	（名）	[jolge]	جلگه
27	集合、收集	（名）	[jam' āvaree]	جمع آوری
30	动、颤动、摇动	（动）	[jonbeedan]	جنبیدن(جنب)
29	争吵、吵嘴、口角、打架	（名）	[janjāl]	جنجال
9	战争	（名）	[jang]	جنگ
29	战斗、作战、打仗	（动）	[jangeedan(jang)]	جنگیدن(جنگ)
25	大麦	（名）	[joo]	جو
25	核桃 = گرد	（名）	[jowz]	جوز
25	沸腾的、激昂的	（形）	[jooshān]	جوشان = جوشنده
13	沸腾	（动）	[joosheedan]	جوشیدن(جوش)

24	寻找……的、探求……的、打听……的、询问……的	（形）	[jooyā]	جويا
				~ گشتن/شدن
19	见过世面的	（形）	[jahān deede]	جهان ديده
20	世界征服者	（名）	[jahānsetān]	جهان ستان
22	周游（世界）、环游、旅游	（名）	[jahāngardee]	جهانگردی
24	傻、愚笨、无知	（名）	[jahl]	جهل
4	跳跃、跳动、躲过	（动）	[jaheedan(jah)]	جهيدن(جه)

چ

25	敏捷的（地）、灵活的（地）	（形、副）	[chābok]	چابک
17	灵敏、敏捷	（名）	[chābokee]	چابکی
11	出路、办法	（名）	[chāre]	چاره
6	胖的	（形）	[chāgh]	چاق
23	井	（名）	[chāh]	چاه
10	伞、扇形物	（名）	[chart]	چتر
4	燧石、火石	（名）	[chākhmāgh]	چخماق
3	（交通）指示灯	（名）	[cherāghe rāhnemāyee]	چراغ راهنمايی
13	轮、车轮	（名）	[charkh]	چرخ
	~旋转	（动）		~ زدن
2	旋转、转动、绕着……转自转	（动）	[charkheedan(charkh)]	چرخيدن(چرخ)
25	伶俐的（地）、敏捷的（地）	（形、副）	[chost]	چست = چابک
13	泉、泉水、喷泉	（名）	[cheshme]	چشمه
23	（详细）情况、情节、来龙去脉、方式	（名）	[chegoonegee]	چگونگی
7	怎样、如何	（代）	[chegoone]	چگونه
10	草地、草坪	（名）	[chaman]	چمن
15	梧桐树	（名）	[chenār]	چنار
2	由于、因为	（连）	[cho]	چو = چون
14	木棍、手杖、拐杖	（名）	[choobdast]	چوبدست
3	十字路口	（名）	[chahār rāh]	چهار راه
26	脸、面容、面貌	（名）	[chehre]	چهره
2	褶皱、皱纹	（名）	[cheen]	چين
	出现褶皱、起皱纹、（衣）打褶或起褶皱	（动）		~ خوردن

ح

22	收获、收成、收入、收益、结果	（名）	[hāsel]	حاصل
	获得的	（形）		

21	封闭、禁闭、入狱、查封	（名）	[habs]	حبس
		（动）		~ کردن
6	甚至	（连）	[hattā]	حتّی
16	限度、界限、程度	（名）	[hadd(hodood)]	حدّ(حدود复)
25	觊觎、贪心	（名）	[hers]	حرص
29	手艺、行业、职业、工作	（名）	[herfe]	حرفه
17	字母	（名）	[horoof]	حروف(حرف单)
21	计算、算账、账目	（名）	[hesāb]	حساب
	计算、核算、认为、看作	（动）		~ کردن
5	美好、美丽、良好	（名）	[hosn]	حسن
	哈桑	（人名）	[hasan]	حسن
9	先知的助手伊斯兰帝国第一任哈里法		[hazrat e alee]	حضرت علی(ع)
12	（对上级的尊称）您 光临、出席	（名）	[hozoor]	حضور
23	挖、钻掘	（名）	[hafr]	حفر
		（动）		~ کردن
3	权利、权力、费用、报酬、 正义、真理	（名）	[haghgh(hoghoogh)]	حقّ (حقوق复)
10	真正地、实在地、事实上	（副）	[haghghan]	حقاً
10	轻视、蔑视	（名）	[heghārat]	حقارت
13	真理、实质、本质、现实、 事实、实际、真诚、诚挚	（名）	[hagheeghat]	حقیقت(حقایق复)
9	英雄的、史诗般的	（形）	[hamāsee]	حماسی
26	搬运、运输、装载	（名）	[haml]	حمل
10	进攻、攻击	（名）	[hamle]	حمله
19	阴谋、诡计	（名）	[heele]	حیله
4	动物、牲畜、野兽	（名）	[heyvān]	حیوان(حیوانات复)

خ

6	仆人、雇工、侍从、宦官、太监	(名)	[khādem]	خادم
13	荆棘、刺	（名）	[khār]	خار
30	花岗石、顽石、大理石	（名）	[khārā]	خارا = سنگ سخت
14	干草	（名）	[khāshāk]	خاشاک
23	灰	（名）	[khākestar]	خاکستر
13	斑点	（名）	[khāl]	خال
4	生的、不熟的、未成熟的、 未加工的	（形）	[khām]	خام

4	熄灭的、安静的、无声的	（形）	[khāmoosh]	خاموش
	熄灭、安静	（动）		~ کردن / ساختن
19	家养的、家里的	（形）	[khānegee]	خانگی
18	害羞、难为情、羞耻	（名）	[khejālat]	خجالت
	害羞、难为情	（动）		~ کشیدن
10	害羞的、惭愧的	（形）	[khejel]	خجل
12	真主、老天爷、上帝	（名）	[khodāvand]	خداوند
13	小的、微小的	（形）	[khord]	خرد
17	理智、智慧、聪明	（名）	[kherad]	خرد
10	清新的、郁郁葱葱的	（形）	[khorram]	خرّم
22	堆、谷堆、收获物	（名）	[kherman/ kharman]	خرمن
13	吼叫	（动）	[khoroosheedan]	خروشیدن(خروش)
3	采购、购买	（名）	[khareed]	خرید
12	薛西斯	(人名）	[khashāyārshā]	خشایارشا
30	砖坯	（名）	[khesht]	خشت
11	旱灾	（名）	[khoshksālee]	خشکسالی
11	陆地、旱地	（名）	[khoshkee]	خشکی
18	特点、特性	（名）	[khosoos]	خصوص
	特别是、尤其是	（副）		به ~
34	线、线条、笔迹、书法、字体、（公共汽车等）路	（名）	[khatt (khotoot)]	خطّ(خطوط复)
	划了线的	（形）	[~ keshee shode]	~ کشی شده
34	危险	（名）	[khatar(khatarāt)]	خطر(خطرات复)
4	危险的、冒险的	（形）	[khatarnāk]	خطرناک
2	睡觉	（动）	[khoftan(khāb)]	خفتن(خواب)
20	平息、静息、停止	（动）	[khoftan]	خفتن(خواب)
21	解救、拯救、结束、	（名）	[khalās]	خلاص
	解脱被解放的、被拯救的	（动）		~ شدن
29	提要、纲要、梗概	（名）	[kholāse]	خلاصه
8	人民、人群	（名）	[khalgh]	خلق
14	微笑的（地）、 笑容满面的（地）	（形、副）	[khandān]	خندان
13	笑、讥笑	（名）	[khande]	خنده
28	长官、老爷	（名）	[khāje]	خواجه
28	请求	（名）	[khāhesh]	خواهش
15	利己者、自私者	（名）	[khodparast]	خودپرست
	妄自尊大的、自私的	（形）		

	总生词表			
6	克制、拒绝	（名）	[khod dāree]	خودداری
		（动）		~ کردن
6	喂、喂养、强让……吃	（动）	[khorāndan(khorān)]	خوراندن(خوران)
4	碰、相撞、触	（动）	[khordan]	خوردن (خور)
23	胡泽斯坦省（是伊朗南方的一个省，在波斯湾沿岸）	（地名）	[khoozestān]	خوزستان
28	悦耳的	（形）	[khosh āhang]	خوش آهنگ
7	口才好的	（形）	[khosh bayān]	خوش بیان
14	幸亏、万幸、幸福地	（副）	[khoshbakhtāne]	خوشبختانه
20	血	（名）	[khoon]	خون
6	思想、思考、打算、想法、想象、幻想、空想	（名）	[khiyāl(khiyālāt)]	خیال(خیالاتـ复)
	认为、想象、幻想	（动）		~ کردن

د

20	达拉	（人名）	[dārā]	دارا
1	药房、药铺、配药室	（名）	[dārookhāne]	داروخانه
24	药物学、药理学	（名）	[dāroo ~]	داروشناسی
12	大流士一世	（人名）	[daryoosh-e bozorg]	داریوش بزرگ
12	大流士三世	（人名）	[daryoosh-e sevvom]	داریوش سوّم
1	烙印；烫的、炽热的	（名、形）	[dāgh]	داغ
26	走廊、门厅、前厅	（名）	[dālān]	دالان
29	广阔的、广泛的、旷日持久的	（形、副）	[dāmanedār]	دامنه دار
6	有学问的（人）、知道的（人）、博学的（人）、英明的（人）	（形、名）	[dānā]	دانا
27	知识	（名）	[dānestanee]	دانستنی
18	学生、中学生	（名）	[dāneshāmooz]	دانش آموز
24	积累知识	（名）	[dāneshandoozee]	دانش اندوزی
15	搬谷粒的	（形）	[dāne kesh]	دانه کش
29	运行的、正在工作的、开工的	（形）	[dāyer]	دایر
	运行、开工、开办	（动）		~ کردن
8	小学	（名）	[dabestān]	دبستان
21	遭受到……的、遇到……的	（形）	[dochār]	دچار
		（动）		~ شدن
30	珍珠	（名）	[dor]	در
5	在……后面、跟随	（介）	[dar pey]	در پی
14	在……情况下，一面……一面、而	（连）	[dar hālee ke...]	در حالی که ...

30	坚持、抵抗(过去时第三人称单数)	（动）	[darestād]	دراستاد = ایستادگی کرد
30	坚持、固执、不屈不挠	（名）	[ebrām]	ابرام
	坚持、固执、不屈不挠	（动）		~کردن
15	掉下、落下	（动）	[dar oftee]	درافتی = بیفتی
6	王宫、宫廷、宫殿	（名）	[darbār]	دربار
12	关于	（介）	[darbāre]	درباره
6	度、度数、级、学位、头衔	（名）	[daraje(darajāt)]	درجه(درجات复)
10	植树	（名）	[derakhtkāree]	درختکاری
29	谈心、交心、推心置腹	（动）	[dard-e del ~]	درد دل کردن
8	制作、安排、整理、修正	（动）	[dorost ~]	درست کردن
16	读书的、用功的、学生	（形）	[darskhān]	درسخوان
7	大的、粗糙的、坚硬的	（形）	[dorosht]	درشت
8	逝世、去世	（动）	[dar ~]	درگذشتن(گذر)
8	治疗、疗法	（名）	[darmān]	درمان
2	山谷、峡谷、豁口	（名）	[darre]	درّه
29	小窗、小门、天窗、气门、小口、小孔	（名）	[dareeche]	دریچه
19	放手、撒手、罢休	（名）	[dast bar dāshtan]	دست بر داشتن
19	可得到的、可达到的、力所能及的	（形）	[dast res]	دست رس
16	器具、机器、装置、仪器	（名）	[dastgāh]	دستگاه
12	指示、命令	（名）	[dastoor]	دستور
	发指示、发命令	（动）		~ دادن
5	平原、田地	（名）	[dasht]	دشت
4	敌人、仇人	（名）	[doshman]	دشمن
19	仇恨、仇视、憎恶	（名）	[doshmanee]	دشمنی
27	困难、艰难、艰苦	（名）	[doshvāree]	دشواری
4	邀请、宴请、号召、召集	（名）	[da'vat]	دعوت
		（动）		~ کردن
16	认真、注意、集中精力	（动）	[deghat ~]	دقت کردن
8	博士学位	（名）	[doktorā]	دکترا
15	= دیگر	（形）	[degar]	دگر
7	心脏、中心、胃、肚子	（名）	[del]	دل
29	倾心、钟情、留恋、迷恋、对……感兴趣、向往、依靠	（动）	[del ~]	دل بستن
20	勇士；勇敢的、无畏的	（名、形）	[delāvar]	دلاور
11	苦闷的、发愁的、寂寞的	（形）	[deltang]	دلتنگ
	发愁、苦闷、寂寞	（动）		~ شدن

15	片刻、瞬间、一刹那、呼吸	（名）	[dam]	دم
30	香气扑鼻的	（形）	[demāghparvar]	دماغ پرور
1	追随、末端、尾部	（名）	[donbāl]	دنبال
1	药、药剂、药品	（名）	[davā]	دوا
5	跑着的（地）、奔跑的（地）	（形、副）	[davān]	دوان
11	再一次、重新、第二次	（副）	[do bāre]	دوباره
3	绕圈子、绕远	（动）	[door ~]	دور کردن
14	孤僻的、荒僻的、遥远的、远离……的	（形）	[door oftāde]	دورافتاده
27	远方的、遥远的、偏僻的	（形）	[doordast]	دوردست
13	学程、训练班、届	（名）	[dowre]	دوره
11	离别、分离、回避、远距离	（名）	[dooree]	دوری
24	爱……的、对……有好感的	（形）	[doostdār]	دوستدار
18	友爱、友好	（名）	[doostee]	دوستی
19	交朋友	（动）	[doostee ~]	دوستی کردن
16	肩、肩膀	（名）	[doosh]	دوش
17	奔跑的、奔驰的；奔跑者、赛跑者	（形）（名）	[davande]	دونده
5	村庄、乡村、农村	（名）	[deh]	ده
5	农民、土地占有者	（名）	[dehghān]	دهقان
2	嘴	（名）	[dahan = dahān]	دهن = دهان
21	二氧化碳	（名）	[dee okseed karbon]	دی اکسید کربن
12	参观、访问、拜访	（动）	[deedan ~]	دیدن کردن
12	好看的、值得看的；会见	（形、名）	[deedanee]	دیدنی
16	眼睛	（名）	[deede]	دیده
27	很久以前的、老早的、自古以来的	（形）	[deerbāz]	دیرباز
25	过去的、古老的	（名）	[deereen]	دیرین
24	宗教、信仰、信教	（名）	[deen]	دین
9	宗教的、信教的	（形）	[deenee]	دینی
25	疯狂的（人）	（形、名）	[deevāne]	دیوانه

ذ

21	贮藏、贮存、蕴藏	（名）	[zakhā'er(zakheere)]	ذخائر(ذخیره)(单)
	尘埃、微粒、细末	（名）	[zarre(zarrāt)]	ذره (ذرآت)(复)
21	溶化、溶解	（动）	[zowb]	ذوب شدن
29	爱好、兴趣、鉴赏力	（名）	[zowgh]	ذوق
29	理解、领悟、智力、记忆、思想、思维	（名）	[zehn]	ذهن

ر

21	放射引起的、（原子）放射性的	（形）	[(英)Radioactive]	رادیواکتیو
25	秘密、机密	（名）	[rāz]	راز
27	腿、大腿	（名）	[rān]	ران
3	驾驶、赶出、驱逐	（动）	[rāndan]	راندن(ران)
3	司机、驾驶员	（名）	[rānande]	راننده
3	铁路	（名）	[rāh āhan]	راه آهن
2	让路、让……通过	（动）	[rāh ~]	راه دادن
26	过道、通道、走廊	（名）	[~ row]	راهرو
3	指路、向导、领导、指导	（名）	[rāhnemāyee]	راهنمایی
8	免费的、拾到的、徒劳无益的	（形）	[rāyegān]	رایگان
10	夺走、抢走、偷窃	（动）	[roboodan(robāy)]	ربودن(ربای)
15	怜悯、仁慈、慈善	（名）	[rahmat]	رحمت
5	行李、衣服、家具	（名）	[rakht]	رخت
	打点行李、搬家	（动）		~ بستن
3	拒绝、反驳；拒绝的、回击的	（名、形）	[radd]	ردّ
	拒绝、反驳	（动）		~ شدن
17	阅兵、检阅、队列、队伍	（名）	[rejhe]	رژه
	检阅、游行	（动）		~ رفتن
17	游行者	（名）	[~ ravande]	رژه رونده
9	风俗、习惯、常规、仪式、礼仪	（名）	[rosoom(rasm)]	رسوم(رسم单)
18	线、绳、联系、纽带	（名）	[reshte]	رشته
16	农夫、庶民	（名）	[ra-iyyat]	رعیّت
28	共事、友好、友谊	（名）	[refāghat]	رفاقت
3	来往、交通、交往、联系	（名）	[raft o āmad]	رفت و آمد
17	竞争、竞赛、抗争	（名）	[reghābat]	رقابت
26	脉、血管	（名）	[rag]	رگ
5	疾苦、劳苦、痛苦、磨难	（名）	[ranj]	رنج
20	劳苦、受苦、受难、受折磨	（动）	[ranj bordan]	رنج بردن
15	疲惫不堪的、劳累的	（形）	[ranje]	رنجه
16	生气	（动）	[ranjeedan]	رنجیدن(رنج)
13	五颜六色的、彩色的	（形）	[rangeen]	رنگین
19	狐狸	（名）	[roobāh]	روباه
17	心灵的、精神的	（名）	[roohee]	روحی
26	时间、年月、岁月	（名）	[roozegār]	روزگار
24	行为、方式、方法、态度	（名）	[ravesh]	روش
4	光、光亮、闪光、亮度、光明	（名）	[rowshanāyee]	روشنایی

29	兴旺、兴隆、繁荣、景气	（名）	[rownagh]	رونق
27	事件、大事	（名）	[rooydād]	رویداد
10	成长、生长、长出	（动）	[rooyeedan(rooy)]	روییدن(روی)
11	被释放的、被放开的、被松开的	（形）	[rahā]	رها
	释放、放开、放出、解放、解救	（动）		~ کردن
30	راه =	（名）	[rah]	ره
16	强盗	（名）	[rahzan]	رهزن
10	过路人	（名）	[rahgozār]	رهگذر
24	数学家	（名）	[riyāzeedān]	ریاضیدان
14	流出、倾注、落下、塌陷	（名）	[reezesh]	ریزش
14	利兹阿里	（人名）	[reez alee]	ریز علی
3	铁轨	（名）	[reil]	ریل
				ز
2	生（孩子）	（动）	[zādan]	زادن (زای)
16	烦劳、麻烦、辛苦、辛劳、劳动	（名）	[zahmat]	زحمت
10	祆教徒、拜火教徒	（名）	[zartoshteeyān]	زرتشتیان(زرتشتی单)
21	煤、炭	（名）	[zoghāl]	زغال
30	晶莹的；清澈的水	（形、名）	[zolāl]	زلال
4	时间、时期、时代	（名）	[zamān]	زمان
	时态	（语）		
2	地、陆地、土地、地球	（名）	[zameen]	زمین
17	活的	（形）	[zende]	زنده
21	剩余、过剩、余额	（名）	[zavāyed (zāyede)]	زوائد/ زواید(زایده单)
12	消失、衰亡、消灭、灭亡	（名）	[zavāl]	زوال
15	强力、武力、压力	（名）	[zoor]	زور
30	强大的、有力的	（形）	[zoorāzmāy]	زورآزمای
24	毒药	（名）	[zahr]	زهر
12	美丽、漂亮、优美	（名）	[zeebāyee]	زیبایی
13	地下室	（名）	[zeerzameen]	زیرزمین
2	生存、生命	（名）	[zeest]	زیست
28	از این =		[zeen]	زین
				ژ
13	露水、霜	（名）	[jhāle]	ژاله
27	法国著名作家	（人名）	[jhoolvern]	ژول ورن

س

8	做、作、制作	（动）	[sākhtan(sāz)]	ساختن(ساز)
15	蚊子	（名）	[sārkhak]	سارخک
13	平静的、安静的、沉默的	（形、副）	[sāket]	ساکت
8	年龄、岁	（名）	[sālegee]	سالگی
10	阴影、影子	（名）	[sāye]	سایه
14	泅水、游泳者	（名）	[sabbāh]	سبّاح
16	原因、缘故、理由；由于……	(名、介)	[sabab]	سبب
10	绿草坪	（名）	[sabzezār]	سبزه زار
28	感谢的、感激的	（形）	[sepasgozār]	سپاسگزار
20	交给、托付	（动）	[sepordan]	سپردن(سپر)
7	然后、后来	（副）	[sepas]	سپس
10	命运	（名）	[sepehr]	سپهر
24	天文学家、占星家	（名）	[setāre ~]	ستاره شناسی
20	被称赞的	（形）	[sotoode]	ستوده
12	圆柱、柱、支柱	（名）	[sotoon]	ستون
8	困难的(地)、艰难的（地)、严厉的（地)、厉害的（地)、硬的	（形、副）	[sakht]	سخت
30	顽固的、死硬的、固执己见的	（形）	[sakht sar]	سخت سر = سرسخت
5	话、语言、语句、讲话、谈话	（名）	[sokhan]	سخن
28	擅长讲话的	（形）	[sokhangoo]	سخنگو
19	青翠的、嫩绿的、新鲜的	（形）	[sarsabz]	سر سبز
28	重新开始、恢复	（动）	[sar ~]	سر گرفتن
29	榜样、典范	（名）	[sarmashgh]	سر مشق
20	房子、房间 (转)国土、土地	（名）	[sarā]	سرا
2	倾斜的、成斜坡的	（形、副）	[sarāzeer]	سرازیر
	向下、往下倾斜、倾泻	（动）		~ شدن
14	慌乱的（地）、惊慌失措的（地）、慌张的（地）	（形、副	[sarāseeme]	سراسیمه
16	自豪、高贵、光荣、荣誉	（名）	[sarafrāzee]	سرافرازی
8	结尾、终于、最终	（名、副）	[saranjām]	سرانجام
17	国家、领土、领域、地区	（名）	[sarzameen]	سرزمین
24	顽固的、固执己见的、顽强的	（形）	[sarsakht]	سرسخت
16	眼泪	（名）	[sereshk]	سرشك
8	速度、速率、快速、急速	（名、副）	[sor'at]	سرعت
2	生平、生涯、经历事件	（名）	[sargozāsht]	سرگذشت

29	流浪的、四处彷徨的、不知所措的	（形）	[sargardān]	سرگردان
27	忙于……的、埋头于……的、热衷……于的	（形）	[sar garm]	سرگرم
9	消遣、娱乐	（名）	[sargarmee]	سرگرمی
6	冷、寒冷	（名）	[sarmā]	سرما
20	财产	（名）	[sarmāye]	سرمایه
13	唱、唱歌、吟诗、作诗	（动）	[soroodan]	سرودن(سرای)
21	面、表面、水平、水平线	（名）	[sath(sotooh)]	سطح(سطوح复)
24	幸福	（名）	[sa'ādat]	سعادت
17	努力、勤奋	（名）	[sa'y]	سعی
19	委托、嘱咐、命令、指示	（名）	[sefāresh]	سفارش
	委托、嘱咐、命令、指示	（动）		~ کردن
27	飞船	（名）	[safeene]	سفینه
9	石凳、石座	（名）	[sakkoo]	سکو
19	狗	（名）	[sag]	سگ
8	帝王的、皇帝的、君主的	（形）	[soltanatee]	سلطنتی
2	方向、方面、边、方位	（名）	[samt]	سمت
9	传统的	（形）	[sonnatee]	سنّتی
11	乌龟	（名）	[sangposht]	سنگپشت
12	方向、方面	（名）	[soo(y)]	سو
7	苏乌松	（书名）	[soovashoon]	《سو و شون》
3	车行道	（名）	[savāre row]	سواره رو
14	哨声、口哨声、汽笛	（名）	[soot ~]	سوت
	打口哨、吹哨、鸣笛	（动）		~ زدن(زن)
7	利益、好处、利润、益处、用途	（名）	[sood]	سود
2	燃烧的、灼热的	（形）	[soozān]	سوزان
4	点燃、燃烧	（动）	[soozāndan(soozān)]	سوزاندن(سوزان)
30	不难的、容易的、轻而易举的	（形）	[sahl]	سهل
30	急流、洪水、水灾	（名）	[seyl]	سیل
21	洪水、水灾	（名）	[seylāb(seyl)]	سیلاب(سیل单)
30	嘴巴、耳光	（名）	[seelee]	سیلی
	打耳光	（动）		سیلی زدن
7	希蒙·达内西瓦尔	（人名）	[seemeen-e dāneshvar]	سیمین دانشور

ش

10	茂密的枝叶	（名）	[shākhsār]	شاخسار
1	树枝	（名）	[shākhe]	شاخه
18	精力充沛的、充满朝气的、愉快的	（形）	[shādāb]	شاداب

5	高兴的、快乐的、幸福的	（形、副）	[shādmān]	شادمان
7	（中、小）学生、学徒、弟子、帮工、店员、伙计	（名）	[shāgerd]	شاگرد
26	傍晚、晚间、晚饭	（名）	[shāmgāh]	شامگاه
13	运气、机会	（名）	[shāns]	شانس
12	国王、君主、波斯王	（名）	[shāh]	شاه
6	太子、王子、亲王	（名）	[shāhzāde]	شاهزاده
23	杰作、名著	（名）	[shāhkār]	شاهکار
10	帝王的、国王的、皇帝似的	（形）	[shāhvār]	شاهوار
18	适合的、适当的	（形）	[shāyastan]	شایستن(شای)
16	放牧	（名）	[shabānee]	شبانی
7	相似的、想象的	（形）	[shabeeh]	شبیه
28	匆忙、赶紧	（名）	[shetāb]	شتاب
26	骆驼	（名）	[shotor]	شتر
20	耕耘	（名）	[shokhm]	شخم
1	加剧、剧烈、厉害	（名）	[sheddat]	شدّت
	强烈地、剧烈地、激烈地	（副）		به ~
1	强烈的、剧烈的、严重的	（形）	[shadeed]	شدید
21	恶意、邪恶、不幸、灾难、危害、祸害、损失	（名）	[sharr(ashrār)]	شرّ (اشرار复)
	恶的、坏的、恶劣的	（形）		
27	叙述、解说、讲解、评述、注解	（名）	[sharh]	شرح
	陈述、描述、说明、介绍	（动）		~ دادن
3	条件、规定	（名）	[shart(sharāyet)]	شرط(شرایط复)
	条件是……、只要……	（连）		به شرطی که …
11	以……为条件、条件是、只要……	（连）	[be ~ een/ān ke]	به ~ این/آن که…
17	公司、参加	（名）	[sherkat]	شرکت
		（动）		~ کردن
17	参加者、参与者	（名）	[sherkat konande]	شرکت کننده
29	高尚的、高贵的、尊贵的、可敬的	（形）	[shareef]	شریف
18	参加者、同伴、合作者、股东	（名）	[shareek]	شریک
	成为……参加者、分担	（动）		~ کردن
9	棋、（国际）象棋	（名）	[shatranj]	شطرنج
17	口号、（作战时的）呐喊	（名）	[sho'ār]	شعار
	喊口号、（作战时的）呐喊、（体育运动时）喊加油	（动）		~ دادن
4	火苗、火焰、火舌	（名）	[sho'le]	شعله

19	豺狼	（名）	[shoghāl]	شغال
13	职业、工作、职责、岗位、职务	（名）	[shoghl]	شغل
18	怀疑、疑问、疑惑	（名）	[shak]	شک
	怀疑、猜疑	（动）		~ کردن
19	打猎、捕捉	（名）	[shekār]	شکار
	打猎、捕捉	（动）		~ کردن
19	狩猎的、打猎的	（形）	[shekāree]	شکاری
2	分裂、分离、裂缝、缺口	（名）	[shekāf]	شکاف
	产生裂缝，出现缺口	（动）		~ خوردن
17	失败、打破	（名）	[shekast]	شکست
	把……打败、战胜	（动）		~ دادن
16	折断、损失、骨折	（名）	[shekastegee]	شکستگی
2	打碎、打破、打败、破裂	（动）	[shekastan(shekan)]	شکستن(شکن)
2	开花	（动）	[shekoftan(shekof)]	شکفتن(شکف)
2	形式、方式、样式、形象	（名）	[shekl(ashkāl)]	شکل(اشکال)(复)
12	隆重、豪华、壮丽、宏伟	（名）	[shokooh]	شکوه
	隆重的、豪华的	（形）	[por ~]	پر ~
27	令人惊奇的、惊人的	（形）	[shegeft angeez]	شگفت انگیز
12	眼睛	（名）	[cheshm]	چشم
	被看见	（动）	[be cheshm ~]	به ~ خوردن
23	数、计算	（名）	[shomār]	شمار
	被算作、计算、被列入	（动）		به ~ رفتن/آمدن
24	数、数目、数字	（名）	[shomāre]	شماره
29	太阳的	（形）	[shamsee]	شمسی
25	剑	（名）	[shamsheer]	شمشیر
23	沙子、砂石、石砾、小碎石	（名）	[shen]	شن
18	开玩笑	（名）	[shookhee]	شوخی
	开玩笑	（动）		~ کردن
11	打开、解开、开始	（动）	[goshoodan]	گشودن(گشای)
17	热情、向往	（名）	[shoor]	شور
17	使人激动的、煽动性的	（形）	[shoorangeez]	شورانگیز
6	暖气片、供暖设备	（名）	[shofājh]	شوفاژ
19	强烈的愿望、渴望、兴致	（名）	[showgh]	شوق
	高兴起来、产生兴趣	（动）	[be ~ āmadan]	به ~ شوق آمدن
17	帝王的事迹	（名）	[shahnāme]	شهنامه
19	狮子	（名）	[sheer]	شیر

16	入迷的、激情的、着迷的、热衷于……的	（形）	[sheefte]	شیفته
	迷恋于……、热衷于……、着魔	（动）		~ بودن/ شدن
24	号啕大哭、哀号	（名）	[sheevan]	شیون
2	方法、方式	（名）	[sheeve]	شیوه

ص

23	出口的、输出的、发行的、发出的、发布的	（形）	[sāder]	صادر
	被出口、被发行、被发布	（动）		~ شدن
4	闪电、打雷、霹雳	（名）	[sā'eghe]	صاعقه
2	平的、平滑的	（形）	[sāf]	صاف
12	搞干净、过滤、滤净、弄平整、清理	（动）	[sāf ~]	صاف کردن
14	早晨、大清早 = صبح دم	（名）	[sobhgāh]	صبحگاه
14	清晨的、早晨的	（形）	[sobhgāhee]	صبحگاهی
10	贝壳	（名）	[sadaf]	صدف
9	开销、支出、消耗、吃、用掉	（名）	[sarf]	صرف
	开销、支出、消耗、吃、用	（动）		~ کردن
14	萨法尔 阿里	（人名）	[safar alee]	صفر علی
9	萨法维王朝名（1502-1736 年）		[safaveeye]	صفویه
17	和平	（名）	[solh]	صلح
18	纯洁的、真诚的；内部、内心	（形、名）	[sameem]	صمیمی
23	工业	（名）	[san'at(sanāye)]	صنعت(صنایع单)
30	正确的、恰当的；正义、正直、善行	（形、名）	[savāb]	صواب

ض

24	必要性	（名）	[zaroorat]	ضرورت
6	弱的、瘦弱的	（形）	[za'eef]	ضعیف
26	内部、中央、中间	（名）	[zemn]	ضمن

ط

8	医学	（名）	[tebb]	طبّ
29	天性、本性、才能、天赋	（名）	[tab'(atbā')]	طبع(اطباع复)
9	层、阶层、等级、阶级	（名）	[tabaghāt(tabaghe)]	طبقات(طبقه单)
22	鼓	（名）	[tabl]	طبل
22	小鼓、圆盘子	（名）	[table]	طبله
8	医生、大夫	（名）	[tabeeb]	طبیب
4	自然、自然界、本性、性情	（名）	[tabee'at]	طبیعت

19	新鲜的、清新的	（形）	[tarāvat]	طراوت
9	方式、方法、样式、形式体裁	（名）	[tarz]	طرز
6	道路、路线、方式、方法	（名）	[tareegh(torogh)]	طريق(طرق复)
28	鹦鹉	（名）	[tootee]	طوطی
16	延续	（动）	[tool ~]	طول کشیدن

ظ

7	显然地、外表上、表面上、大概	（副）	[zāheran]	ظاهراً
18	意见、见解、主意、怀疑、推测	（名）	[zann]	ظنّ
	好意、善意	（名）	[hosnezann]	حسن ~
	疑心、猜疑	（名）	[sooe' zann]	سؤ~

ع

3	行人	（名）	[āber(ābereen)]	عابر(عابرين复)
29	残疾人	（名）	[ājez]	عاجز
	弱的、无能为力的、不能胜任的	（形）		
13	亲爱的人啊	（名）	[āsheghā]	عاشقا
16	终于、最后、结果、结局	（名、副）	[āghebat]	عاقبت
19	智慧的（人）、聪明（人）	（形、名）	[āghel]	عاقل
22	有学问的（人）、知识渊博的（人）、学者	（形、名）	[ālem]	عالم
23	祈祷的地方、寺院	（名）	[ebādatgāh]	عبادتگاه
29	白费的（地）、徒劳无益的（地）	（形、副）	[abas]	عبث
13	急速、急忙、匆忙	（名）	[ajale]	عجله
20	和好的面团	（名）	[ajeen]	عجين
15	原谅、宽恕	（动）	[ozr]	عذر خواستن
24	爱、热爱、爱慕	（动）	[~ varzeedan]	عشق ورزيدن
9	时代、纪元、时间	（名）	[asr]	عصر
22	卖香料的、香料商、药材商	（名）	[attār]	عطّار
19	香味、芳香	（名）	[atr]	عطر
12	伟大、庄严、崇高、雄伟、壮丽	（名）	[azemat]	عظمت
12	伟大的、雄伟的	（形）	[azeem]	عظيم
27	鹰、鹏、鹫	（名）	[oghāb]	عقاب
12	照相、拍照、摄影	（动）	[aks ~]	عكس گرفتن
8	原因、理由	（名）	[ellat(elal)]	علّت(علل复)

13	生命、一生、寿命	（名）	[omr]	عمر
17	反应、反作用	（名）	['amal]	عمل
17	行为、行动、实行、实践	（名）	[amal]	عمل
	行动、实行、实践	（动）		به ~ آوردن
29	实现、变为现实	（动）	[~ amal ~]	~ عمل پوشیدن
12	叔、伯	（名）	[amoo]	عمو
10	枣类	（名）	[annãb]	عنّاب
3	代替、更换、替换、酬劳	（名）	[avaz]	عوض
1	探亲、探望、看望（病人）	（名）	[eyādat]	عیادت
		（动）		~ کردن
24	享乐、娱乐、欢乐	（名）	[eysh]	عیش

غ

22	勇士、战斗者	（名）	[ghāzee]	غازی
7	不知晓的、漠不关心的、漫不经心的、疏忽大意的	（形）	[ghāfel]	غافل
26	灰尘、尘土	（名）	[ghobār]	غبار
25	吼叫的、怒吼的	（形）	[ghorrān]	غرّان = غرّش کننده
14	怒吼、吼叫、雷鸣	（名）	[ghorresh]	غرّش
14	淹没、沉没（水中）	（名）	[ghargh]	غرق
28	悲哀、悲伤	（名）	[ghosse]	غصّه
2	使……滚动	（动）	[ghaltāndan(ghaltān)]	غلتاندن(غلتان)
10	悲哀、悲伤、悲痛	（名）	[gham]	غم
6	伤心的、悲伤的、悲哀的	（形）	[ghamgeen]	غمگین
2	花蕾	（名）	[ghonche]	غنچه
11	吵闹、喧闹	（名）	[ghowghā]	غوغا
16	巨大的、巨型的	（形）	[ghoolpeykar]	غول پیکر

ف

15	空闲的	（形）	[fāregh]	فارغ
8	毕业生、校友	（名）	[fāregho-ttahseel]	فارغ التحصیل
	毕业	（动）		~ شدن
26	（空间或时间的）距离、间距	（名）	[fāsele]	فاصله
14	灯、灯笼、提灯	（名）	[fānoos]	فانوس
4	利益、好处	（名）	[fāyede(favāyed)]	فایده(فوايد复)
14	忘我的（人）、自我牺牲的(人)、奋不顾身的(人)	（形、名）	[fadākār]	فداکار
16	忘我、自我牺牲、献身	（名）	[fedākāree]	فداکاری
21	逃跑、逃走	（名）	[farār]	فرار

		（动）		~ کردن
16	顶部、顶峰、在……上面	（名）	[farāz]	فراز
22	空闲、闲暇、休息	（名）	[farāghat]	فراغت
24	笼罩、包围、遍及、掌握	（名）	[farāgeeree]	فراگیری
1	忘记	（名）	[farāmoosh]	فراموش
	忘记的；	（形）		
	忘记	（动）		~کردن
7	多、很多的、丰富的	（形、副）	[farāvān]	فراوان
5	吉祥的、幸福的、愉快的、高兴的	（形）	[farkhonde]	فرخنده
24	聪明的、有学问的	（形）	[farzāne]	فرزانه
12	代表、使者	（名）	[ferestāde]	فرستاده
9	地毯、垫子	（名）	[farsh]	فرش
22	机会、时机	（名）	[forsat]	فرصت
24	是动词فرمودن的词根		[farmā]	فرما
6	命令、指令	（名）	[farmān]	فرمان
	下命令、下指令	（动）		~ دادن
12	统治的、支配的	（形）	[farmān ravā]	فرمان روا
	统治者、支配者	（名）		
2	往下,朝下	（副）	[foroo]	فرو
8	卖、出售	（动）	[forookhtan(foroosh)]	فروختن(فروش)
14	飞机场	（名）	[foroodgāh]	فرودگاه
14	倒塌、坍塌	（动）	[foroo ~]	فروریختن
29	发光的、发亮的、闪耀的、燃烧的	（形）	[foroozān]	فروزان
17	闪光、光亮	（名）	[foroozandegee]	فروزندگی
28	中断、停止、平息	（名）	[forookesh]	فروکش
	中断、停止、平息	（动）		~ کردن
19	欺骗、欺诈	（名）	[fareeb]	فریب
	欺骗、欺诈	（动）		~ دادن
16	欺骗	（动）	[fareeftan]	فریفتن(فریب)
2	压、压力、挤压	（名）	[feshār]	فشار
2	太空、宇宙、空处、气氛	（名）	[fazā]	فضا
9	空处、太空、空间、宇宙、气氛	（名）	[fazā]	فضا
29	积极的、活跃的、有生气的、精力充沛的	（形）	[fa'āl]	فعال
14	动词افکندن的过去时第三人称（见动词افکندن）	（动）	[fekand]	فکند = افکند

14	无、不存在、毁灭、死亡	（名）[fanā']	فناء
13	研究生	（名）[fowgh leesāns]	فوق لیسانس
19	有见识的、聪明的、机灵的	（形）[fahmeede]	فهمیده
24	پیروز =	（形）[feerooz]	فیروز
24	哲学家、思想家	（名）[feelsoof]	فیلسوف

ق

9	毯、地毯	（名）[ghālee]	قالی
8	法律、法规、法则	（名）[ghānoon]	قانون
24	种类、类别	（名）[ghabeel]	قبیل
	像……这种的、诸如……之类的	（形）	از ~
2	程度、量、尺寸大小、价值	（名）[ghadr]	قدر
18	价值、价格、数量	（名）[ghad]	قدر
12	步、脚步、步伐	（名）[ghadam]	قدم
	散步	（动）	~ زدن
1	药片、药丸、（量）一片	（名）[ghors]	قرص
21	世纪、年代	（名）[gharn(ghoroon)]	قرن(قرون复)
29	才华、才能、本能、本性	（名）[ghareehe]	قریحه
3	部分、一份、段落、部门	（名）[ghesmat]	قسمت
6	屠夫、卖肉的	（名）[ghassāb]	قصّاب
6	宫、宫殿、公馆	（名）[ghasr]	قصر
20	偶然地、意外地	（名）[ghazā]	قضا
18	判断、判决	（名）[ghezāvat]	قضاوت
	判断、判决	（动）	~ کردن
11	事情、事件、问题	（名）[ghazeeye]	قضیه
4	火车	（名）[ghatār]	قطار
21	极(点)、磁极、电极、轴	（名）[ghotb]	قطب
10	点、滴	（名）[ghatre]	قطره
26	片、块、部分	（名）[ghat'e]	قطعه
28	笼子	（名）[ghafas]	قفس
1	锁	（名）[ghofl]	قفل
		（动）	~ کردن
14	心、心脏	（名）[ghalb]	قلب(قلوب复)
29	糖果制造业；糖果点心的	（名）[ghannādee]（形）	قنّادی
13	小盒子	（名）[ghootee]	قوطی

11	话、主张、允诺、诺言	（名）	[ghowl]	قول(اقوال复)
	承诺、允诺、答应、保证	（动）		~ دادن
17	强大的、强壮的	（形）	[ghavee]	قوی
	使……强壮	（动）		~ کردن
16	英雄、勇士、冠军 英勇的、勇敢的 （形）	（名）	[ghāhramān]	قهرمان
23	焦油、焦油沥青、柏油	（名）	[gheer]	قیر

ک

4	工厂、作坊	（名）	[kārkhāne]	کارخانه
6	小刀、菜刀	（名）	[kārd]	کارد
21	专家、行家	（名）	[kārshenās]	کارشناس
30	发生作用的、有效的	（形）	[kārgar]	کارگر
9	找职业	（名）	[kāryābee]	کاریابی
18	= که از		[kaz]	کز
28	减少、缩小、减低	（名）	[kāst]	کاست
11	碗、（龟）甲	（名）	[kāse]	کاسه
22	耕种、种植、耕耘	（动）	[kāshtan]	کاشتن(کار)
5	实现愿望的（人）	（形、名）	[kāmjoo]	کامجو
5	成功的、实现愿望的、幸运的	（形）	[kāmrān]	کامران
13	完全的、完美的、完整的	（形）	[kāmel]	کامل
21	卡车、运输卡车	（名）	[(英)Cāmion]	کامیون
30	= که آن		[kān]	کان
27	卡乌斯国王	（人名）	[kāvoos shāh]	کاووس شاه
7	卡维	（人名）	[kāve]	کاوه
20	开凿、挖掘、发掘、探求	（动）	[kāveedan]	کاویدن(کاو)
1	胶囊、密封的罐状容器	（名）	[kapsool]	کپسول
7	书店	（名）	[ketābforooshee]	کتابفروشی
29	（短而重的）棍棒、打、殴打	（名）	[kotak]	کتک
	挨揍、被殴打	（动）		~ خوردن
13	脏的	（形）	[kaseef]	کثیف
16	走邪路的人	（名）	[kajravān]	کجروان
30	慷慨、大方、仁慈、宽恕	（动）	[karam ~]	کرم کردن
23	克尔曼沙赫省（在伊朗西部与伊拉克交界处）	（地名）	[kermānshāh]	کرمانشاه
4	球、球体	（名）	[kore]	کره

5	取得、获得、赢得	（名）	[kasb]	کسب
25	=خسرو، پادشاه ساسانی، انوشیروان	（人名）	[kesrā]	کسری
18	令人讨厌的、令人厌烦的、令人沮丧的	（形）	[kesel konande]	کسل کننده
10	拉长、拖长、延长	（动）	[keshāndan(keshān)]	کشاندن(کشان)
20	田地、庄稼地	（名）	[keshtgah]	کشتگه
4	杀死、杀害	（动）	[koshtan(kosh)]	کشتن(کش)
17	摔跤、角力	（名）	[koshtee]	کشتی
15	船夫、船长、舰长、领航员、舵手	（名）	[keshteebān]	کشتیبان
4	发现	（名）	[kashf]	کشف
		（动）		~ کردن
6	帽子	（名）	[kolāh]	کلاه
1	钥匙	（名）	[keleed]	کلید
29	无才能的、才干少的	（形）	[kam ~]	کم استعداد
30	讲话不多	（名）	[kamgooy]	کم گوی
30	正如（他）它那样		[kamāhee]	کماهی = چنانکه هست
17	委员会、小组	（名）	[komeesyon]	کمیسیون
29	角、角落	（名）	[konj]	کنج
13	好奇、好奇心	（名）	[konjkāvee]	کنجکاوی
17	会议、协商会、讨论会	（名）	[konferāns]	کنفرانس
13	竞争、比赛、竞赛	（名）	[konkoor]	کنکور
16	现在、此刻	（副）	[konoon]	کنون
7	敲打、把（钉子等）打入	（动）	[koobeedan]	کوبیدن (کوب)
13	短期的、短时间的	（形）	[kootāh moddat]	کوتاه مدّت
3	小巷、胡同、小路、狭路	（名）	[kooche]	کوچه
5	小孩、婴孩、男孩	（名）	[koodak]	کودک
25	小孩的、儿童的、幼稚的（地）	（形、副）	[koodakāne]	کودکانه
29	幼儿园	（名）	[koodakestān]	کودکستان
20	居鲁士	（人名）	[koorosh]	کوروش
17	勤奋、奋斗	（名）	[kooshandegee]	کوشندگی
17	努力者、勤奋的人	（名）	[kooshande]	کوشنده
10	打、敲打、压碎	（动）	[kooftan]	کوفتن(کوب)
15	巨大的	（形）	[koohpeykar]	کوه پیکر
30	山区、山地	（名）	[koohsār]	کوهسار
16	街道	（名）	[kooy]	کوی

گ

21	（化）气、煤气、瓦斯	（名）	[gāz]	گاز
27	伽俐略	（人名）	[gāleele]	گالیله
6	牛	（名）	[gāv]	گاو
20	犁铧	（名）	[gāv āhan]	گاو آهن
16	乞丐	（名）	[gedā]	گدا
29	讨饭、乞讨	（名）	[gedāyee]	گدایی
6	经过、度过	（动）	[gozarāndan]	گذراندن(گذران)
10	اگر =	（连）	[gar]	گر
23	唱机	（名）	[gerāmaphone]	گرامافون
24	亲爱的、敬爱的、受尊敬的	（形）	[gerāmee]	گرامی
30	有分量的、沉重的	（形）	[gerān sang]	گران سنگ
16	贵重的	（形）	[gerānbahā]	گرانبها
14	旋涡	（名）	[gerdāb]	گرداب
29	在……周围；围着； 周围	（介、副） （名）	[gerdāgerd]	گرداگرد
22	散步、场所、公园、游憩处	（名）	[gardeshgāh]	گردشگاه
25	核桃	（名）	[gerdkān]	گردکان
6	脖子、颈部	（名）	[gardan]	گردن
15	假设、假想、	（动）	[gereftan]	گرفتن
19	狼	（名）	[gorg]	گرگ
2	炎热、热量	（名）	[garmā]	گرما
25	逃跑的、逃避的	（形）	[goreezān]	گریزان = فرارکننده
30	挑选的、选择出来的； 当选人	（形） （名）	[gozeede]	گزیده
17	打开、开幕	（名）	[goshāyesh]	گشایش
10	打开、解开	（动）	[goshāyeedan]	گشاییدن(گشای)
11	打开、解开、开始	（动）	[goshoodan]	گشودن(گشای)
1	寻找、寻觅	（动）	[gashtan(gard)]	~ گشتن(گرد)
28	讲话、话	（名）	[goftār]	گفتار
21	温室	（名）	[golkhāne]	گلخانه
5	花坛	（名）	[golzār]	گلزار
2	小球、球形物、团（如线团）、子弹	（名）	[goloole]	گلوله
28	一群	（名）	[galle]	گله

1	丢失的、失掉的、失踪的	（形）	[gom]	گم
	丢失、失掉、失踪	（动）		~ کردن
5	宝库、宝藏	（名）	[ganj]	گنج
16	容纳、包括、包含	（动）	[gonjeedan]	گنجیدن(گنج)
29	哑的、无言的；哑巴	（形、名）	[gong]	گنگ
25	令人满意的、令人愉快的	（形）	[govārā]	گوارا
16	驼背的	（形）	[goojhposht]	گوژپشت
2	深度、坑洼	（名）	[gowdee]	گودی
24	坟、坟墓、陵墓	（名）	[goor]	گور
19	羊	（名）	[goosfand]	گوسفند
9	角、角落	（名）	[gooshe]	گوشه
11	电话听筒、耳机、（打电话时）别挂电话	（名）	[gooshee]	گوشی
8	各种各样的、形形色色的	（形）	[goonāgoon]	گوناگون
16	珍珠、实质、本质、本性	（名）	[gowhar]	گوهر
25	撒珠子般的（形容下雨）	（形）	[gowhar feshān]	گوهر فشان
25	撒珠子	（名）	[gowhar feshānee]	گوهر فشانی
25	珍珠	（名）	[gohar]	گهر
2	摇篮、发源地	（名）	[gahvāre]	گهواره
2	植物、花草	（名）	[giyāh]	گیاه
17	宇宙、世界	（名）	[geetee]	گیتی
25	伊朗北部的一个省份	（地名）	[geelān]	گیلان

ل

10	珍珠	（名）	[lo' lo']	لؤلؤ
14	阿拉伯文的否定语气词，表示"不""否"	（副）	[lā]	لا
18	多层的；中间	（形、名）	[lābelā]	لابلا
12	大概、或许、一定	（副）	[lābod]	لابد
6	瘦的、瘦弱的	（形）	[lāghar]	لاغر
30	吹牛、炫耀、自夸	（名）	[lāf]	لاف
3	催眠曲	（名）	[lālāee]	لالایی
19	巢穴、窝、洞	（名）	[lāne]	لانه
13	筑巢	（名）	[lāne sāz]	لانه ساز
21	层、地层	（名）	[lāye]	لایه
2	嘴唇	（名）	[lab]	لب
2	微笑	（名）	[labkhand]	لبخند
1	被子、盖布	（名）	[lahāf]	لحاف

13	一刹那、一瞬间、观点、看法、目光、眼光	（名）	[lahze(lahzāt)]	لحظه(لحظات复)
9	语调、腔调、曲调	（名）	[lahn(alhān)]	لحن(الحان复)
14	发抖的（地）、战栗的（地）	（形、副）	[larzān]	لرزان
28	抖动、发抖	（动）	[larzeedan]	لرزیدن
22	路格曼（古阿拉伯传说中的智者）	（名）	[loghmān]	لقمان
26	火车头	（名）	[locomotive]	لوکوموتیو
23	管子	（名）	[loole]	لوله
11	资格、才能、才干	（名）	[liyāghat]	لیاقت
13	文凭、（大学毕业的）学士学位	（名）	[leesāns]	لیسانس
14	但是、可是	（名）	[leek]	لیک
				م
29	责怪、斥责、处罚	（名）	[mo'akheze]	مؤاخذه
	责怪、斥责、处罚	（动）		~ کردن
11	妈妈（儿语）	（名）	[māmān]	ما مان
2	物质、材料	（名）	[mādde(mavād)]	مادّه(مواد复)
26	蛇	（名）	[mār]	مار
1	酸牛奶、凝乳	（名）	[māst]	ماست
23	细沙、沙子	（名）	[māse]	ماسه
4	留下，剩下、余下	（动）	[māndan]	ماندن(مان)
8	熟练的、能干的、高明的	（形）	[māher]	ماهر
17	资本、财产、起源、原因	（名）	[māye]	مایه
6	遭受……的、患……病的	（形）	[mobtalā(y)]	مبتلا(ی)
	遭受、 患……（疾病）	（动）		~ شدن
16	商品、物品	（名）	[matā']	متاع
26	连接起来的、相连的、挨着……的	（形）	[mottasel]	متّصل
	合在一起地、不断地	（副）		
	把……连接起来	（动）		~ کردن
1	似乎……、好像……	（连）	[mesl-e een ke]	مثل این که ....
16	被迫的、迫不得已的	（形）	[majboor]	مجبور
	被迫、不得已、勉强	（动）		~ شدن
8	会议、集会、议会、国会	（名）	[majles]	مجلس
17	名望、盛名	（名）	[mahboobiyyat]	محبوبیّت
8	需要的、有需求的、贫困者	（形）（名）	[mohtāj]	محتاج(محتاجین复)
10	收成、收获	（名）	[mahsool]	محصول

16	牢固的（地）、坚实的（地）、稳固的（地）	（形、副）	[mohkam]	محکم
3	地点、地方	（名）	[mahal]	محل
27	= آزار، اندوه	（名）	[mehnat]	محنت
17	不同的、有区别的、各种各样的	（形）	[mokhtalef]	مختلف
23	混合的、掺和的、混杂的	（形）	[makhloot]	مخلوط
	混合、掺和	（动）		~ کردن
1	主管人、管理者、经理	（名）	[modeer]	مدیر
24	希望、愿望、意图、目的	（名）	[morād]	مراد
9	有联系的、有关系的	（形）	[marboot]	مربوط
	莫尔塔扎	（人名）	[mortazā]	مرتضی
6	死	（动）	[mordan(meer)]	مردن (میر)
19	鸡	（名）	[morgh]	مرغ
11	野鸭	（名）	[morghābee]	مرغابی
1	生病的；病人	（形、名）	[mareez]	مریض
11	使……为难的、给……添麻烦的	（形）	[mozāhem]	مزاحم
	使……为难、给……添麻烦	（动）		~ شدن
22	工资、报酬、工钱	（名）	[mozd]	مزد
25	庄稼地	（名）	[mazre'e]	مزرعه
12	旅行者、旅客	（名）	[mosāfer]	مسافر (مسافرین 复)
14	客运、载客	（名）	[mosāferbaree]	مسافربری
26	旅行、游览	（名）	[mosāferat]	مسافرت
12	清真寺	（名）	[masjed]	مسجد
12	瓦吉尔清真寺	（古迹名）	[masjed-e vakeel]	مسجد وکیل
14	被阻挡的、被堵塞的	（形）	[masdood]	مسدود
		（动）		~ کردن
25	拳头	（名）	[mosht]	مشت
	用拳头打	（动）		~ زدن
14	火炬、火把	（名）	[mash'al]	مشعل(مشاعل 复)
22	麝香	（名）	[moshk]	مشک
7	解决困难的（能手）	（形、名）	[moshkel goshā]	مشکل گشا
8	著名的、驰名的	（形）	[mashhoor]	مشهور
14	焦急不安的、担心的、忐忑的、动荡的	（形）	[moztareb]	مضطرب
	焦急不安、担心	（动）		~ شدن
1	诊所、诊疗所	（名）	[matab]	مطب

8	治疗、医治	（名）	[mo'āleje]	معالجه(复معالجات)
1	检查、诊断	（名）	[mo'āyene]	معاینه
		（动）		~ کردن
17	相信……的、确信……的	（形）	[mo'taghed]	معتقد
26	矿、矿山、矿井、矿物	（名）	[ma'dan]	معدن
11	原谅、饶恕、道歉	（名）	[ma' zerat]	معذرت
	请求不、道歉	（动）		~ خواستن
27	دانش، دانستن چیزها =	（名）	[ma' refit]	معرفت
21	合理的、聪明的、通情达理的	（形）	[ma'ghool]	معقول
13	垂下的、悬挂着的	（形）	[mo' allagh]	معلّق
18	知识、学识、消息、情报	（名）	[ma' loomāt]	معلومات
9	建筑艺术；建筑的	（名、形）	[me'māree]	معماری
26	确定的、指定的、规定的	（形）	[mo'ayyan]	معیّن
17	脑、头脑、(坚果的)果仁	（名）	[maghz]	مغز
10	蒙古人、蒙古族	（名）	[moghol]	مغول
6	有益的、有用的、有利的	（形）	[mofeed]	مفید
8	对面的、相对的、相当于……的	（形）	[moghābel]	مقابل
23	神圣的、圣洁的	（形）	[moghaddas]	مقدّس
22	预先的、事先的、初步的、预备的、初等的	（形）	[moghaddamātee]	مقدّماتی
3	决议、决定、规定、条令、条款	（名）	[mogharrarat(mogharrar)]	مقرّرات (单مقرّر)
3	目的地、指定地点	（名）	[maghsad]	مقصد
19	意愿、心愿、目的	（名）	[maghsood]	مقصود
29	学校、私塾、小学	（名）	[maktab]	مکتب(复مکاتب)
30	疲乏、厌倦、烦恼	（名）	[malāl]	ملال
28	指责、责备	（名）	[malāmat]	ملامت
	指责、责备	（动）		~ کردن
16	庄园	（名）	[molk]	ملک
11	房子、家、住处	（名）	[manzel]	منزل
13	秘书、书记、文书	（名）	[monshee]	منشی
13	秘书工作、文书工作	（名）	[monshee garee]	منشیگری
13	见到的、考虑到的	（形）	[manzoor]	منظور
	目的、打算、期望	（名）		
29	禁止、制止、阻碍	（名）	[man']	منع
	禁止、制止、设置障碍、阻止	（动）		~ کردن
14	鸟嘴喙	（名）	[menghār]	منقار

21	面临……的、面对……的	（名）	[movājeh]	مواجه
	遇到、碰到、面临	（动）		~ شدن
26	平行的、相等的	（形）	[movāzee]	موازی
3	关心的、照顾的、专心的、留意的	（形）	[movāzeb]	مواظب
27	阻碍、障碍	（名）	[mavāne'(māne')]	موانع(مانع单)
	妨碍……的、阻拦……的	（形）		
1	手机	（名）	[mobāyl]	موبایل
13	浪、波浪、波涛、波纹	（名）	[mowj]	موج
15	蚂蚁	（名）	[moor]	مور
23	历史学家	（名）	[movarrekhān]	مورّخان(مورخ单)
25	季节、时间	（名）	[mowsem]	موسم
9	音乐	（名）	[mooseeghee]	موسیقی
27	火箭、导弹	（名）	[mooshak]	موشک
18	内容、问题	（名）	[mowzoo']	موضوع
18	成功、成就	（名）	[movaffaghiyyat]	موفقیّت
4	时间、时机、机会、地点、场所	（名）	[mowghe'(mavāghe')]	موقع(مواقع复)
5	秋分、伊朗的中秋节	（名）	[mehregān]	مهرگان
20	伊朗历七月	（名）	[mehrmah]	مهرمه
19	关系；中间（的）、	（名、形）	[miyāne]	میانه
	在……之间	（介）		
10	密特拉（太阳神）、古波斯和吠陀教中的日神	（名）	[meetrā]	میترا
20	遗产	（名）	[meerās]	میراث
22	有可能的、可实现的	（形）	[moyassar]	میسّر

ن

22	不恰当的、不体面的	（形）	[~ pasand]	نا پسند
8	失望的、绝望的	（形）	[nāomeed]	ناامید
	失望、绝望	（动）		~ شدن
15	瘦弱的、无能为力的、	（形）	[nātavān]	ناتوان
13	无能为力的（地）、被迫的（地）	（形、副）	[nāchār]	ناچار
22	笨的、无知的、愚昧的、愚蠢的	（形）	[nādān]	نادان
	愚昧无知的人	（名）		
28	脆弱的、心肠软的	（形）	[nāzok del]	نازک دل
24	未知的、不认识的、不熟悉的	（形）	[~ shenākhte]	ناشناخته
29	有缺陷的、残缺不全的、不完善的	（形）	[nāghes]	ناقص
30	ناگهان =	（副）	[nāgah]	ناگه

28	呻吟、唉声叹气	（名）	[nāle]	ناله
10	著名的、有名望的	（形）	[nāmvar]	نامور
8	结果、成果	（名）	[nateeje(natāyej)]	نتیجه(نتایج复)
22	散文	（名）	[nasr]	نثر
14	拯救、营救	（名）	[nejāt]	نجات
	救、拯救、营救	（动）		~ دادن
14	（语）句法、语法	（名）	[nahv]	نحو
26	方式、方法、途径、样式、形式	（名）	[nahv]	نحو
14	语法学家	（名）	[nahvee]	نحوی
9	“十五子”棋	（名）	[nard]	نرد
1	附近	（名）	[nazdeekee]	نزدیکی
1	药方、处方、（书籍的）副本、份	（名）	[noskhe]	نسخه
22	和风、微风	（名）	[naseem]	نسیم
11	符号、记号、标志、象征	（名）	[neshān]	نشان
	表明、指出	（动）		~ دادن
9	标志、象征	（名）	[neshān dahande]	نشان دهنده
10	种植、使……坐下	（动）	[neshāndan(neshān)]	نشاندن(نشان)
13	记号、标志、特征、目标、靶子	（名）	[neshāne]	نشانه
19	特征、地址	（名）	[neshānee]	نشانی
24	忠告、劝告	（名）	[naseehat]	نصیحت
16	看	（动）	[nezāre-]	نظاره کردن
22	诗、韵文、次序、纪律	（名）	[nazm]	نظم
24	类似的、相似的、类似物	（形、名）	[nazeer]	نظیر
1	旋律、歌曲	（名）	[naghme]	نغمه
14	石油、原油	（名）	[naft]	نفت
23	油船、油车	（名）	[naft kesh]	نفت کش
6	石油的、煤油的	（形）	[naftee]	نفتی
1	呼吸、气、气息	（名）	[nafas]	نفس
	呼吸	（动）		~ کشیدن
23	点、地点	（名）	[noghāt(noghte)]	نقاط(نقطه 单)
9	说书人、讲故事人	（名）	[naghghāl]	نقال
3	银的	（名）	[noghre-ee]	نقره ای
9	画、绘画	（名）	[naghsh]	نقش
12	鲁斯坦姆浮雕	(古迹名)	[naghshe-e rostam]	نقش رستم
26	移、挪、搬、搬运、运输	（名）	[naghl]	نقل
3	运输工具、运输公司	（名）	[naghliyye]	نقلیّه
22	点、要点、论点	（名）	[nokte]	نکته(نکات复)

20	好的	（形）	[nekoo]	نکو
22	名声好的、博得荣誉的	（形）	[nekoonām]	نکونام
8	握住、抓住、保管、保存、保护	（动）	[negāhdāshtan/ negahdāshtan]	نگاهداشتن/ نگهداشتن
20	看、观看	（动）	[negareestan(negar)]	نگریستن(نگر)
20	守护、保护	（动）	[negah ~]	نگه داشتن
29	保护、守护、保养、保管	（名）	[negahdāree]	نگهداری
7	展览馆、剧院、戏院	（名）	[nemāyeshgāh]	نمایشگاه
10	指明、表明、显示、表露	（动）	[nemoodan(nemāy)]	نمودن(نمای)
9	典型、榜样、样品、范例	（名）	[nemoone]	نمونه
24	抚爱、喜爱	（名）	[navāzesh]	نوازش
13	班次、（一）次、（一）回	（名）	[nowbat]	نوبت
24	吃、喝	（名）	[noosh]	نوش
2	放、放置	（动）	[nahādan(neh)]	نهادن(نه)
2	河流、江河	（名）	[nahr]	نهر
19	隐藏、藏匿、蕴藏	（名）	[nahoftan(nahān)]	نهفتن(نهان)
29	需要的、祈求的	（形）	[niyāzmand]	نیازمند
17	祖先、先辈、祖父	（名）	[niyākān]	نیاکان(نیا单)
17	力气、力量、军队、部队	（名）	[neeroo]	نیرو
16	强大的	（形）	[neeroomand]	نیرومند
27	长矛、标枪、旗帜	（名）	[neyze]	نیزه
30	幸福的、幸运的、安乐的	（形）	[neekbakht]	نیکبخت

و

24	最后的、最末的	（形）	[vāpaseen]	واپسین
25	上下颠倒的（地）	（形、副）	[vāroone]	وارونه
14	上下颠倒（的）、被颠倒（的）、被推翻（的）	（形）	[vājhgoon]	واژگون
		（动）		~ شدن
27	真正地、实际上	（副）	[vāghe'an]	واقعاً
26	车厢、车辆	（名）	[wagon]	واگن
17	否则、反之、要不然	（副）	[vālā]	والّا
6	假装、佯装	（名）	[vānemood]	وانمود
		（动）		~ کردن
11	木料、木头、木棍、筷子、手杖	（名）	[choob]	چوب
19	害怕、恐惧、	（名）	[vahshat]	وحشت
14	可怕的、吓人的、恐怖的	（形）	[vahshatnāk]	وحشتناک

17	运动员	（名）	[varzeshkār]	ورزشکار
17	技能、技巧、	（名）	[varzandegee]	ورزندگی
30	页（纸张）、树叶、纸牌	（名）	[varagh]	ورق
7	页、片、纸、信、便条	（名）	[varaghe]	ورقه
29	调停、调解、斡旋、调解人	（名）	[vesātat]	وساطت
	调停、调解、斡旋	（动）		~ کردن
22	描写、描绘、形容	（名）	[vasf]	وصف
6	形势、情况、状况	（名）	[vaz']	وضع(اوضاع复)
20	祖国、家乡、故乡	（名）	[vatan]	وطن
8	爱国的、爱国者	（形、名）	[vatanparast]	وطن پرستان
11	任务、职责	（名）	[vazeefe]	وظیفه
9	消磨时间、消遣的事情	（名）	[vaght gozarānee]	وقت گذرانی
27	法国著名作家	（人名）	[jhoolvern]	ژول ورن
20	寻找、打听、调查、探求、搜索 = جستجو کردن	（动）	[pajhooheedan(pajhooh)]	پژوهیدن(پژوه)

ه

29	伊斯兰纪元的	（形）	[hejree]	هجری
12	阿契美尼德	（王朝名）	[hakhāmaneshee]	هخامنشی
3	从不、曾经在任何时候（用于疑问句）	（副）	[hargez]	هرگز
21	(化)核子的、原子的	（形）	[haste-ee]	هسته ای
2	生存、存在、生命	（名）	[hastee]	هستی
28	毁灭、死亡、灭亡	（名）	[halāk]	هلاک
	死亡、被毁灭、消亡	（动）		~ شدن
17	和谐的(地)、齐心协力的(地)、意见一致的(地)、和声的(地)	（形、副）	[hamāhang]	هماهنگ
28	同类的、同种的	（形）	[hamjensee]	همجنسی
2	还是如此的(地)、就那样的(地)	（形、副）	[hamchenān]	همچنان
25	这样的、类似的	（形、副）	[hamcho]	همچو
8	哈马丹	（地名）	[hamadān]	همدان
21	同路人、旅伴、和……一起	（名）	[hamrāh]	همراه
12	配偶、夫妻	（名）	[hamsar]	همسر

21	全体、全部、总和	（名）	[hamegee]	همگی
29	经常、时常、往往、总是	（副）	[hamvāre]	همواره
14	印度	（国名）	[hend]	هند
28	印度	（地名）	[hendoostān]	هندوستان
12	艺术、美术、技巧、技能	（名）	[honar]	هنر
7	有才干的；艺术家	（形、名）	[honarmand]	هنرمند
22	显示艺术才能的、有技艺的	（形）	[honarnemā(y)]	هنرنما(ی)
4	飞机	（名）	[havāpeymā]	هواپیما
16	制造飞机	（名）	[havāpeymā~]	هواپیماسازی
11	欲望、奇怪的念头	（名）	[havas]	هوس
	想要、渴望	（动）		~ کردن
16	激动、激昂、兴奋	（名）	[hayajān]	هیجان
14	任何时候也（不）、永（不）、不定何时、曾经	（副）	[heechgāh]	هیچگاه

ی

13	教	（动）	[yād ~]	یاد دادن
10	记忆、回忆、纪念、纪念品	（名）	[yādegār]	یادگار
7	朋友、同伴、助手、情人	（名）	[yār]	یار
30	灰心、失望、绝望	（名）	[ya's]	یأس
9	发现、认识、懂得、找到、得到	（动）	[yāftan(yāb)]	یافتن(یاب)
16	孤儿	（名）	[yateem]	یتیم
6	冰箱	（名）	[yakhchāl]	یخچال
4	慢慢的（地）、轻轻的（地）、低声的（地）	形、副）	[yavāsh]	یواش
17	希腊	（国名）	[yoonān]	یونان

扫描下方二维码，即可在线收听相关录音。

第一课	第二课	第三课	第四课	第五课
第六课	第七课	第八课	第九课	第十课
第十一课	第十二课	第十三课	第十四课	第十五课
第十六课	第十七课	第十八课	第十九课	第二十课
第二十一课	第二十二课	第二十三课	第二十四课	第二十五课
第二十六课	第二十七课	第二十八课	第二十九课	第三十课